CTO说

CTO训练营 / 编著

人民邮电出版社
北京

图书在版编目（C I P）数据

CTO说 / CTO训练营编著. -- 北京 ：人民邮电出版社，2017.5（2023.8重印）
（51CTO图书大系）
ISBN 978-7-115-45280-1

Ⅰ. ①C… Ⅱ. ①C… Ⅲ. ①企业管理－技术管理
Ⅳ. ①F273.1

中国版本图书馆CIP数据核字(2017)第057934号

内 容 提 要

CTO 训练营是面向 IT 技术人员的一个中高端技术管理者学习与社交的平台。本书是从 CTO 训练营课程分享中精心挑选、整理提炼出的智慧结晶。

本书包含 30 多位 CTO 导师的独到观点和深邃思想，他们是乐视网 CTO 杨永强、360 副总裁谭晓生、跟谁学 CTO 李钢江、花虾金融 CEO 段念、极客邦科技总裁池建强等。全书从 CTO 格局、创业平台的 CTO、CTO 的管理之道、CTO 看技术架构、CTO 与 CXO 的关系、CTO 向 CEO 的转型 6 个方面进行归纳和划分，涵盖了一名技术人成长为 CTO 需要关注的所有热门话题。

本书适合任何程序员、技术经理、技术部门负责人，或者有志成为 CTO 的人阅读学习，对于 IT 企业的 CTO、CEO 等高端管理者，也有很好的参考价值。

◆ 编　　著　CTO 训练营
　责任编辑　陈冀康
　责任印制　焦志炜

◆ 人民邮电出版社出版发行　　北京市丰台区成寿寺路 11 号
　邮编　100164　　电子邮件　315@ptpress.com.cn
　网址　http://www.ptpress.com.cn
　北京捷迅佳彩印刷有限公司印刷

◆ 开本：720×960　1/16
　印张：20.25　　　　2017 年 5 月第 1 版
　字数：310 千字　　　2023 年 8 月北京第 9 次印刷

定价：109.80 元

读者服务热线：(010)81055410　印装质量热线：(010)81055316
反盗版热线：(010)81055315
广告经营许可证：京东市监广登字 20170147 号

CTO训练营 x.51cto.com

序

不知道从什么时候起，几乎整个IT行业都在嚷着缺CTO，特别是一些草根背景的创业者，和面对产业转型的互联网企业。曾经有一次，我因为穿着一件51CTO的T恤衫，在加油站就被手上带着金链子的土豪老板热情搭讪，强烈要求推荐CTO的人选。因为我们网站的名字带着“CTO”这三个字母，总是会不断地收到朋友和合作伙伴的委托，要求代为寻找合适的CTO。实际上，优秀的程序员都不好找，更何况是CTO呢？正所谓，千金易得，一将难求！

从程序员到CTO有多远？这是这些年被讨论得最热的话题。

从程序员到一位技术管理者，需要构建的是“技术选型”“架构设计”等综合技术判断和设计能力，以及技术团队的搭建、员工激励、绩效考核等的团队管理能力，以及跨部门的协作与沟通能力。

从技术管理者到CTO，需要跨越的是技术决策力，也就是对技术的敏感度和重大技术变革的推进能力；对业务、行业的综合理解能力，也就是商业模式的理解；万能适配能力，即便你是码农出身，也要知道机房的一根网线如何插；向上管理能力，搞定你的CEO；横向管理能力，搞定CPO、CMO、COO。最终是技术视野、商业理解力以及情商的综合能力的体现。

但是对于很多技术人员来讲，这些都太难了。并不是因为技术人员不够聪明，相反，技术人员都非常聪明，但他们往往更容易把注意力锁定在自己关注的领域内，对于不擅长的领域则不太感冒。所以，我们希望更多的技术人员能够认识到自己的短板，走出技术的“小天地”，向已经在这些领域做得很好的技术管理者和CTO躬身问道、身体力行、提高修为。于是，我们便有了开设“CTO训练营”的想法。

“CTO 训练营”自开办以来，收获满满，学生的认可、导师的赞赏、同行的肯定如潮水般涌来。在和“CTO 训练营”一起成长的一年多时间里，我真实的感受到了这些 CTO 导师的卓越领导力，风格虽迥异，视界有大同，雷霆手段，菩萨心肠。现在，我们把精彩内容集结成书分享给各位，为了让更多人有所收获，在技术管理的路上愈加勇往直前。

本书是“CTO 训练营”过去一年多时间里 CTO 导师们讲课的精彩内容集萃。文字固然理性而凝练，但是远远没有现场演讲的情绪感染力。每当听到他们娓娓道来背后的故事，我总能理解他们在一些紧要关头是如何举重若轻、有效决策，成为人生赢家的。如果你读完本书，还嫌不过瘾，不妨扫描图书勒口下方的二维码，来“CTO 训练营”体验一番。

谨以此书献给那些投身于技术领域，致力于用技术改变世界的技术工作者们。

——邵燕，CTO 训练营发起人

CTO训练营 x.51cto.com

目录

想要成为CTO
你要具备的能力？
TECHNOLOGY
TEAM
ARCHITECTURE
MANAGE

当你成为CTO之后
你都关注些什么？
INDUSTRY
STRATEGY
BUSINESS
FIELD OF VISION

当你从CTO走向CEO
不可或缺的是？
INNOVATION
PRODUCT
CEO
TREND
BUSINESS
MODEL
CTO

CTO训练营 x.51cto.com

第一篇 CTO 的大格局

CTO 道与术的修炼：带队伍、定战略、拿结果。

扫码查看活动视频

360 副总裁谭晓生：The Tough Job——CTO

谭晓生，奇虎 360 副总裁兼 CTO、CPO（首席隐私官），负责公司网站技术、技术运维、数据分析与挖掘等工作。2003 年 1 月起先后任 3721 技术开发总监、雅虎中国技术开发总监、雅虎中国 CTO、阿里巴巴—雅虎中国技术研发部总监。曾作为第二作者出版了《磁盘加解密实用技术》一书。擅长技术团队的构建与管理，自 2003 年开始负责校园招聘，历年招聘培养了超过 300 名大学生，这些学生现在广泛分布在百度、腾讯、阿里巴巴、新浪等互联网公司，在互联网技术圈子中有“谭校长”的称号。

在 16 年前，CTO 是我非常想做的职位，那时候做梦都想做公司的 CTO 或者技术副总裁。多年过去了，我也做过不止一家公司的 CTO，对于 CTO 这个职位，我在想，企业一定需要一个 CTO 吗？我以前认为是不需要的，技术这些事儿让各个团队去干，CTO 自己不写代码，也不具体解决某个问题。但是当公司慢慢发展壮大的时候，你会发现技术团队遇到人员培养的问题、各条技术线参差不齐的问题，这个时候，是不是就需要 CTO 来发挥作用了呢？其实企业是否需要 CTO，主要还是看 CTO 要做什么，他的主要工作职责是什么。

CTO 的职责

一个企业如果要设一个 CTO 职位，是要干什么的？

首先，你要确保团队在技术方向上有前瞻性。不要选择不适合当前业务的技术，你需要不断地增强能力，了解业内状况；需要听汇报、做判断，能否敏锐地找出来说的哪些话是假的，避免方向被误导，这件事情是非常重要的。

企业为什么需要CTO

第二，团队管理能力。当你有了 150 人的时候，已经是相当复杂的团队了，如果继续成长到 300 人、600 人的时候，团队管理就尤为重要了，内部矛盾怎么处理，人员晋升怎么解决？这就需要一些团队管理上的规则，如果本身企业有较为完善的规则，那么直接延伸到技术团队也管用，如果碰到了公司文化建设不好的情况，那就需要自己建立起团队文化。

第三，协作沟通。我觉得在协作方面是分为道和术的。道是你对团队、对人的价值的判断，这个价值确定以后，其他沟通都是执行层面，这就好办了。沟通方法，那就是你的术，你和人打交道，人是情绪化的，比如说碰到同事，你二话不说把他的不是数落一遍，然后给他好的建议，你觉得他能听进去吗？听不进去的。各个公司的文化不一样，但是有个比较经典的规则，所谓三明治，即先说点好听的，让他打开心扉接受你，中间说点不好的，你让对方做的事情和改进的事情，最后再说几句好的，鼓励鼓励，这是三明治的沟通方法。我个人觉得，如果你时间充分的情况下，这还是一种比较良好的沟通方法。

上下级协调，最后可能遇到 CFO、CMO 对你这块儿不懂，你说了他们听不进去，这个问题背后是什么？他们可能根本不懂技术。很多 CFO、CMO 是文科出身，这个时候你要用对方的语言来说话，你有没有站在他的业务角度解释你的问题？你要说我怎么帮到你的业务，而不是我为什么要从技术上这么做。如果你能解释得通，可能一句话就把问题解决了。归结到最后，上升到企业策略，我这么做和企业策略是怎么复合的，站在对方的角度去描述你的观点，这样对方才能接受。这里面的术就是用对方的语言来讲话，你要理解企业战略，并且能够用业务人员的话讲问题，同时你自己要充当技术的桥梁，就是商业和技术的桥梁。

CTO 需要做好的几件事

CTO 要做好哪几件事情？第一，带队伍。第二，定战略。第三，拿结果。

带队伍。作为一个领导，你首先要建队伍，让队伍有好的发展，团队能力越来越强。对于带队伍来说，第一是选人。我不太相信人会有太大变化，严进宽出，进来的时候要筛选得非常严格，进来之后就好好地用他。第二是育人，人皆可塑造，找到比较聪明的人，用机制去培养和成长，我相信他总会发光。还要建立和保持团队的文化，这是一个非常重要的角色。文化其实有多种定义，我个人认同一群人一起做事情的方法，就你的团队这些人，大家怎么做事儿？对于团队中的文化，技术起多大作用？大家有没有这个动力？这是文化。还有大家的协同工作、配合，是互相争斗还是互相协助？是个人英雄重要还是团队协作重要？如果作为一个 CTO，你一开始就要想好你希望你的技术团队中大家之间将来工作是一种什么样的气氛？你要想清楚。

定战略。战略是什么？看起来挺神秘的，其实不复杂。我要到哪里去？目标是什么？一种分析方法叫竞争力分析法，电商在未来是什么格局？几家大的企业来切分市场，这是一种情况。第二种，一家独大。就是要分析到某个相对比较稳定的状态的时候，我们的这个格局什么样？我在其中处于哪个位置？我的企业在哪个位置？第二个，看我现在在哪里，我们现在的竞争力处于什么样的地位，我怎么从现在的位置走到那里去，可以是直线，可以是曲线，没关系，但关键是我怎么走到彼岸去。

如果你要了解这个战略是什么，你首先要问公司的战略是什么？然后再去考虑你的技术团队如何支持公司的战略。比如像谷歌，它其实有一个梦想，是要通过技术来改变世界、改变人们的生活方式，这样的公司，它的技术团队就是要不断创新。

战略思考能力。你们现在是怎么培养战略思考能力的？第一种，跟着公司做业务多思考。还有呢？我是广泛地吸取各种各样的知识，整天琢磨。在我刚开始工作的时候，觉得当时的直属领导很神，做决策非常快，而且非常准确。我这人好奇心特别强，我就在想为什么他可以这样？然后遇到一个事情，我就想如果是我会怎么办？有时候得出结论和他一样，有时候不一样，正好我碰到的这个人比较好，我和他聊，他就跟我讲他的思维过程，遇到事情一二三这样推，我跟了他半年，当时能达到我已经可以猜出来他大部分决策，之后两年我已经可以基本准确地预测出来他的做法，我可以模拟出来他的思维过程、他的判断依据，等等，这是我在刚刚毕业两年的时候给自己的思维训练。

到后来这些年，在这行业中，看到一个新闻，听别的公司讲故事，我基本就会养成一个习惯，去做预测，根据这些信息，他们今后往什么方向去走？

会怎么办？我会去观察。后面实际发生的时候，走的方向什么样？结果什么样？大家如果继续学习的话，这是个学习过程，有什么样的因，出什么样的果，给我一个反馈，和我想的一样或者不一样，不一样的话，要搞明白中间产生了什么变数？我当时为什么想得不对？就这些年这个思维习惯一直没变。我觉得培养战略思考能力是一种习惯，你要整天去想，有些东西真的是有经验的，你要去学。

拿结果。不管是 KPI 考评还是 OKR 考评，其实都是说对结果有一个度量，往往要讲数字化，但是我觉得这个数字真的很难起作用，为什么？互联网行业里数字变化特别快，你到时候定了 KPI 怎么办？当然可以改，但是持续改的话开销会很大。包括后来在 360 做管理工作的时候，我们用的相对比较柔性的考核，也是每季度做，领导来打分，具体看你在过去一季度干的什么事情、结果怎么样。还有结果最容易出现问题的情况，是各方对结果的预期不一致，比如你写出来 KPI 或者 OKR，第一种可能遇到矫情的人，第二种可能真的大家的预期不一样，用文字表述一个东西，本来过程中就会出现这种情况，那么怎么办？一个是沟通方式，大家从不同角度讲讲自己的预期和认识，不同角度多去核对一下。第二个，核对的过程中最好是能留有记录，文字记录可能都不见得够，有视频更好，如果你有条件的话可以保留下来，给所有参与的人都有压力，有呈堂证供，有威慑力。

干部四力

作为一个干部，需要有哪些基本的能力呢？

第一是决断力，果断做出决策的勇气和能力。有的人性格优柔寡断不敢做决策，因为做决策要承担后果，不敢担当对做干部的人来说是非常要命的事情。

第二是执行力，将目标转化为行动，并带领团队成员一起完成任务的能力。有时候执行力会变成一个推脱责任的说辞，如果最高领导整天说下面执行力不行，其实你要想想他是不是有问题，一个是目标是不是清楚，第二个是组织能力是否到位。

第三是理解力，准确快速地领会组织和他人意图，把握事物本质的能力。

第四是与人连接力，与他人产生共鸣，建立和谐关系的能力。有的干部哪怕能力很强，但是和周边关系搞得非常紧张，往往挫折感也会很强。

这是对干部来说比较重要的四个能力。如果一个人既有决断能力又能带着团队完成目标，非常快地接受周边信息，还能够团结好周边的同僚们一起把事情干好，这是一种比较理想的状况。这并不是说你的干部四力都要全，但是筛选的时候尽可能这样选，或者某个象限增强也可以，这是所谓干部四力。

如何提升技术团队的地位

首先在 CTO 和若干 O 的定位里，你的地位到底是什么？你预期的地位应该是什么？如果我们从企业战略来思考的话，大家预期的是什么样？一言九鼎、核心竞争力，是不是这样？是不是预期这样？

对于 CTO 来说，首先技术团队要满足现在业务平稳的需求，如果需要在各地开分支机构，你的系统能不能支撑业务发展？如果不能，对不起不合格。能够做到技术支持业务创新，已经是一个挑战了，这就要求你这个 CTO 要对业务有比较好的理解才能做到。如果能够做到技术创新，也就是技术能引领业务升级，这时候的 CTO 就是一个小 CEO 了。所以在预期这件事上，首先你要对自己有个预期，你把 CTO 当做自己人生职业发展中的一个阶段还是发展的目标？就我个人来讲，我觉得 CTO 是企业的整个运行中的关键组件，如果你预期自己将来有更大的成就，不应该仅仅定义在 CTO。在我看来，CTO 还是辅助性的决策，你要去接触业务方面的工作，还有就是你怎么提升自己团队的地位，你达到预期的时候有人在乎你吗？你要超出老板的预期，让他惊讶。

决策中的风险评估

很多人都问到决策当中的风险，我觉得这并不是一件特别复杂的事儿。从这几个角度看，第一是业务对风险的承受能力。有的业务，比如金融，如果你出了一些风险可能是要命的，甚至可能因此而葬送公司。有的业务呢，一个决策错误可以会导致客户访问慢点。对风险的承受能力，是你需要考虑的第一件事。

第二，你要看风险发生的概率多大？还有风险发生的时候你有没有缓解策略？把这件事儿想明白之后，看谁是承担后果的人。不能让风险一旦发生了业务整个就完蛋，你要和利益相关人确定清楚，咱们是不是要这么干？我可以告诉你风险发生的概率多大。

第三，如果说风险可承受，值不值得做？你冒这个险的收益是什么？你特别想做一个事儿的时候，可能你会人为地加强动机，你会觉得这个事情做出来非常重要，但是实际你要给自己脑袋上泼盆冷水，自己想想，这件事儿真的有那么重要吗？可以搞个模型，去盘算一下这个事情可不可以干。然后想清楚之后，一旦决定要干，你得勇于跳出来说如果出了事儿我负责，如果你说出了事儿我不敢负责，那你这个 CTO 在决策力方面就有问题了。最怕的就是纠结，站在路口不知道往左往右，这个对于 CTO 来说是个大忌，你停在原地不走和站在原地想该往左往右是不一样的。

CTO 的修炼

接下来，我们谈谈 CTO 要做的几项修炼，我觉得有几本书推荐大家读一读。第一本书是《六顶思考帽》，这个也是对我比较有影响的书。它用形式化的方法让你对不同问题做思考，这个思维训练上已经是中高级的训练。也有专门的培训过程，如果大家愿意参与，我强烈建议参加一下。这是思维训练，让你相对来说比较辩证地思考问题。第二本书是心理方面修炼的书，叫《少有人走的路》。少有人走，是因为那条路不好走。这是一本心理学方面的书，对于个人的心理的修炼、思维方式的修炼比较有好处。

企业战略方面，在现在的时间点，创新是非常重要，因为赢家会越来越少，这种情况下你被迫要去创新，《创新者的窘境》和《创新者的解答》必须要看。《创新者的窘境》是哈佛商学院的教授所撰写，这书读起来很难，但是你咬着牙也要读完。这个教授用这一本书奠定了他在学术界的地位。《创新者的解答》是《创新者的窘境》后续的一本书。还有一本书是《定位》，定位准确了你就不用纠结了，今天的定位方法是做减法，这个比做加法难很多，做减法是非常痛苦的，因为意味着你放弃了一些机会，但也因为你放弃了一些机会才能抓住更大的机会。

然后管理方面的书，推荐一本《卓有成效的管理者》。这本书从道上讲事情的，不是讲术。这个作者是管理大师，他写过非常多的书，不要认为他的观点过时了，他已经去世了，但是在今天这样一个知识经济的时代，他的观点依然是起作用的。

还有工作方法方面的锻炼，这是术。我推荐《麦肯锡方法》，这是很薄的一本书，可以帮助你提高工作效率。

如果说你要想了解一些不太一样的企业文化，我强烈推荐读一读《一网打尽》，这本书是讲亚马逊是怎么做事的。今天的常规方法你很难赢，要有创新的打法。

推荐了一系列的书，大家可以去看一看。这些都是我过去在反思自己的成长过程中，觉得可能对大家比较有帮助的。除了这些书还有很多书，比如说《应求》，我把这本书推荐给别人的时候我心里都有负担，因为它的副标题容易让人产生误解。我没有把它列到书单里，大家回头可以看一看。

互动小课堂

问题：哪些人不适合做 CTO?

谭晓生：不同公司对 CTO 的要求不一样，有的公司可能偏技术，是技术的领先者，不要求 CTO 管理太多的团队，那样的话，纯技术的人也适合做 CTO。但是多数企业会对 CTO 有团队管理的期望，这个时候如果 CTO 和人打交道有障碍的话，可能不太适合，因为你会碰到技术怪才，他技术很好，但是和人打交道能力很差，他说的话别人也不懂，他对和别人打交道不感兴趣，他可能技术很好，但不适合放在 CTO 的位置上。除非公司是特别技术型的，才会有这样的情况，但不太多见。

现在的公司越来越怪异，更不像传统类型的公司，尤其是偏互联网的创新企业，结构非常奇怪。你要看 CEO 在布这盘棋的时候，他的期望是干什么？这就决定了这里面什么人能做好 CTO、什么人做不好 CTO。这已经不是泛泛的东西，这跟他怎么谋划和布局公司有关系。

问题：是做一个有商业想法的 CTO，还是做一个懂技术的 CEO 呢?

谭晓生：这个问题其实不应该纠结，想做 CTO 的和想做 CEO 的是两种不同的人，如果想做 CEO，通常是有非常强的某种商业动机，例如，你想做什么产品来满足什么需求或者改变人的生活。CTO 是把技术问题解决好、团队问题解决好就 OK 了，职责边界非常清楚。而 CEO 要搞定所有的事儿，你是首席销售官、首席产品官，什么东西你都得干。这是外向型的工作，你要准备好去承受痛苦。

【整理：祁宏宇】

乐视网 CTO 杨永强：站在未来思考未来

杨永强，作为核心创始成员之一，乐视网的 CTO 杨永强一直伴随着乐视网十余年的发展历程，目睹了乐视网流量从零到过亿的变化，而他以优异的战略和领导创新能力，一方面将云计算技术和用户为先的理念带入电视行业，颠覆传统视听体验；另一方面通过平台建设，推动互联网内容向视频化快速发展。

我一直行走在技术的道路上。随着业务的不断增长和规模扩大，近两年来，我关注的不仅是技术突破，更加关注的是如何带领整个团队在业务运营上做得更好。

如何认识 CTO 在公司里的定位

有些企业里面，CTO 只专注的是如何把业务保障或者技术的支持做好；而在另一些技术创新驱动型公司里，CTO 可能起到更重要的作用，甚至由 CEO 兼任负责整个公司技术创新的发展方向。

公司的不同性质决定了 CTO 定位的差异性，对职责的限定没有绝对的标准。在一个公司里面，CTO 的角色可以是一个**技术方向的掌舵者**，决定这个公司的技术走向；也可以是一个**技术能力的奠基者**，通过打造高效率的技术团队，通过技术积累、知识沉淀来提升组织整体效能。

就互联网公司而言，核心竞争力源于技术；放眼整个社会技术创新亦是发展和进步的重要基石。对于 CTO 来说，你要成为**技术创新的推动者**，推动技术创新在业务中的应用，用技术提升用户体验。

从程序员到 CTO 需要具备的能力

1. 从关注过程到关注结果

很多人和我一样是程序员出身，从技术走向管理要经历非常大的变化。程序员的工作实际上很简单，与计算机打交道，着力解决技术上的难题。

而角色转向技术管理的时候，则在自己做事的基础上更多的融入与人的沟通，对管理能力提出更高的要求。对于一个企业而言，对于一个管理者而言，最重要的是结果。

管理者可能并不会在乎你是不是每天都在加班，是不是每天晚上都熬夜写程序，但是如果最后你没有达到结果，那你所有的付出都是没有用的。做技术管理者，必须以结果为导向，无论是技术方向的选择、还是技术实现和方式的选择，都要为最终的结果负责。所以从技术转向管理要求人的思维能力发生非常重要的转变。

2. 从关注个人到关注团队

另外，关注点要从个人向团队转变，这也符合乐视一直推崇的理念："组织决定成败"。对于一个技术管理者而言，你的团队是什么样的，决定你未来的路走的多远。

一个优秀的技术管理者，首先要聚集很多技术顶尖的人才，优秀的团队可以帮助你走向成功。所以怎么去找到这些人，怎么吸引这些人加入，怎么样让这些人开心地工作并能够为同一个目标共同努力，这是我成为技术管理者之后比较关心的事情。

3. 用战略思维思考公司需要的技术框架与能力

我们希望CTO拥有强大的战略和思维，关注整个公司的未来走向，而不是简单的技术走向。

战略思维至关重要，因为创新关系到公司未来的整体发展。技术上的创新只是一部分，除此之外还有模式上的创新，甚至下一步可能是生态型的创新，形成很多跨界的新形式。这需要更宏观的知识体系、了解更多的行业，所以这是对战略思维提出一个更高的要求。

创新是一个永恒的命题，可以有大、有小，有不同形态的创新。那么，作为一名技术管理者，应该实时关注当下最流行的技术趋势。技术的创新一定会带来效率上的提升，带来生产效率的提高，成为成本降低的重要手段。

从程序员到 CTO，如何扩大技术视野？

从程序员到 CTO，如何扩大技术视野呢？我认为有两点，共享和创新。

首先大家要有一个**开放的心态**。在互联网的技术领域，很多走在前沿的项目都是开放的。开放意味着有更多的人可以为之贡献力量，而不是只靠自己的团队，每一个团队的力量是有限的，而开放则意味着可以调用更多的社会资源。同时，开放也意味着**共享**。

乐视提倡的 UP2U（Users Planning to User）模式，这是乐视目前一个非常核心的理念。无论是我们的硬件产品，电视机、手机甚至汽车；还是软件的服务性产品，都是秉承这样的核心的理念。

我们知道传统的产品的设计，实际上是由产品经理来主导的，无论是电视厂商、手机厂商或其他的互联网的产品，都是由产品经理去创意、去思考、去设计、去策划整个产品的形态。但是 UP2U 的理念告诉我们，应该更多地建立和用户的连接，甚至做到千万人参与、千万人研发、千万人使用、千万人传播。

用户参与共享，打通了用户与开发者之间的桥梁，让用户有更深的参与感。这带来了什么呢？第一，对于产品人员来说，获得了更多的创意。第二，减少了销售的中间环节、让产品直达用户。

共创指的是我们能够把行业里更多的优秀技术和跨界创新技术整合起来并运用到公司的战略层面。

程序员有一个很大的特点，每当看到一个东西，总觉得这个东西别人搞不定就自己来；有的时候，并不见得自己做就一定是最好，很有可能会重蹈他人覆辙。而对于公司经营而言，时间是重要的成本支出，在一个项目上损耗过多的时间也意味着给公司带来很大的损失；而整合优质资源能够有效提升工作效率，相比单兵作战优势十分显著。

从 CTO 到独立业务负责人应该关注的内容

当你从负责管理技术转向负责独立业务时，关注的方向也将转变为整个企业的经营。首先要制定整体业务的发展战略，需要储备丰富行业的知识，包括了解行业的发展趋势以及判定商业机会的真伪等；其次，对于成本的分布、收入的来源等问题，都要有明确的认知。

战略决定组织，组织决定成败。如果在战略上有很清晰的定位“我们就要做到行业的第一”，那接下来就要思考你的组织、你的团队是不是这个行业的第一，如果不是，你凭什么能做到第一？对于每一个团队管理者来说，需要更多地思考“你是不是有最优秀的人才、是不是有最强的团队”，这是实现战略目标的必要条件。而管理者在打造强有力的组织架构的同时，也要大力提升组织效率。

关注运营成本。对独立业务负责人来说，不应只注重技术，而要掌握更多运营方面的知识，更多地了解市场、营销、销售、财务、人力资源等，确保投资效率最大化。

用未来定义未来，构建开放闭环的完整互联网生态系统

现在很多公司注重用站在现在看未来；但是乐视着眼于用未来定义未来。我们思考的是下一代用户的需求到底是什么？而不仅仅是今天的用户需求到底是什么。

满足当下的用户需求，容易带来用户的增长，可能给企业带来很高的利润。但是，能否前瞻性地认识到未来的用户需求，决定了企业在未来真正的、更高级的市场空间能否获取生存之道。

乐视倡导的是“用未来定义未来、再用未来定义现在”。其实每一个领域里，都有大大小小的类似机遇，所以我们在考虑产品定位的时候，要站的更远、而不只是站在当下去看。这是一个思想，也是一个意识。我们认为在互联网时代，未来其实是一个生态的时代，跨界创新才是真正推动下一轮产业升级的核心动力。

乐视以用户为核心，构建了“平台+内容+终端+应用”四层架构的生态系统，而这种独一无二的生态模式带来的不仅是商业模式上的创新，更是实现了产品体验的创新和用户价值的提升，这些创新组合在一起，我们称之为生态型创新。

如何能让团队的技术人员看得更远

用未来定义未来

互联网生态经济的三大特征

现在全球的经济增长乏力，大家都在寻找新的突破点，乐视目前的一些做法，恰好为拉动新的增长点提供了一些方向。依托全新的互联网生态模式，乐视打破边界、生态化反，创立了互联网生态经济这一全新的经济形态。**生态经济的三大特征是：价值重构、共享和全球化**，最终由此形成由垂直闭环的生态链和横向开放的生态圈组成的完整生态系统。

我们通过跨产业链垂直整合和横向开放，重新定义用户的价值选择。首先让同一产品单一价值向多维度的价值转移，让用户在使用产品服务的时候获得多种价值。

比如你购买了乐视电视之后，就能享受到源源不断的后向服务，我们希望为用户带来的更多的价值是硬件以外的价值，而不像一些传统电视机厂商，购买之后服务就已经结束了。另一方面，目前硬件价值已经在向软件内容服务等方面转移。硬件既是基础，也是入口，用户更关注硬件以外的内容、平台和应用体验，并更愿意为产品的核心价值买单。

共享是指通过经济与资源共享、能力与资本共享、价值共享打破产业边界，重构商业规则。

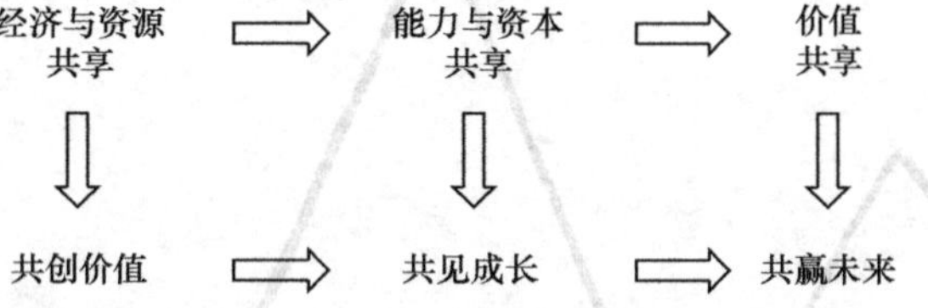

团队实际上靠什么？很重要的一点是靠远景战略。团队成员拥有一致的价值观和目标意识愿意为之共同奋斗且一同分享商业成果，这其实是非常好的共享机制，让大家觉得做这件事情，是为了实现大家共同的梦想。

互联网生态经济的第三个特征是全球化，如何才能实现全球化呢？我们是要跨界的，要垂直整合的。垂直整合并不是弱与弱之间的整合，而是强与强之间的联合。强强相遇才容易产生新的价值，才能产生更好的化学反应。

所以要打破全球的边界，打破产业的边界，打破行业的边界，打破国家地域的边界。要在全球范围里去寻找行业的领军，无论是人才也好或者资源也好，用全球最领先的技术，全球最好的团队，这样你才能把这个点做到最强。

这是乐视提出的互联网生态经济的三大重要的特征，我们相信，未来整个互联网，甚至于互联网+很多其他行业都要往这个方向发展。

乐视生态的组织保障

上面讲到了互联网生态经济的三大特征，那么如何从组织上去保障生态能够实现呢？我以乐视的组织架构为例来介绍。

首先乐视的组织是比较扁平化的，不会有特别多的层级。它并不是传统、单一的树型管理型组织，而是通过不断迭代形成现有的四维型组织，并且在实践中不断发挥着有效的作用。

第一是扁平化。提供效率，减少中间环节。

第二是交叉管理。比如说乐视超级电视业务，除了常规的硬件研发团队之外，还包括横跨各子生态的大屏的运营团队。

第三是二级组织。组织架构上我们分为如下几个纬度：纬度一是事业群+垂直业务；纬度二包含一些公共业务或者公共的职能平台，如品牌营销、用户运营、生态营销团队等；纬度三就是二级组织，指区域纬度，按照国内不同的省份或者大区，以及不同国家和区域划分。

第四是项目型组织。项目型组织是一个大型运营组织，采用 PM 和 PO 的机制。

如何去创新？

企业发展初期，没有太多的精力去创新，创新是需要有一定的资源、一定的组织去支持的。以技术创新为例，每天面对应接不暇的需求，还要关心系统稳定性高不高？是不是应该有更好的一些升级迭代的技术呢？那就会面临一种平台性的公共体制的研发。

对于这种技术平台上的创新，最好是弱化它的 KPI 考核；而对于和业务强绑定的这些团队，可以有适量 KPI 上的要求。但是这两种最好是分开，混在一起容易互相干扰。更好的办法是在公司整体文化上提供保障、打造创新的组织文化，人人都有创新的思维，使人人都成为创新的发动机。创新是永无止境的话题，不仅仅指技术，对每项业务、每个行业，都是这样。

身为管理者，如何在吸引人才

如何吸引人才。在人才观上，乐视践行狮狼文化，拒绝一山不容二虎。更多高端人才一起协同合作，才有可能创造更大的成就；而不是一件事由个人主导，禁止他人参与，这样的想法，将不利于整个企业发展的。

我们知道狮子是百兽之王，但是实际上它是可以协同工作的，狼群更是如此。生态的每一个领域，都是由狮子来带领，并且能够形成一种狼群效应。我们也鼓励团队，敢于去用牛人，因为人才是决定成败的关键。

那还有什么吸引呢？就是靠你清晰的**生态战略与愿景。**我们在机制的设立上，也要有独特性：既有传统的专业的精神体系，也有管理上的职级体系。另外在乐视内部，我们还创造了一个生态的职级体系。乐视现有七大子生态，一名员工可能以前做内容生产，比如说拍电影，那现在让你了解汽车，你了解吗？一个人对整个乐视生态的不同板块了解越多，他的生态职级会越高，这也会影响他在整个乐视生态里的发展。

另外就是分享机制，我们实行**全员持股**的计划，把乐视控股的50%股权拿出来，去给大家做全员股权的分享和激励！

乐视的人才观就是给有梦想的实干者无限可能。从一个技术的程序员走向一个管理者的时候，最重要的就是和人打交道，一件事能不能干成，最终决定在人。一个管理者最核心的是人。我们要给真正愿意干事情的人更好的舞台，让他们在实现这个企业梦想的同时，也能实现个人的梦想，我也希望大家走向管理岗位以后，更多的关注人，关注团队。

坚持是成功的唯一捷径

在现在和未来之间，就差一个坚持。这个我也想通过自己的经历来谈谈，我做了十几年技术，最开始仅有几个人。公司最早只是一个小小的部门，到独立发展出一种模式直到今天，中间也经历过非常非常困难的时候，甚至于最严重的时候，半年都发不出工资来，那时很多人都离开了。留下来的都是靠一种坚持，靠一种梦想走下来的。

所以也想给大家分享的就是，如果我们认为选择的大方向是对的，是行业的发展趋势，那我们应该多一些坚持，即使中间会有一些坎坷，但最终还是有成功的机会。

互动小课堂

问题：杨老师您好，听了您的分享，我有两个疑问。第一个是我听到您在讲公司的组织的时候讲到里面有交叉的管理，在不同的项目当中，可能会有不同的汇报线。比如说你们的一个运营中心，那么它会在乐视的电视，或者是乐视云有一条汇报线。同时它会有一个比如说全美国的汇报线，或者是全球的一个汇报线。那么这种交叉汇报的话，会不会导致整个管理团队变得特别的臃肿，效率低下？会不会导致执行力会下降，乐视是如何保证执行力的，这是第一个问题。

第二个问题是关于项目驱动的，因为我看到乐视有一个以项目制来驱动，在乐视这样一个庞大的体系当中，项目驱动的方式，是说全公司都是落地执行，还是说只是在个别的小的项目当中才会落地执行？

杨永强： 先说你第二个问题，首先它是在全公司里落地执行。对于一个项目型组织的话，它有两种形态存在，一种可能是您刚才说的这个短期的，比如说有一个目标时间，到那个时间要完成什么任务，然后标记各种资源；但是也有一种是长期存在的，比如说刚才说到的电视业务，其中包含一个组织，它横跨了内部七八个公司、多个部门，既有我们的广告团队，也有我们电视上负责游戏的、内容的、体育的、教育的各个部门，这些都来自于乐视内部不同的业务线，但是他们形成一个组织之后，会产生自有的运转机制。

比如说这个组织里头有集团的战略部派过来的战略负责人，有 HR 派过来的 HRBP 的负责人，有业务线的 PO（Poject Owner）负责人，有 PMO 派过来的 PM（Project Management）等这个组织内部拥有一系列的机制，比如说它每周有固定例会，它有这个考核运营等，是在持续不断地运转。

交叉管理有时也会出现你说的多线汇报问题。跨业务线的协同，可能会涉及多个业务项的会议需要参加，所以确实是会增加一定的人力投入；但是它带来了新的价值，正如之前分享到的那些协同、创新的价值，这成为公司在行业里树立核心竞争力的一个优势。

所以在组织上，形成这样一种独特的组织体系，反而也变成了乐视独特的组织优势。当然在发展过程中也会遇到问题，我们也在这个过程中不断地寻找解决方案。比如说考核，如果一位员工同时是一个管理型组织和一个项目型组织的一员，那他的个人考核中涉及的业务线都要占一定的因素，但权重的占比分配，是由他所在的管理型组织的管理者、所在项目组织的管理者以及 HR 共同来发挥作用的。

问题：在企业初创期这一块，这种组织的协同，或者跨产品线的协同，当时是怎么做的？这个请您介绍一下。

杨永强：其实乐视最开始做协同，是在视频网站时期。那时业务相对比较简单，而最早的协同其实非常简单，或者说“很粗暴”。

我们发起了一个周末例会，叫协同会。它是通过会议进行协同，而且持续了很多年。这个会议的形式非常有意思，负责硬件的、生产的、供应链的、设计电路板的，和做内容的、拍电影的、运营视频网站的，大家坐在一个屋子里头，共同探讨一个话题。

我觉得这个非常重要，其间大量业务发展的问题、跨部门协同的问题，都是靠周末这个会来解决的。目前，这个会议还在继续，但是规则上发生了很多变化，比如说下午有电视的协同会、有手机的协同会、有金融的协同会等，不同生态的会议同时进行，时间上错开保障参会人员的交叉，而且你会发现，即使不是自身业务，也可以在会上学习到非常非常多的东西。

问题：杨老师，我想了解一下，乐视在激励计划中有一个全员持股计划，那么对于新老员工是如何分配的呢？

杨永强：其实这也是一个不断迭代的过程。在在乐视网上市前，YT 就提出我们实行要全员持股，并且在乐视网刚上市的时候，就把股票拿出来给所有员工分配；而随着生态规模不断增长，在拿出乐视控股 50%做股权激励的同时，各个业务线也将自有的股权拿来作为激励。比如说乐视云，就拿出自身股权的 30%用来作为业务线的股权激励，意味着对有的员工来说会同时持有两种股份：乐视控股的股权和自身所在业务线的股权。

如果处在一个平台型部门、不属于一个具体的业务线，比如说 HR，战略管理部等职能部门，就直接享受到乐视控股的股权激励。现在的策略是每年都会给员工进行分配，根据你的贡献或者依照历史分配比例，结合一定的标准进行分配。

【整理：刘晓旭】

CTO的首要目标是实现公司的目标

国美在线 CTO 于斌平：CTO 的七种武器

于斌平，国美在线、国美互联网 CTO，公司技术产品领头人，全面负责国美互联网的技术和产品工作。2010 年 8 月带领 5 名技术人员开始从“零”做起，筹建国美互联网技术体系，至今团队规模达到千人，成功建立了国美互联网的产品、技术及大数据策略，建立了支撑年销售超 500 亿的技术系统，主导构建的国美互联网技术架构在国内电商互联网行业处于领先地位。

每个人的管理经验都不同，每个企业的管理方式也不同。但是万变不离其宗，任何事情都是可以透过现象看本质。根据多年的技术工作经验，我认为想要晋级成为一名出色的 CTO，需要具备七种武器，也是其中核心能力。

第一种武器——核心目标

作为一名管理者，尤其是技术管理者，CTO 的首要任务是如何**实现公司目标**，然后才是与之配套的技术目标和方法。招什么样的技术人员，用什么样的技术合适，都要与当前阶段公司的目标和需要相匹配。如果技术管理者的目标不清晰，那么整个团队的目标也是不清晰的，接着就会出现团队管理混乱、人不够用、公司和技术团队相互不满意等等现象。所以，不管技术团队的构成是怎样的，一定要跟公司的目标一致。

其次，**目标要以实现公司主体业务为主。**要充分理解业务，比业务更熟悉业务。再牛的技术都是为了实现业务目标，否则毫无价值。理解业务才能设计出支持业务的好系统。国美在线虽然基于互联网进行销售，但还是有分支的，所以我们对业务的要求非常高。作为技术团队的负责人，我对业务有较深的理解，同时我对团队的要求就是对业务理解要深，要明白自己在做的东西是干什么用的，能帮助业务干什么，能帮助用户干什么，能产生什么业务价值，避免闭门造车。

第三，**要支撑业务，引领业务发展**。支撑业务正常开展是基本目标，并在业务正常开展的基础上进行创新，通过技术手段引领业务发展，是 CTO 尤其是互联网公司 CTO 的最本质的使命。

在战略层次，我建议主要从企业愿景及战略目标、业务目标、技术战略、产品规划、行业分析几个方面做起。在战术层次，则从系统架构和系统建设两个方面出发。

第二种武器——项目管理

◆ 项目管理的核心目标是“如期上线”

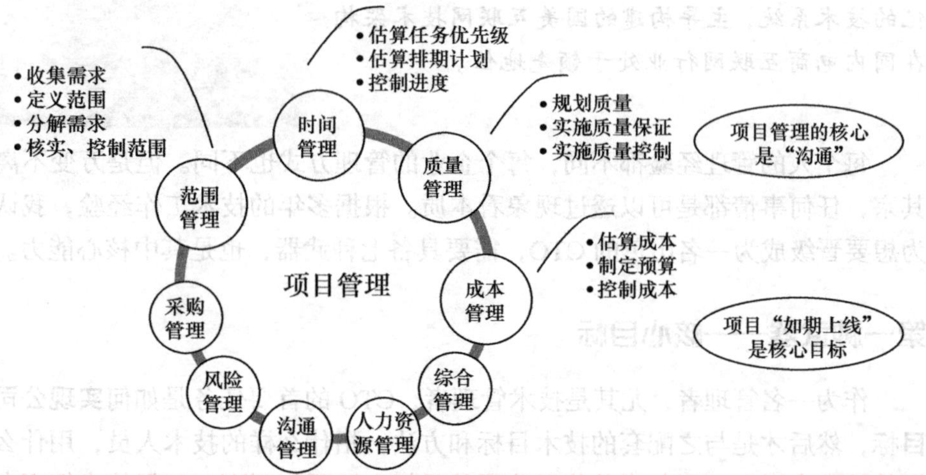

项目的按时完成涉及多个方面，比如成本管理、质量管理、时间管理、范围管理、采购管理、风险管理、沟通管理、人力资源管理等。从项目工作来讲，这些方面的问题是必须要解决的事情。所以我一直在讲透过现象看本质，任何事情最终都可以归结为项目相关的问题。对于 CTO 来讲，一定要成为一个好的项目管理者，甚至所有问题都可以归结为项目相关的问题，也就是说如期上线是我们的核心目标，为了这个目标我们要用尽一切的办法。

◆ 项目管理的核心是“沟通”

马克思指，“人是一切社会关系的总和”，“一个人的发展取决于和他直接或间接进行交往的其他一切人的发展”。因此，沟通能力是一个人生存与发展的必备能力，也是决定一个人成功的必要条件。

项目管理的核心在于沟通，项目的成本管理、范围管理以及质量管理等是必要的，但是核心还是沟通。如果沟通不到位，很多事情会出问题。人是有情感的，员工是会有情绪的，人与人之间需要沟通，相互了解清楚事情原委（然后才是理解）。CTO 也好，技术总监也好，都是企业技术管理者的一个职位名称，他们作为项目管理者，一定要会沟通，不断地跨体系、跨部门进行沟通，公司上下沟通，行业沟通，企业内外沟通合作谈判等。分享个小技巧，如果沟通是你的短板，可以派遣各种善于沟通的人去交流沟通，如产品经理，然后通过他来了解具体的事宜。

◆ 项目管理之资源整合

资源在整合之前大多是零散的，要发挥它最大的效用，转化为竞争优势，为企业创造价值，还需要运用科学方法将不同来源、不同效用的资源进行配置与优化，使有价值的资源融合起来，发挥“1+1>2”的放大效用。

企业资源包含内部资源和外部资源两部分。企业的内部资源主要涉及技术、产品、业务、营销和财务，还有各种 BOSS（利用好 BOSS 的资源非常重要）企业的外部资源主要包含合作商、市场和软件、甚至政府等。

◆ 项目管理之成本控制

“预防为主，治疗为辅”这句话最适用于成本控制了。成本确实有点像体重，上去容易下来难。病来如山倒，病去如抽丝。一旦习惯了高成本的运作方式，再想由奢入俭，将会阻力重重。

作为企业的 CTO，需要做好事前计划、事中控制和事后分析。

事前计划：制定政策和计划，有效利用历年的资料。

事中控制：准确及时了解各部门、项目预算使用情况。

事后分析：得到更及时、完整和精确的统计分析报告。

作为一名企业 CTO，我认为他必须要具备架构能力、产品能力、研发能力以及基础能力四个方面的看家本领。所以，接下来我来谈谈这四个方面的能力。

第三种武器——架构建设

如何建设一个好的架构？我认为首先要厘清公司要做什么，业务是什么，从用户端到交易端再到后端处理该如何做，财务和配送如何实现，性能如何处理，网控如何处理，可用性容灾等问题如何处理，等等一系列的事宜。然后，才能知道系统和技术框架要怎么做。有些系统框架需要外购，有些则需要我们自己设计。

架构建设主要包含：系统架构、基础建设、风险控制以及安全建设四个方面。

- 系统架构：要注意系统架构的可用性、可复用性，新增业务的可扩展性、高性能以及灵活性。
- 基础建设：主要包含技术路线、中间件、服务、框架、软件架构、数据架构的设计和建设。
- 风险控制：主要指网络、硬件架构设计及建设、系统漏洞、容灾的防范、数据的攻击、交易资料的泄露。
- 安全建设：安全的建设主要针对系统、账户、数据、信息、产权、财务做好安全保障。

那么，架构的设计需要遵循哪些原则呢？

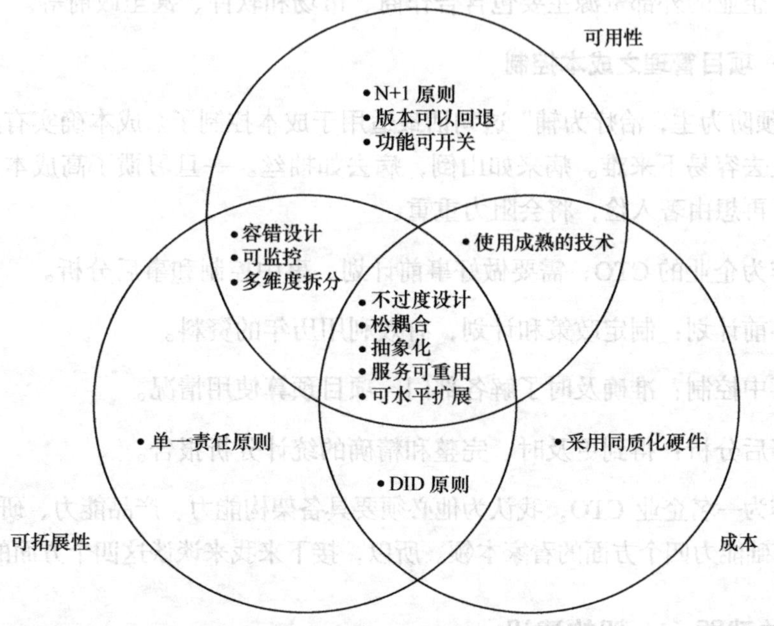

技术架构的设计首先要遵循**可用性原则**。以电商为例，在 4.18、6.18、双 11 等特殊的节日，网购数量会达到一个很高的峰值，是平常的十倍或几十

倍。此时，我们就需要考虑可用性，看是否可以回馈，是否可以限流，假如出现问题我们该如何处理。

第二，就是**成本问题**。要考虑如何在成本有限的情况下去实现可用性，而不能仅仅是一味地增加服务器等硬件设施。

第三，就是**可拓展性**。容量怎么去扩展，性能怎么去拓展。我觉得这跟前面的架构是相辅相成，你的技术架构决定了你的后续扩展性。如果扩展性不好，可能会遇到无法再增加服务器的情况。

接下来，再说说架构的分解原则。我总结了四个方面。

- 水平扩展。针对应用系统实现多机集群，提高并发能力。同时，实现数据库的读写分离，如商品读库、商品写库。
- 垂直拆分。按照业务域划分应用系统，如商品系统、交易系统等。并针对数据库按照业务分库，可分为商品库、订单库等。
- 业务分片。按照功能特点进行分开部署，例如秒杀系统。通过分库分表，提高数据容量。
- 水平拆分。进行服务分层，功能与非功能分开。此外，对数据库实现冷热数据分离，历史数据分离。

第四种武器——产品能力

我早期是做开发的，后来才接触产品，现在什么都做。谈到产品能力，总结起来要从以下四个方面来谈。

用户体验。任何产品都是给用户使用的，所以产品能力的第一要素是用户体验。产品要能够呈现给用户视听操作上的体验，强调舒适性；在产品的操作上，需要实现易用性及可用性；目标信息要醒目而亲近，让用户能认同、抒发自己的内在情感。最终实现简约而不简单。需要注意的是，用户的范畴很广，企业内外、直接或间接使用产品的人，都是用户。所以站在用户的角度，以用户的思维设计产品，才有可能做出来真正的让用户体验“爽”的产品。

业务设计。只有对业务真正的熟悉才能设计出适合业务的产品，才能打造一个优秀的产品部门。根据市场目标和公司业务需求，梳理业务流程，勾画业务蓝图，设计业务场景及功能，分析和优化流程，尤其要做到业务、财务、数据、用户操作整个过程的闭环设计。

产品设计。根据业务蓝图和功能设计软件产品，重要的是如何让用户用得“爽”。最后，输出结果才是 PRD。PRD 只是个结果，不是目标。

产品创新。创新一定要有目标，以潜在的需求为出发点，开发出差异性或全新的产品，将潜在的需求激活为一个现实的市场，实现产品的价值，引领驱动业务发展。要清楚产品上线仅是开始，还需以数据为检验标准，不断运营和优化。

总之，我们要从用户的角度出发设计产品；从业务的角度出发设计产品；从运营的角度出发设计产品；知道产品如何技术实现很重要，否则会凤凰变乌鸦。

第五种武器——研发能力

我是一名老程序员，早期主要是用 C 语言和 VB 进行编程。通过带团队这些年，我理解越大的或者说越重要的团队，考察其研发能力，首先指标就是关键技术是什么。不管是做什么系统，不论是做中间件，还是做业务系统，要清楚到底用什么技术是比较核心的。最好亲自制定代码框架，确定使用哪种技术框架和方案。要始终保持学习最新的技术及资讯，至少在理念上与行业同步，持续研究技术。

其次，代码管理问题。代码该怎么管呢？我们要制定合适的代码管理规则，制定合适的分支模式，并建立代码管理规范。

规范如何建立呢？需要建立编码规范、接口规范、中间件使用规范、加密规范、密码规范、字符集规范……技术管理者需要在项目早期就建立相应的规范，以免最后发现代码和规则一团糟。

第四，建议尽量抛弃瀑布模式进行开发，采用敏捷模式开发。

第五，要注重代码的开发质量。要实现代码 Review 机制、单元测试机制、持续集成、自动构建和自动发布。

第六种武器——基础建设

系统出了什么问题，该如何监控，如何及时响应等一系列问题都属于基础建设的范畴。例如，国美现在实行的是 24 小时自动监控，任何环节有问题，系统都会自动报警，负责人接受到短信，不能自动回复的负责人会去直接处理。我们要求即使是高级别的故障，也必须在半小时内处理好，这就是机制。

在基础管理能力方面，我们需要做好服务监控、配置及变更管理、硬件管理以及运维机制。

- 服务监控：硬件、软件、流量、数据、故障的自动化监控。做好问题和故障反馈机制及故障响应机制、处理机制。此外，还需设计故障预案，实现预案的自动化执行。
- 配置及变更管理：包括服务的访问安全、权限控制以及服务器管理、大规模集群管理，以及软硬件的变更管理等。
- 硬件管理：网络及服务器架构，上架及安装、资源分配机制。远程管理是基本要素。
- 运维机制：自动化部署、自动化运维是基本目标。

第七种武器——团队能力

关于团队能力，这里我总结了五方面的内容，分别是：**保持激情、目标明确、身先士卒、容人长短、简单纯粹。**

第一，作为团队的负责人，需要永远**保持工作激情**。永远保持激情非常不容易，但对技术团队负责人来说一定且必须要创造并永远保持团队积极向上的工作激情和工作氛围。这是技术管理者的基本功。我们从 2010 年的四五个人发展到现在的上千人，这个过程中，如果团队负责人没有激情，是很难发展起来的。无论客观的条件如何，奖金多少，能否把士气带起来，是衡量一个技术管理者是否合格的重要标志。

第二，**目标明确**。有了激情，这劲儿要往哪里使呢？这就需要有明确的目标。要永远让团队成员知道目标是什么，以及完成目标后的结果。另外，很多公司对于团队的鼓励措施都采取加薪的方式，其实加薪是激励团队的下下策（虽然很重要，人人喜欢），明确的目标才是最好的团队激励措施。

第三，团队的管理者永远不能站在三线，一定要**身先士卒**，冲在工作的最前线才可以。他需要保持一种激情，带着团队去冲。有句话说的好，只有不合格的将军，没有不合格的士兵。

第四，要懂得**容人长短**。随着团队人员的增多，你要能够容许团队中的各种角色，特别是能力较强的员工。团队中要有且要鼓励不断产生比自己的专业能力还强的高手。在我现在带领的团队中，就有很多人在专业领域比我强。同时，也要让水平一般的员工快速成长。不容许下面的人比你强，这是要不得的。另外对于能力较弱的人也要能容忍，并根据他自身的能力和特点安排合适他的工作，发挥其最大的作用。

第五，**简单纯粹**。团队成员的关系要简单，只为完成目标。如果一个团队的领导比较复杂，那么他手下的员工也一定是比较复杂的，工作也会乱七八糟。说到管理，很多人都在讲心灵鸡汤，很多的书在讲管理。其实只要做到目标明确，每个项目管理的各个细节的责任人明确，为了实现最终的目标而努力，其他的事情都不成问题。

互动小课堂

问题：您从开始带队几个人到现在带一千多人的团队，从基层到现在成为领导，我想问在这个过程当中，你的心态变化是怎样的？也就是说你能做的事情别人做了，然后你几乎就是相当于监督了，整个心态是怎么变化的。

于斌平：这个问题非常好。其实这几年我一直是在各种的煎熬中度过的，也是在这种煎熬中不断成长。各种业务需求、公司战略目标的实现交付、系统问题的处理，是煎熬更是前进的驱动力。当业务流量非常大，系统出现故障短时间内解决不了的时候，想死的心都曾经有。尤其像 418、618、双 11 这样的大促，瞬时流量非常大，对技术团队和系统来说，是一次又一次的大考。

又回到我刚才说的简单纯粹，要明确你的出发点是解决问题达成目标，然后才有可能拥有好的结果假如你始终考虑个人得失甚至职位变化，反倒会有问题。水到渠成，有因才有果。

问题：我想请教一下您从小团队到大团队这个 KPI 考核指标如何制定？

于斌平：我始终还是以目标和结果为导向，一件事一个项目谁能保质保量地完成，谁的结果最好，我认为你就是第一的，就这么简单。

【整理：杜美洁】

欧电云创始人韩军：完美 CTO 的能力模型

韩军，欧电云创始人，曾任 1 号店 CTO、51job 网站技术负责人。在互联网技术领域享有盛誉，是跨多个领域的解决方案专家，个人拥有众多创新技术专利。

他深谙电商之道，从零打造 1 号店网站及供应链系统，以技术引领业务发展。2015 年 3 月创办欧电云，秉持“让天下专注于商务，不再为电子而烦恼”的理念，以 SAAS 的先进模式，提供一流的电子商务系统云服务及全渠道解决方案。

CTO 是否要写代码的思考

现在国内的 CTO 很多都是技术出身，这也是中国特色。我在澳洲待了两年，认识很多国外的 CTO，他们一大半以上都不是技术出身。

这给我带来一个很大的思考，CTO 不是技术出身，你怎么做 CTO 啊?这实际上是很大的一个问题。因为在我们中国人的传统意识中，都可能认为 CTO 天然是技术出身的人干的活。但是在国外实际上不这样看，CTO 不一定完全是一个纯技术的活。

实际上这要看你对 CTO 的定义是什么，就像最近大家对 CTO 写不写程序的热议。从互联网企业来讲，如果 CTO 不写程序，好像是一个大逆不道的事。当然这个还要看你所在公司有多大规模，那我也很诚信地讲，作为 CTO，我没有写过一行代码，实际上我最后写代码是在 2001 年。

完美的 CTO 能力模型，我觉得几乎是不可能，如果你今天是一个创业企业，五六个人拉一个团队来干，那你说 CTO 是不懂技术，或者不写代码，应该是比较难。

对于这个时代，一定要表明什么呢?我能身先士卒，我能干活，所以你们跟着我干，没问题，所以在创业团队中，CTO 要有这种身先士卒的能力。

我觉得 CTO 其实很难存在一个能力模型，在一个小企业，或者说你处于某一个阶段，你可能对技能的要求非常重要，也是你要带着伙伴们往前走的一个很重要的因素之一，但是到了另外一个时空下，有可能这个技能就变得不重要。

如果说你今天是带着 1000 人、5000 人的一个技术团队的 CTO，这个时候你有没有写代码能力，其实是一点都不重要的。你将更多考虑战略，包括业务的战略和技术的战略，你会考虑很多，你考虑以后的公司怎么发展。

如果你没有做到这些，就很难交差，即使你能力强、写出的代码很完美、非常懂大数据，但是你带这么大的团队的时候，其实这些能力反而并不是那么重要。

公司背景决定 CTO 定位

我觉得能力模型也是比较重要的一方面。但是我觉得不管你是不是技术出身，都可以做技术 CTO。我认为不同的形态和不同的思路，对 CTO 的要求是不太一样的。

另一方面，跟你所处公司的行业背景有关。如果你今天从事纯技术的解决方案，比如说大数据的一个 CTO，或者你是做网络安全的一个 CTO，那么实际上这种 CTO 在某种意义上，他就是这个公司的技术大牛。一般来讲相对容易做，因为他提供的是一个技术支撑，对 CTO 的技术功底要求比较高。假设我去做网络安全的 CTO，可能我就做不好，因为我虽然了解网络安全的概念，但是对整个的技术与研究没有像业界的一些大牛这么深刻。所以这些都要从实际出发，根据公司领域和性质来看 CTO 的具体定位。

一般来讲，公司的 CEO 或者是董事长，他们对技术是不了解的，所以你们不要希望他们理解你，其实甚至是完全不理解的。我做过很多公司的 CTO，发现哪怕技术出身的 CEO，随着时间的变化，他对你的理解也会发生变化。

就像今天我的角色变了，虽然有时候我能理解技术团队，但是每个人都有自己的压力，CEO 有 CEO 的压力，CTO 有 CTO 的压力，其他各个角色也都有自己的压力。

各自的压力不一样，造成他没有时间、没有精力去理解，这是很正常的，作为老板来讲他不一定非常想理解你，或者说根本没有时间去理解你。

如果你老板是生意人出身，那他对技术的理解就更完全不一样了，他认为这个技术上的事情就是信手拈来，你是大牛，我已经花了这么多钱请你来，你就应该帮我把这个搞好，其实这是很正常的。

实际上，这是 CTO 非常重要的课题，任何一个公司，因为你某种程度上在这个公司里是代表技术团队去与老板沟通。说直接点就是，老板的观点就决定了你这个团队未来的走向，你团队的能力、团队获得的资源，或者说团队在公司的地位，往往这些都是 CTO 决定的。

CTO 的本质就是解决老板对技术的期望。每一个老板对技术的期望是不一样的，当然第一个你肯定是要管控他的期望，不能说这个期望是无边界的。

另外一个情况你要解决他的问题，这是核心。他把你招进来，就是要解决技术的问题。那么，作为 CTO，你的工作核心就是解决公司的技术问题，要知道公司在技术方面的最大难题是什么，老板对你的期望是什么。

期望有一些是显性的，老板告诉你，你需要帮我解决什么问题，但是实际上他告诉你的问题不一定是真正的问题。这个实际上有点像乔布斯说的，顾客是不懂得他的需求的，你不要以为老板对技术的需求是很清楚的，其实他可能并不清楚。实际上是要你自己去搞清楚老板的需求，你要去了解他目前的状况、公司的状况、客户的要求、碰到的困难。然后，你才能列出公司面临的问题有哪些，我到底怎么解决这些困难。

所以，你一定要先解决的是什么？那就是近期的问题。很多 CTO 犯了一个很大的错误，就是关注未来的技术趋势，但是没有解决公司目前的技术需求，那是没有用的。因为所有的蜜月期都是很短的，你不要想着老板对你天然就是喜爱，天然就是要给你资源，其实不会。你要想清楚在这个蜜月期快结束的时候，要交出一个什么样的成绩单，来使你所在公司、老板和高管团队来支持你往前走，这是很重要的。

带领团队也要因势而论

另外一个重点就是团队的氛围，什么样的氛围是最好的？是一团和气的氛围最好，还是说有战争力的氛围最好？相比较，当然是有战争力的氛围更好，不过这样会少一些人情味。

还有很重要的一件事情，是只有我们 CTO 能做的，就是判断技术的策略和商业价值是否一致。如果你在一个小公司，想花很多的成本去做高并发，或者双活乃至异地多活；说句实话，真的是非常困难的事，技术成本很大。如果你的决策跟商业价值不一致，那你肯定不会成功。

还有一个问题就是技术趋势把握了，这对你的未来发展是有影响的。举一个很典型的例子，国内很多工程师是程序员出身，我擅长什么，最后就把擅长的技术带到了公司，这种现象比比皆是。但是这种现象对公司并不会带来最大的好处，甚至某种程度上，会阻碍公司的运行和发展。

新时代的 CTO 要熟悉公司业务

如果老板找的 CTO 都是不懂业务的，你稍微懂一点，你就很强了。如果大家都很懂业务，你一点都不懂，那你就很危险。但是从总趋势来看，未来对 CTO 在业务方面的要求是越来越高的。我记得十几年前，当时公司招 CTO 的时候，基本是不关注他的业务能力，只关注他的技术、管理过多少人的团队、做过什么样的项目等。

但今天不是这种情况了，有的公司招聘了不懂业务的 CTO，最后都不太成功。为什么呢?就是因为这个 CTO 所关注的点和整个公司关注的点没有交集。有一些公司的业务非常复杂，那么当你是一个技术大牛，去做业务相对比较复杂的一个公司的 CTO 的时候，如果你不去弥补短板的话，或者没有办法在短期内去弥补短板的话，实际上对你在公司的地位，甚至对你整个企业生涯都非常不利。

所以每一个人都要去提高你自己的业务能力，另外一方面，如果这个业务是你的短板，那你最好去一些业务相对较简单的公司。业务一定是决定一切的，作为技术的一个最高负责人来讲，一定要深刻认识到这一点。

不懂业务的CTO 没有未来

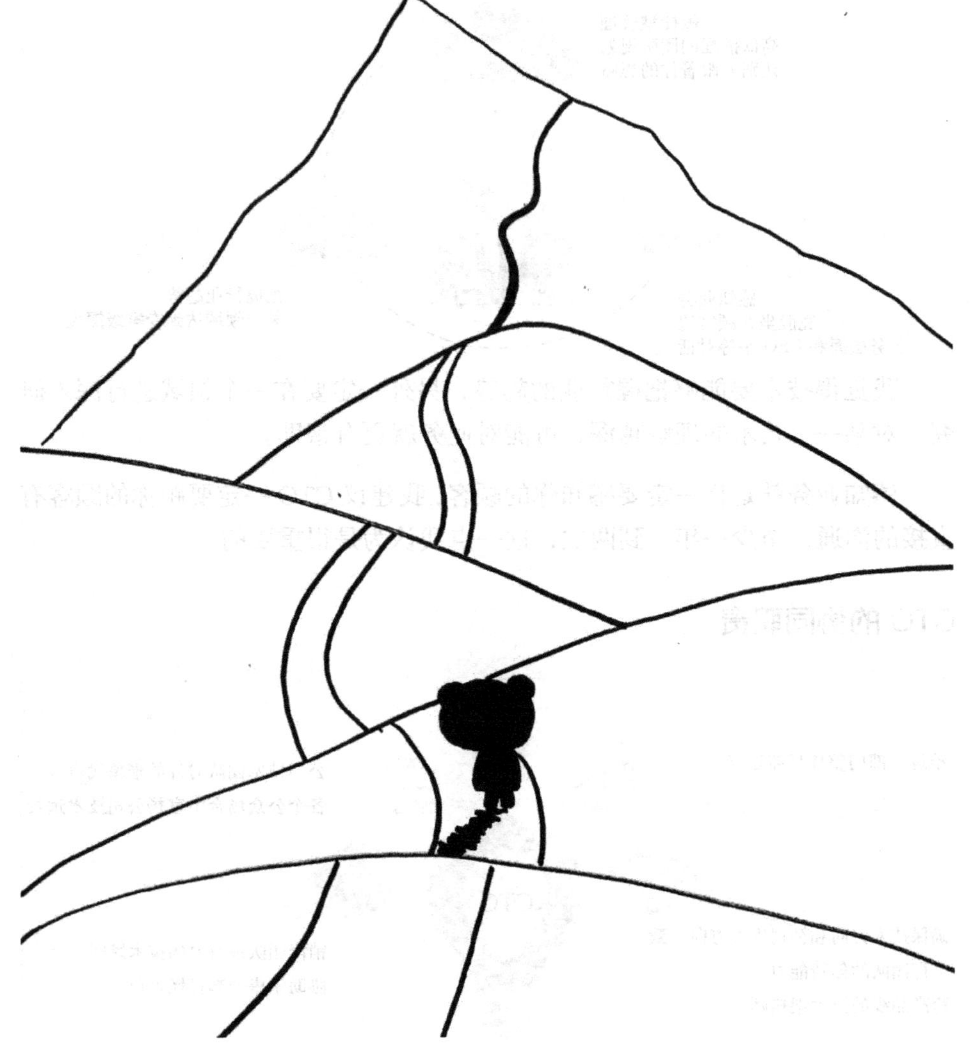

技术前瞻性，体现你价值的加分项

技术的前瞻性，要求你持续关注技术的发展，今天最流行的技术不等于明天还会流行，技术永远处在一个变迁的过程。作为 CTO 来讲，你要采用了某项技术，不一定是你喜欢的技术，或者是你擅长的技术，这是我对很多 CTO 的一个忠告。很多人喜欢用自己擅长的技术，或者是喜欢的技术，其实从公司的角度来看，从技术的发展的角度来看，适合你公司发展和现阶段应用的技术就可以了。

我觉得技术要能够把握行业的趋势，另外一定要在一个领域进行深入研究，对某一个技术的理解越深，可能对业务就更有帮助。

感知业务就是你一定要感知你的顾客，我建议 CTO 一定要跟你的顾客有直接的沟通，至少一年一到两次，这一点我认为是很重要的。

CTO 的协同职责

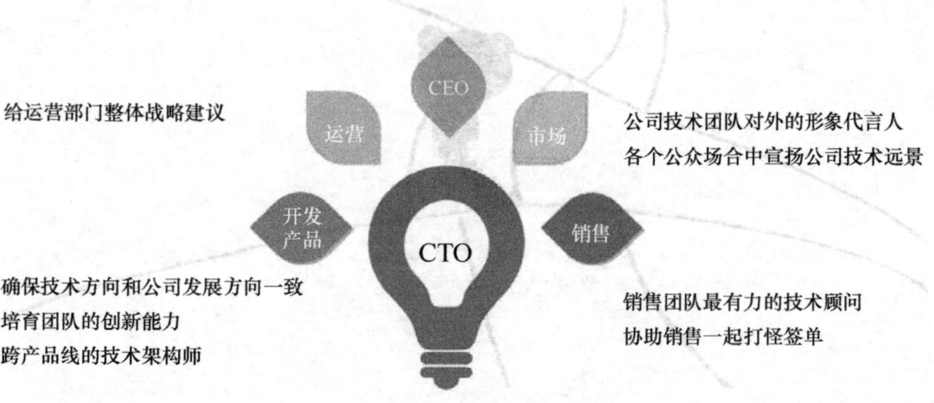

如果说 CTO 能够做到为运营、市场、销售、开发等等问题都解决，那开发团队就简单多了，从运营层面来说，其实就是技术对业务的支撑，对系统的支撑，与运营的协同。那与市场的协同则体现在让市场感觉到你的技术盈利的水平是不错的，公司是有前景的，可以招揽更多的人来加入。而一个完美的 CTO，如果在业务上的思考可以比 CEO 提前半年的话，那就相当成功了，否则 CEO 向你提出的很多问题，你是没有解决方案的，这样的话，怎么去管理 CEO?

CEO 期待的 CTO

那 CEO 是期待怎样的 CTO 呢？其实就是做到以下几点：给老板提供技术需求，用老板听得懂的语言来沟通。还有就是你能对公司发展的趋势给出建议，至少是有建议权。如果你可以指出这个公司应该怎么发展，你能走到其他人的前面，那你获得的尊重就会更多，而 CEO 也会觉得你的作用很大，不仅仅只是一个技术工具。更高的境界在于，当 CEO 想到业务的时候，技术团队已经做好准备了，这可以说是 CTO 的最高境界。想要做到这一点，首先你要对技术有十足的把握，你对行业和业务的把握要很精准，因为提前投入是有风险的。如果能做到这个境界，那就是一个非常牛的 CTO 了。

最后的小建议

第一不要做“农民”。其实我们技术都愿意做“农民”，这是技术人员的天性，不要觉得不好意思，其实我也是很有“农民”气质的。什么叫“农民”气质呢？就是什么事都愿意自己干，这实际上是很多“农民”的想法，“农民”就是自给自足嘛。但是时空在变化，原来你很多高深的技术，现在并不高深了，变成一个很普遍的技术，你就没有必要去干了，而且你自己去干的成本非常高。

第二要去掉匠气。就是我们有时候搞技术的人喜欢比技术，我要比你牛，这个其实是一种天生的好胜心，我觉得这是一个技术人员非常好的品质，但是你作为一个 CTO 以后，就要从公司的整体运营来看这个问题。你要考虑把资源放在哪一方面，哪一些是我要重点投入的，哪一些是我可以稍微放一放，哪一些是我可以引入外面资源来实现的。其实很多东西，是你要考量的。

第三达成业务目标才是本质。有时候我们走着走着就忘记自己的初心了，作为 CTO 来讲，你的核心还是达成业务目标，用技术的手段达成业务目标，用最低的成本、最快的速度、持续带来新的效果。这才是你的核心工作。

最后，我认为 **CTO 要把想法提炼出来，形成自己的一套体系**。有了体系以后，你一定要去用，用了以后，再进行修正和调校，完善自己的体系，这是积累的关键所在。

【整理：吴丛丛】

The Engineer
Manager
Vice President
CTO?

tutorabc CTO 汤峥嵘：从工程师到管理者的历程分享

汤峥嵘，tutorabc CTO，曾任途牛旅行网CTO，负责途牛整体技术架构。历任淘宝网、支付宝、B2B的资深总监及阿里巴巴日本CTO，并先后负责淘宝网架构迁移、支付宝网站创建、国际网站、淘日本的技术研发项目。

我的经历

我的大学本科和硕士都是在美国就读的。在美国读大学是没有系别之分，也没有专业之分的。只要你修够某个系的学分，就可以拿到这个系的证书，无论你想学历史、数学还是计算机，都可以。而且有一半的学分是通用于很多专业的。上哪门课程完全由自己选择，所有的决策都要自己来做。这种方式对我以后工作的影响很大，特别是现在的管理工作，因为管理者需要做决策。这种教育方式有别于中国，让大家可以随时都是自己的主导者。

1995年硕士毕业后，我就进入了美国的一家互联网公司工作。当时，为了找工作我写了200份简历，每份简历都会根据申请对象的要求做相应的修改，突出他们所需的技能。入职后，很多的东西都是自己学习的，比如做网站。带着刚毕业时的那股冲劲，工作几个月后，我发现只有我一个人在认真地写代码，改代码。同事写的代码很多情况下就是拷贝，然后修改变量。然后就出现了这样一种现象，我会写的代码，相关的工作就会分配给我。半年后，公司中的大部分代码都是我编写的。

很多事情就是阴差阳错。在我去这个公司两年之后，公司破产倒闭了。倒闭的这天，公司老板找到我，跟我说："公司还需要持续运营，公司人员要从两百缩减至五人，而你必须要留下来，因为公司大部分代码是你编写的。"很快，公司从两百多人缩减到了五个人。随后，经过一个夏天的发展，公司获得投资恢复了元气，转危为安。

我在美国工作了大概十年，2004 年，我从硅谷回到了祖国，来到了杭州，进入阿里巴巴。

在国内工作的这些年，我明显感到了美国和中国企业文化的不同。在美国工作做事非常的简单，同事之间也几乎不会互相邀请对方到家里做客，不希望把个人生活环境拉近到工作环境中去。而在中国恰恰相反，人事关系相对复杂。

美国硅谷文化是怎样的呢？大家都会很崇拜架构师、CTO 这些技术牛人。但是，如果你是一个经理或者总监，大家会觉得你的技术不怎么样，所以才做现在的这个职位，做管理工作。在硅谷一个很普遍的现象就是，三四十岁的架构师，写代码的人有很多。这是为什么呢？因为他们想做比管理更单纯的技术工作，然后每天下班回家，回归家庭，陪伴家人。这就是他们的生活。

做技术和做管理的区别

系统是死的，人是活的。作为工程师、架构师，我们所做的所有事情，实际上是解决死的问题。我们通常都会采用系统的、逻辑的思维方式来解决问题，那么用改 Bug 的思路做管理对么？技术不行了，就转管理。我曾经碰到过无数次这种情况，手下的人觉得自己的技术能力不行就想转做管理。这时，我想问你，如果在战场上，你是将军，士兵说将军我现在的杀敌能力不行了，你升我做将军吧，可以吗？答案显而易见，一个打仗都不行的人，怎么适合做将军。所以只有技术能力过硬的人才能够震住手下，才能让手下的技术人员信服，才会有影响力。假如一个 10 人的技术团队，需要选择一个人做团队的管理者。要提升那个技术能力差的人，还是技术能力最强但管理能力不强的人呢？很有可能大部分人都会选择技术能力强的人，他其实是那个众望所归的人。

就我个人来讲，虽然我可能没有太多时间再像专家们那样，去钻研最新最深的技术，但是我仍旧要坚持学习，不会放松自己。最起码要跟上 IT 技术发展的步伐，对基础知识要掌握，不一定要成为这个技术领域的专家。

也许有人会问，管理是科学吗？这个有方法论么？我认为是有方法论的，后面将会与大家分享这些年我总结出来的一套方法论。现在说说方法论的前提条件，就是所有的弯路都必须自己走，所有的坑都必须自己填。我建议做管理的人，最好还是年纪稍大些，有较多的生活经验。因为刚毕业的人，可能不懂女人不懂人际关系的处理，不知道别人的思考方式，不会分析其性格、技术能力不足，这是绝对做不好管理的。而有家庭有小孩的人，能够管理小孩子的人，管理一个团队，相对来说具有一定的优势。

在管理上，你一定发现过这样一个有意思的现象。你 80%的时间都用在了占团队 20%的、表现差的员工身上。但是我们都是很理性的，买股票或者投资时，你会把时间花在最差的那一些股票上吗？你肯定是买好的对不对，你为什么不在好的人里面花时间呢？你也许会说，表现好的人都很自觉，什么事都自己干。

其实不是的，其实你还是要花时间的。因为如果你经常不去管他，他可能会问老板为什么经常不来找我说话，而不认为这种是你对他充满信任了。可能等到问题出现的时候，你就后悔莫及了。所以，优秀的员工也需要你去关心，可以聊聊技术，聊聊兴趣爱好。

MBTI 性格测试

在说我的方法论之前，我们先看看 MBTI 性格分类。

我曾经在阿里上过一门有关情商的课程，当时我觉得自己的情商较低，所以就报名参加了。课程的主要内容是围绕 MBTI 性格测试展开的，这是由 Katharine Brigg 和 Isabel Myers 两人做出的一套对性格测试的理论模型。从纷繁复杂的个性特征中，测试可以提炼出 4 个关键要素，也就是精力取向、信息获取、决策机制以及心智活动四个维度，每个维度包含两个方向。4 个维度两两组合，又形成 16 种人的性格。

◆ **精力取向：**外向和内向。外向的人善于交际，与人沟通反应快。通过聊天、讲话或者某些信息能够不停地梳理知识结构，让自己的逻辑越来越清晰。内向的人安安静静，少与人交流。技术体系中的人，内向的人较多，在沟通的过程中很少能够积极地反应，需要一定的时间安静地去琢磨，去分析。

我在途牛的老板就是一个典型的外向的人，而我是一个很内向的人。当我们聊天的时候，他可以通过这种方式梳理自己的思路，从没有想法和概念，到最终一个清晰的内容，甚至能够给出一个框架。

一个人越清楚自己的性格，可能生活越愉快，因为你的性格是你的内在，是天生的。但是社会、工作要求你扮演另外一种性格，这要求你戴一个面具。尤其作为一个管理者，不能太过内向，需要戴一个外向的面具。要懂得与员工，与平级以及与上级如何有效沟通，并去了解对方是内向还是外向的人，然后去理解对方，使得沟通不再那么困难。

◆ **信息获取**：实感和直觉。IT 工程师中，实感的人较多，就是细节导向。只有知道更多的细节，心里才会感觉踏实，他无法立即根据想象的内容就做出东西。而直觉性的人不在乎细节，完全可以做出自己的判断。

举个例子，假如实感的人去赌场会怎么赌呢？肯定要计算概率，每张牌都要想想，必须要有数据的支撑。然而在赌场中，真正的赌场高手是不看这些的，他们主要看你的感觉、你的眼神，从而判断你手中的牌是好是坏。因为真正混迹赌场的人，靠数据很难的。

◆ **决策机制**：思考和情感。在做决策的时候，有些人是先思考，然后按照一定的逻辑，最终做出决策，这就是思考型的人。在企业中，工程师多为这一类型的人。而另外一种情感型的人，会照顾到别人的情绪。在做决策的时候偏人性，会站在对方的角度去考虑问题。这种类型的人，在 HR 中更多。

◆ **心智活动**：判断和认知。这个维度主要展示的是做事的方式，判断型的人不会去抠每个细节，当处理某个紧急项目时，不会做大量的精细数据，而是马上赶着完成。这样看来，在工作中似乎认知型的人更好。但是如果公司爆出某个重大安全故障时，判断型的优势就体现出来了，他可以快速地处理问题。

通过性格测试，我们可以很好的了解自己，也可以在工作中更好地了解和理解他人，站在对方的角度去思考。作为一名管理者，你就可以根据每个人的特点来分配工作。

技术的相对位置

在互联网公司中，我其实推崇产品、运营、技术三位一体的方式。很多创业型公司采用这种方式，稍大的公司可能会进行产品经理、运营人员、技术研发人员等较细的划分，产品经理提需求，技术实现需求，然后再运营。

但是今天互联网的特点是什么呢？我们所做的绝大部分产品都是新生事

物，产品设计前期都会有失败的经历，而且很多时候产品经理的需求是个伪需求，有些需求点没有考虑到，而在运营人员运营的过程中，会发现需求存在问题甚至可能无法实现，或者如果产品能够实现某个能力的话将会更好。所以为了设计出更合理、更优质的产品，同时也为了避免运营和产品人员间的矛盾，我建议公司在有能力的情况下，将产品和运营归到一个体系。让产品人员和技术开发人员能够在前期进行有效深入的沟通，在产品开发的过程总能够实现实时沟通。

此外，自 CEO 开始，从上而下，整个团队都要有这样一个意识：在开发互联网产品的时候，虽然拥有最好的产品需求，最好的开发队伍，但是产品上线后未必能够获取用户，未必能够给公司带来利益。

方法论

前面我分享的传统管理较多，作为一名 CTO，最重要的是做技术管理，根据多年的工作经验，我将方法论总结为：管理制度、文化建设、快速开发、运维监控和系统架构五个部分。

◆ 管理制度

技术研发团队的管理制度应该如何制定？我建议在公司建立上升的管理通道和技术通道这样两个并行的通道。例如，一个人可以成为架构师，他的薪级、层级水平与一个总监的是完全平等的。只是架构师就是管自己一个人，而总监管多个人。一个人的目标很容易实现，而一个团队的目标不一定能够做到。

另外，在招聘、考核、晋升以及淘汰的时候，尽量遵循同一规则。将大家聚在一起商量，为什么要招这个人，为什么要淘汰这个人，为什么给这个人加薪等等。

◆ 文化建设

价值观和情怀：我们无法针对研发人员制定一个清晰的规则，那么团队管理者该如何制定规则？这么难制定怎么办呢？此时，我们不妨从价值观和情怀入手。其实价值观和道德是相似的，道德与法律相辅相成。法律是严格的，道德告诉你哪些应该做哪些不应该做，而法律会惩罚犯罪的人。因为研发体系的人没有清晰的规则，所以更需要这种软性的价值观来辅导。我们的价值观可以是客户第一、与同事互帮互助等。

业务与技术的平衡：无论是创业公司，还是发展中的公司、大公司，都会遇到业务和技术的平衡问题。我们容易犯这样的错误，要么是以业务为导向，要么是以技术为导向。技术在企业中是符合业务的。但是，我们也不能放弃有助于企业提升的事情，技术人员的强项就是逻辑思维强，可以帮助业务看得更加长远。通过一个业务需求，技术人员可以推导出下一步是怎样的，然后做出更优秀的产品，帮助提升销售额。

快速试错：所有的产品做出来都会存在错误，会失败。现在的互联网时代，拼的就是谁的试错能力强，然后在试错的过程中进行总结，从而更快地走出迷宫。

培训与交流：对技术团队成员进行定期的培训，实现能力的提升。并通过交流，互相促进学习。

◆ **快速开发**

团队管理者在管理人的同时，也不要忽视项目和系统的管理。技术最核心的对象就是系统，研发是给公司做更合理的系统。研发人员最重要的事情就是做好系统，快速开发，保障所开发的系统的质量。

在开发的过程中，快速试错一定就要快速开发。例如在阿里体系中，淘宝和支付宝两个产品在技术方向上存在很大的差异。支付宝偏重于金融，对错误的容忍度较低，因为只要出错就会出现资金损失，搞不好上千万资金就没有了。所以支付宝对于错误的管理是非常严格的，沿用了金融体系的管理。而淘宝对于错误的容忍度比较宽松。

在流程方面，不同的公司可以选择重流程或者轻流程，如果公司较规范，就让流程越来越轻，想办法砍掉流程。如果公司不够规范，水平不够高，就选择先加流程，当大家都意识到做个事太慢的时候，再慢慢地走向轻流程。这是我给大家的一个建议。

在质量考核方面，这可能是每个团队都会碰到的问题，这也是一个管理难题。怎样才能将质量考核与技术团队的日常管理结合在一起呢？在途牛，主要考核的是系统的可能性，就是每个系统都有 SLA 考核系统。

◆ 运维监控

在要求开发快速的同时，也需要做好运维监控工作。为了更好、更有效地保障系统上线后的稳定运行，运维团队要配合好，主要针对服务器、数据库和网络三个方面进行考核。早期的考核，上面和下面的应用团队都要考核，推动整个应用团队一起解决问题，避免推卸责任的情况发生。

◆ 系统架构

现在很多公司，因为业务发展较快而缺乏整个业务架构与技术架构的规划。技术管理人员在讨论业务的时候一定要知道它未来的发展方向，提前规划架构。因为越早能预见公司未来的样子，所做的架构才越合理。也可以招聘两名优秀的业务架构师和技术架构师一起做规划。

另外，在架构设计上一定要做松耦合，因为现在的技术变化太快，紧耦合的成本太高了。在管理方式上，因为技术人员的产出就是系统，所以团队要以系统为主。管理者可以以系统作为体系，把团队进行划分。在途牛，我曾在这方面做过改革。途牛有跟团游和自助游两种，于是我划分了两个技术团队分别服务于这两个业务方向，做了两套垂直系统。

总结

最后，我认为做技术管理，首先技术要过硬，要不断学习。大家千万不要把自己变成只做管理不懂技术的人，这是非常可怕的。其次要以结果为导向，系统思维。虽然这个结果你控制不了，但是只有你关注结果的时候，你才能想出新的技术方案。

管理是自我修炼的过程。在阿里时，我记得有一次马云给我们开会的时候讲过一句话，他说其实你们的所有事情都叫借假修真，就是我们看上去是在这里做一件事，但是其实考验的是能否将来在另外一个地方做成这件事。你要关注这件事情，在做这件事的过程中，也是在修炼自己。

第二篇

创业平台 CTO 的面面观

你以为你需要的是一个程序员，其实你需要的是一个特种部队。

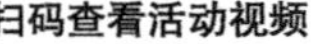

七乐康技术副总裁曲毅：创业公司的事与人

曲毅，七乐康技术 VP，从事互联网研发工作 12 年。曾在 HISUN、空中网、新浪、乐蜂网等互联网公司担任构架师、高级技术经理、技术总监等职位。近 5 年专注移动互联网，他是国内资深 HTML5 专家和研究者，对 HTML5 技术有非常深刻的认识和理解，有着丰富的实践经验，是 HTML5 引擎 Crow5 的创造者。

做好 CTO，在我看来就两件事：一个是事，另一个就是人。如果你擅长处理人际关系，但对技术把控不到位，团队不会服你；如果你技术上很厉害，却管理不好团队，你会发现工作推动起来挺困难，所以作为 CTO 要重点理解和面对的就是人和事。

做正确的事，正确地做事

到了我们这个年龄阶段，都知道选择的重要性，如果选择的方向不对，就会越走越远。在个人职业发展上，我从业这么长时间，经历了很多波折。我去做 SP 增值业务的时候，这个行业正处在衰败的时间，当时面临了一次转型，放弃了 7 年的 Java 工作经验，投身互联网做起 PHP，等到发现传统的老牌互联网都做起来了，电商又比较火，可惜又没有在对的时间进入主流的大品牌电商公司。还好的是，后来终于卡位对了一次，就是现在的移动互联网，而且卡准了当时很流行的 HTML5 技术。站在公司的角度，当我们的技术能力很强的时候，就会有一个问题，很容易产能过剩、过度开发，很多公司都出现过类似的问题，被技术绑架。也就是说需要评估我们当前所在的量级段位，例如很多用户场景并没有达到我们设定的场景时，如果技术太强了，反而变成浪费太多的资源在做未来的事情。就像我现在所处的公司，做医疗，把医疗做的很大的时候，能包罗万象，食谱也能做，运动也能做，硬件也能做……能想到的东西，我们都可以做。但是实际上，我们需要很多年的积累才能到那一天，过早的布局，过早地去把架构升级，未必是一件好事。

这里，强调的就是要做正确的事在合适的时间点。

说到如何正确地做事，是有一些思考点的：产品的概念够不够新，产品研发够不够快，产品运营够不够准；这些点无论对大公司还对小公司都一样适用。

产品概念要新

这里所谓的新，是一种模式。要考量当下这个产品模式是否适合当下的大环境。

产品研发要快

通过我的实践，真正能让产品研发快起来的经验有两条：第一，如果是技术型的团队，那你要发明出可以使我们产品研发快起来的武器；第二，我们如何去关注团队里的人，激发他们的创造力，这个是能让我们的研发快起来，并且超越所有的项目管理方法。举个例子，我刚入职七乐康的时候，它的 IT 系统几乎没有，信息化程度较低，线上 B2C 很多东西也没做起来，但想进军移动互联网，我们团队真的用了两周的时间，就做完了第一版七乐康医生，靠的是什么呢？第一是因为我们手上有成型的工具，技术积累下来的引擎。我们现在再造一个 APP 的时候，不需要写过多的代码，只要写几个配置文件，基本上这个 APP 能自动生成，大概 70%以上的代码，都可以通过这个引擎去生成；第二就是团队里人的信任和磨合，要激发人在这么短的时间内去做东西的时候，你会发现任何管理都是失效的，要靠大家长时间磨合下来的信任和默契。

产品运营要准

产品的运营要准，就是如何在最短的时间实现我们想要的目标。运营是否准确，直接影响团队士气。从技术的角度上去想，我们的研发实力足够强，管理足够好，但是运营方向不准，这样通常会导致一个现象，研发人员很累，天天加班，做出来的东西一次一次地无用，一次一次被推翻。最终士气涣散，大家觉得自己所做的事情没有意义，所以作为技术管理人员一定要对业务有自己的理解和判断，而不是眼里只有技术，否则也就只能停留在这个段位，或选择走技术专家路线。

把控好需求和质量、灵活和透明

一个技术管理人员，如果你只是把上级或其他部门交给你的事情分派下去，并且别人解决不了的问题，你可以带队解决，其实这还不够，只能说明你还只是一个高级码农而已，如果这样的话，团队里的技术人员也挺悲哀，因为他们也就只能成为一个执行的码农。作为一个CTO，我认为至少要能够理解并指导团队如何管理需求，从而控制人员投入，控制开发周期，在时间，质量和成本三个方面做出最优选择。并能管理好业务部门的预期。用灵活的组织形式和透明的方法带领团队达成目标。在任务艰巨之时能给团队足够的信心激励团队克服困难完成任务。

需求：要管理产品和业务

只有技术管理人员对需求把关正确，才能保障我们整个技术团队所做的事情是正确的、有价值的，而需求是以目标为导向的，以投资回报率（ROI）为标准要有成本概念。

我们做项目时，首先要清楚一个项目要实现的最终目标，通常产品经理去整理一个业务部门或者是用户的一些需求和技术去讨论，这个东西要做成什么样子，这时候技术管理人员就要了解清楚，这个需求及其背后的终极目标是什么，然后再去考虑技术选型。如果说人家说产品要求我们怎么做我们就做什么，我觉得这是一个管理人员的失职；其次，如果做技术管理，要有成本概念，记住投入产出比。正常情况下，我们真正是在做项目，尤其是技术人员，如果能做到这两条，也许会提升团队人员的价值感。

质量：产品质量、代码质量、项目质量

对技术人员来讲，质量是什么？易用的产品、优雅的代码、漂亮的项目，这些大家都懂。我更想说的是，作为技术管理人员，我们要达到怎样的质量，这个要有考量的标准。我们做任何项目的时候，其实都在做权衡、选择和取舍。其实就是时间、成本和质量。这里特别强调的是质量，技术管理者在确定质量标准的时候，实际在考虑什么，我们又该如何与别的部门领导或上级领导沟通。举个例子，如果老板说，我现在一个项目特别急，要求一个月后上线，但是现在连思路都没有，你是技术管理者，你怎么去沟通？听老板的，团队就会对你不满，为什么？因为你没有找到解决方法。时间，老板说就一个月，错过这个时间，可能就失去了时机。那么时间固定了，现在就是两个了，成本不变的情况下，我们质量肯定达不到要求，相当于我们要牺牲质量而保证交付时间，这时候是不是可以采用迭代的方式去做？还有老板说，我时间必须准，质量必须要高，否则很危险，那这个时候唯一能做的就是什么增加成本。增加成本的方式，要么买“包”，要么加人。如果老板说，时间、质量、成本一样都不能忽略，那你可以笑着问问老板，他是不是想逼你离职了？

灵活：更快速的响应变化，小颗粒的发布产品

团队的组织架构设定应该以保证灵活高效为准则，例如我为了保持高效目前把测试团队和项目管理团队合并成一个团队，统称质量保障部，下设测试团队，技术客服，项目管理，安全团队。其目的就是为了在团队初期充分发挥项目的作用，把控整体的研发节奏和控制时间。就像产品团队究竟是应该放在技术体系还是业务体系，都有成功的案例，都有可取之处。所以在不同的阶段，根据关注点不同，应该保持团队的灵活组合方式。

可根据公司的业务模型来选择，做到快速地响应变化。创业初期的时候，快最重要，部门不应特别多，人员配备上也以全栈工程师为主。不同阶段，我们的组织架构也要相应调整，我们要善于尝试。

透明：流程透明、规则透明、人员透明

部门人员之间，前端后端的划分，研发和测试的划分等都要做到透明有依据我们用项目经理举例来讲，小团队时，完全没必要设项目经理，研发领导就可以充当项目经理，这样的话他的执行力会更高一些；而当你的部门超过 5 个的时候，面临一个跨部门协作，这时可能需要一个项目助理，不需要太资深、懂 SMART（目标管理）原则，知道一件事情什么时间、什么节点，需要有什么结果即可。当公司业务运行模式稳定，慢慢从野蛮生长过度到精细化时，项目经理就越来越重要了。

选择合适的技术项目管理方案

Just in time 消除浪费

传统生产企业的精益管理也普遍应用在 IT 互联网企业，例如要实现 Just In Time（消除浪费），做到标准化生产，我们就要做好任务分解，实现流水线式工作方式。我认为流水线这种方式适合用在稳定且变化不大的项目上，而不太适合互联网企业初创时期，因为一个小团队，创业方向不明确，需求会来回变，流水线式的作业方式不灵活，不利于快速响应，也浪费时间。

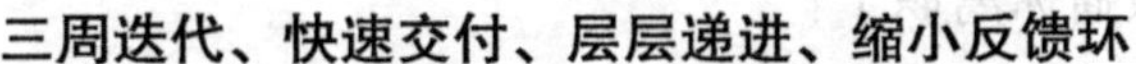

三周迭代、快速交付、层层递进、缩小反馈环

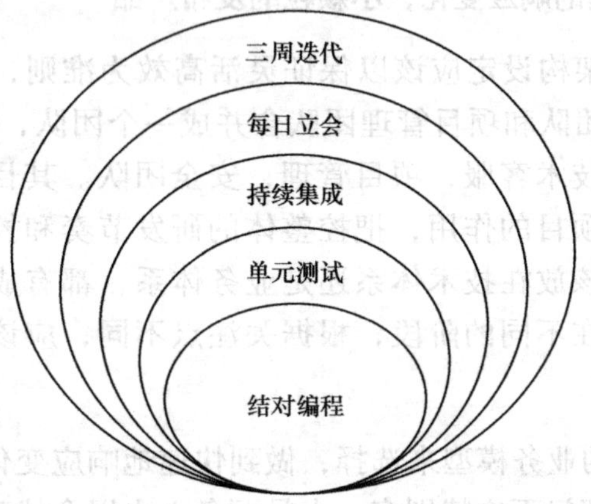

三周迭代、快速交付：创业初期要讲快，三周迭代是一个比较好的节奏。

每日例会：要实现两周迭代，我们要有每日例会，例会不要超过五分钟，形式可以多种多样，只要抓住例会目的就行，形式不限，一般我们例会最重要的是，对前面工作完成情况有没有风险进行一个评估，并评估后面的进度，如果发生风险的时候，要把这个问题怎么解决讨论清楚。

持续集成：也就是在研发过程中的迭代。

单元测试：三周迭代的情况下，单元测试很难做到，如果必须要做就很可能浪费很多时间。

结对编程：组织结对编程，通常可以采用 3 种方式。第一种是由牛人编，层次低的人看，或者由层次低的人编程，由层次高的人看，这样利于层次低的技术人员知道，牛人大概是个什么样子，自己要朝那个方向努力，这样也会让新人有归属感，这就是结对编程的目的。第二是一个非常好的模式，就是由一个有经验的人，让他快速找到一个模板，告诉大家这个东西怎么去做，注意什么。第三种方式就是做代码审查，好处就是能让你的团队编码风格和方法论尽量统一，同时，代码审查能让我们在做一些人事调动时不太被动。

快速交付，缩小反馈环：有必要强调的是，我们一定要建立第一责任人制度，通过第一责任人去收集反馈、沟通协作，提高效率，教育团队逐步让团队成员懂得责任。

异地任务、看板同步和每日例会同步

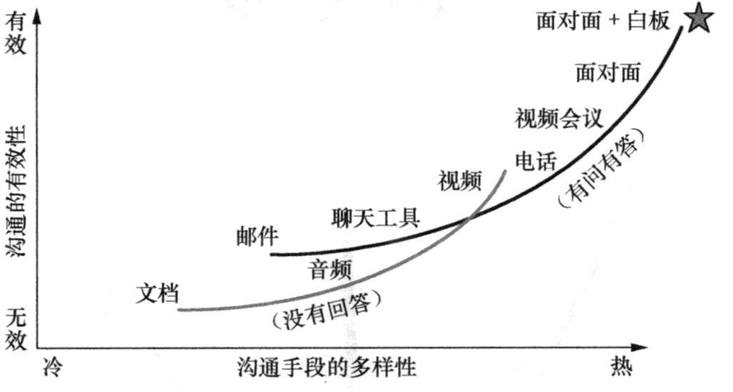

首先想说的是，不得不承认，异地管理难度非常大。所以也建议大家，如果有可能，我们尽量不把团队建在异地。但如果有异地团队了我们怎么办，第一是我们前面提到的第一责任人制度，通过这个来解决异地沟通管理不畅通的问题；第二是想尽办法实现异地通过视频会议来沟通；第三，切记不要用邮件来沟通具体问题，邮件适合做确认用，而不适合具体问题讨论，否则效率太低了；最重要的一条是从根本上解决异地问题，就是尽量业务本地化，至少实现本地备份。

我觉得现在很难找到一个理论，能适用于我们整体的发展。因为现在，各个公司都发展的很快，一年、两年，发展的体量、规模都不太一样，拿组织架构来讲，我觉得如果是快速发展期，半年到一年可以调整一次，实现良性发展。良性的是什么呢？各自有各自领域的强大，然后互相能够实现灵活组合，这是我们所追求的。

兵无常势，水无常形。
能因敌变化而取胜者，
谓之神

仆人式的领导：信任、倾听、预见、医治、接纳

很多时候，我们带领团队，可能有很多麻烦，主要是人的原因。所以对于一个 CTO，要当个好领导，要做的是带领团队中的成员，把公司要兑现员工的那些承诺变成现实。这就要求一个 CTO 不只是要有管家意识，还需要在信任、倾听、预见、医治和接纳上做到位。

信任和倾听：真心实意地和团队成员沟通，倾听他们的真实想法，了解每个人的特长，根据每个人的特点给予适合的位置和充分的信任，了解每个人的真实需求，给予激励和引导，只有这样，你才不只是一个领导，而是团队精神层面的领袖。大家也会用同样的信任和真诚回报你。这样的团队，凝聚力是一流的，这也是我们带团队的一个非常重要的努力方向。

预见未知：作为一个领导，无论是模式、人员、还是其他方面要有能力去预见风险，然后带领团队规避风险，而不是带领团队横冲直撞。

医治：领导要注意团队人员应逐级提升，而不是跨级提升。要针对不同性格的人分配力所能及的事，要有意识去看每个人的性格特征有哪些优点，能否被所用或放大。给每个队员找到合适的位置，让他们有荣誉和归属感。

接纳：为了让团队多样化，领导要学会接纳，可以有意识地让团队人员的性格出现一些偏差，尊重每一个个体，这样的团队会更安全更有生机和活力。包容和接纳是很重要的，领导要注意的是不要带领团队走向一个极端。领导做决策时不要小众利益化，要站在整体的角度去看待去分析。

仆人式的管理：观察、感受、需要、请求

我们要想让团队稳定而有凝聚力，最重要的是要了解成员的需要并表达我的需要，即双向的需要。我需要员工知道我想要什么，我的目标是什么，这个是必须要传递给成员的让成员明白的；你也要很清楚地知道，员工要的是什么，你才好把不同的人放在不同的位置，根据不同人采取不同的激励或者引导方式。要做到双向需求沟通，管理者可以从观察、感受、需要、请求几个点抓起来。

观察：如果你带大团队，观察就是情报工作，你要在这方面做的非常成功。你要有洞察力，不是观察他们有没有骂你、有没有懈怠或者怎么样，而是观察和感受他们现在的工作状态。

感受：要重视员工对一件事请的感受，这是做个好领导最体现用心之处了。有些事情，我们其实可以做的很人性化的，给员工的感受会很不一样。

需要：真正的理解员工的需要，按需提供一些帮助、建议和指导。

请求：尽量理解员工的请求，并给出合理的答复。在技术上面要能够指导团队，而且还要在情感上面能多照顾团队。

有句古话“己欲立而立人，己欲达而达人”，所以，作为 CTO，如果想在管理的路上立得住且走得远，你手下必须要有强将，而且强将得是你培养出来的，这样你就会拥有一个团结、协作、强大的团队，也能把事情放心交给别人去做，你则有精力去做对公司和团队更重要的事。

互动小课堂

问题：技术是否要转管理？

曲毅：我觉得做技术的转管理，其实是几次突破，包括你的心性到底如何、能力能否突破。所以当你面临转型的时候，首先你不妨问自己一个问题：当你的工作越来越多地偏离技术的时候，你内心会有恐惧感吗？你确定能做到靠管理吃饭吗？这个问题如果不想明白，容易出现的状况是技术也走丢了，管理也没跟上去，最后迷失掉自己；其次要心存领袖愿景，坚持学习，有意识培养人才。最后，如果你选择了一直做技术上追逐和深耕，我想说的是：“我们的事业并非伟大，但将永远存在”。以此与读者共勉。

【整理：张雪芳】

“我们就差一个程序员”这是个段子

360企业安全——大数据分析业务总裁左文建：创业公司团队组建

左文建，曾先后在阿姨帮、360、雅虎中国工作，担任CTO、技术总监、技术经理等职务，技术投资马拉马拉。帮助马拉建立技术团队和研发体系，将武汉马拉松报名平台打造成为业界标杆，为马拉持续发展打下坚实基础；在阿姨帮期间，重建研发团队，并在一年内赶超其他竞品，成为行业内领先的家庭服务平台；在360期间，从零建立起80人的游戏平台技术团队，4年收入增长了30倍；对团队管理、工程能力有着深刻的见解，提倡建立符合时代发展的技术价值观和技术文化。

最近两三年我们经常听到这样一句话："我有个点子，就差一个程序员了"。大家知道这只是一个玩笑。

可这句玩笑话背后的需求到底是什么呢？是需要一支能持续打胜仗的技术特种部队。这是创业型公司和中小型公司要存活、要发展的刚需。但建立有战斗力的技术团队是整个行业的超级难题。

创业公司如何建立起技术团队？

用自己的一段经历来回答这个问题！O2O兴起之时我加入了阿姨帮，它是一个家庭服务平台。经过2015年8月是2016年8月一年的时间，阿姨帮业务飞速发展，它已经在20多个城市已经开展了保洁、家电清洗和保姆的业务，同期基本上赶超竞争对手。

快速的发展的前提是什么呢？有一支素质过硬的研发团队。

在这一年中，我花了很多的精力来建设团队。2015年5月份我加入阿姨帮担任CTO时，建立了6个小组的研发中心，包括设计、产品、测试、APP、Web前端和服务端。到阿姨帮时，我没有带原有团队人手，属于孤身涉险。离开 360 的时候，我对 360 有个承诺：一个都不带走。成型的团队还是有 360 游戏技术的人员，但这名成员是在入职百度前被我“截获”的，因此这也不算我违背承诺。APP 的负责人来自腾讯，团队里有百度、知乎、微博、小米的工程师。现在看来，50 多人的研发团队，对于创业公司来讲，这是一个不错的阵容。

技术团队对互联网公司的重要性不言而喻，而建立优秀的技术团队也非常困难，对于创业公司，更是难上加难。创业公司如何建立技术团队？我总结为四点：一、 理解人才需求；二、 筑巢引凤；三、 主动出击；四、培养激励。

理解人才需求

要建立一个技术团队，首先要清楚技术人才的诉求。技术人才的诉求概括为五点：**业务有希望、利益有保障、技术有梦想、工作有空间和自身有成长。**

首先业务是否发展。优秀的技术人才不会过于在意短期利益，更看重空间和长期的利益，有自己的梦想要实现，这是他们愿意加入到创业公司的原因。接着是工作有空间、自身有成长，作为技术负责人或者 CTO，要把这两个问题搞定。

不同等级的技术人才 ，需求重点不同。

初级人才，一般是刚毕业一到两年的工程师，他们的需求重点是成长。所以，面对特别渴望成长的同学，可以适当放低技术要求。

2007 年在 360 招聘工程师，有一位二本的大学毕业生，虽然在计算机学院学习计算机专业，但实际上毕业于寝室学院游戏专业。他没有太多的专业知识的学习和积累。我对他说，你现在的水平根本进不了团队。他说没关系，不给钱我也来。我说真的不给！他毫不犹豫地说，我真来。最后我就招了他，在良好的团队文化以及工作环境的影响下，他现在也成为了不错的工程师。

招聘中级人才时，他们工作 3 到 5 年，已经成长到一定高度，有一定的技术能力，迫切需要得到朋友、同事、家人的认可。这个认可来自于什么？来自于薪水。刚毕业工资五六千块钱还算可以。但工作四年之后，薪资水平还是低于同行业水平，他会有很大的压力，这个压力不是来自每月少了 2000 块钱，生活不下去，而是来自于小伙伴之间的比较。他会很关注薪酬，希望薪水更快增长。你可以为他提供施展能力、承担责任的机会，让他看到薪水提升的空间。

高级人才，已经工作7年以上,，当前的薪水养家足矣。但仅靠工资在北京买一套房还是很困难的事情。这时他们看重的是长期的收益以及个人的发展空间。

像 BAT 这样一线的互联网公司，有大量的人才储备和积累，其实一个T6的工程师有能力做很多事，但能够做或者可以决定的事情是有限的。如果这个业务不能够快速增长，公司是没有那么多坑让他去填的，所以他只能做一些专业性非常窄的工作，个人发展就受到限制。

这也是为什么一些大型公司的高级技术人才，愿意加入到一些创业公司。对于他们来说，是看重未来的机会、长期利益和自身的发展空间。

因此，面对不同的人才，就要按照不同层级人才的需求来打动他，才能击中要害，吸引这些人才加入公司。

筑巢引凤

吸引人才，首先要**审视行业未来发展**和公司在行业中所处的位置。举个例子，在互联网刚刚兴起时，百度和360就迅速占领了流量的入口，得到了红利。但两三年过去了，除了工作和打游戏之外，我们平时已经很少使用电脑，大多数人都在用手机，这就是一个“势”的变化。离开360，就是从趋势的变化来看待家庭服务行业——将来每一个人的时间会越来越宝贵，人也会变得越来越懒。大家都愿意把时间花费在更有高价值的事情或者是娱乐上。但家庭服务到底谁来承担呢？这时候就需要有专业的公司来做这件事，所以我看好这个方向。

举一个当前的例子，视频直播很火，顺着这个趋势来想，我们现在需不需要往视频公司发展？细细一想，虽然视频直播非常火，但最终能够在这个领域成功的公司可能也就1～3家，因此我们要判断这个行业有没有发展的前景，来确定是继续发展视频，还是加入其他有潜力的公司。接着就要在吸引人才时，努力地去说服他要顺“势”抓住机会，以及我在公司的位置是什么，我能给你提供什么，你能得到什么。

第二，保障各级人才所需的利益。这里的保障可以分为两种：短期和长期。短期是薪酬制度，长期则包括期权和股票制度。一般来讲，创业公司的薪水应该比一线互联网公司同级别的薪水要高一点，这样才会有吸引力。我进入阿姨帮以后，跟 CEO 谈的第一个问题就是要建立一个合理的激励制度。

第三，技术要有梦想。具体来说，可以从三个方面入手：树立技术团队使命、形成技术团队文化、改善技术工作环境。以我自己的团队来举例子，我们技术团队的使命就是建立**最好的服务型电商平台**。用这个使命或者梦想来引领技术团队。

接着就是要建立团队的文化，做技术的同学应该对质量有极致的追求，这个极致的标准是什么？是让团队达到这个行业的一流水准，是让个人达到能力上限，符合这两个标准的产出，才会达到极致的产出。极致并不是让有两年工作经验的人做出十年工作经验的事，这是不现实的。但两年工作经验的同学不仅要做出两年里质量最好的产品，并且他还要有能力接受内部的挑战、自我的挑战等。

改善技术工作环境包括双显示器、机械键盘、云服务、静态质量分析、动态运行监控等。比如新时代的创业一定站在技术的潮流之上来做事情，我们会大量采用云服务、云平台，并直接建立在 R 云上，做成一键完成代码发布。

建立一个技术团队，要解决三个重要的问题。第一，业务是否有希望。第二，利益是否有保障？第三，技术团队是否有梦想？解决好这三个问题，就能够吸引到那些专注于技术的人才。

主动出击

把每次面试都当成推销自己、团队和公司的机会。

面试可能会遇到这种情况，候选人挺好，他要 20K，但我只能给 15K，最后没谈成，很灰心，你觉得面试没有结果，付出没有收获。这个思路是不对的。结识一个优秀的人才，并且谈得很愉快，你就应该跟他建立联系。公司的这个阶段给不了这些钱，未来还有机会一起合作。因此，作为技术负责人去面试，必须给人良好的印象。不能说这个太差了，简历一扔，让他走吧，这是毁口碑的做法。我面试聊过几个非常不错的人才，因为其他的原因没有加入，但他们却给我介绍了其他的人才。只要那是很优秀的产品经理、很优秀的技术人员，就会持续地保持跟他联系。我想将来有一天公司和平台变得更大、更优秀的时候，还是可以把他邀请过来的。

另一种情况是，在遇到好的人才时，我们会对自己的团队还不够自信，觉得别人在BAT挺好的，别人在雅虎挺好的，别人在华为挺好的。其实，你仍然可以介绍你所在的行业，你的团队，你的公司，再聊聊看他们有没有兴趣加入。但一定要有理有据，讲述公司到底发展如何，有什么机会，遇到什么样的问题，瞎忽悠人是不行的。这些工作都要持续去做，做一两次是出不来效果的，必须持续地去做。

认为招聘全是HR的事，HR没有给我简历，我就只能等待。这是错误的认识。

招聘人才，要借助微信、知乎等媒介营销自己和团队。你要学会营销自己。在这个时代，影响力就是价值。技术界的一些大V，比如小道消息的作者大辉影响力就是很大的，他发个自己招聘的帖子，收到的简历就远远多过于我们在拉勾网的招聘启事。

我在招人困难时，写了一篇文章，《即使狂奔，也要优雅》，发布在自己的订阅号，在朋友圈转发。这篇文章把我在阿姨帮前两个月的事情简单说了说，包括我们团队怎么工作，我们用了双显示器、自动的发布流程、单元测试，就有人看了这篇文章过来投简历，他后来成了我们前端的负责人。我也会在知乎上写一些文章，如《从大公司离职去小公司当CTO是一个什么样的体验》。51CTO的同学看了这篇文章决定邀请我过来讲课，这也是一个宣传自己和建立自己影响力的一个方式。通过对技术能力的展示，对自己的营销，你可以吸引到那些对技术有热情的同学。就像现在的老罗，他就有很强的个人品牌和个人影响力。

培养激励

公司在不同的阶段，能够招到的优秀人才总是有限的，A+级的人才谁都想招，但是毕竟A+级的人才有限，而且公司没有足够的资本去招这样的人才。比如，滴滴把阿里云的技术负责人章文嵩博士给挖过去了，但这是千万级的代价，你的公司花得起这样的钱去请A+级的人才吗？

CTO应该培养和激励员工成为A+级人才。实际上，我们遇到的现实情况就是这样的，我们想找90分的人才，却只能够招到70分的。公司得不断地快速发展，才能够招到75～85分的人才，我们需要把70分的人培养成80分去。一起工作时，我们要基于成果，及时地鼓励他们。比如，项目顺利完成，一起去吃饭庆祝，发个红包；个人工作超过预期，在团队里表扬传播，这都会激励员工成长。

总结来看，我们给出了建立团队的一个指南，包括以下几点：

1. 理解行业与业务。

2. 与老板达成共识，能够获得支持。

3. 建立技术理想。

4. 要建立技术文化。

5. 不断改进技术环境。

6. 不断营销团队。

7. 帮助团队成长。

8. 及时激励。

当然有问题的话及时去处理，这几点是我多年的经验和感受，希望对大家有帮助。

互动小课堂

问题：我有一个问题，你日常工作当中的管理和研究技术时间占比大概是多少？

左文建：一开始，我在招人和在架构上投入的时间很多。那时我就一个人，老系统已经坚持了快10个月了，业务已经无法改进，整个平台都要重新设计，我的压力很大。一是要建立新的系统，二是要招人。团队人员一到位，我就立即将时间投入到一线的技术开发，自己写代码。后期我只做一些公共技术方面的规划、实施和技术难题的解决，更多的是把精力转向产品的领域。新系统是依葫芦画瓢，原来系统是什么样子的，我做什么样子的，至少产品的需求和风险比较小，但是当上线以后我们要持续改进的时候，这种产品的问题比较多了，我就会将精力放到产品上面。

问题：老师，我想问一下，刚才说的技术人员的评级，一般通过哪些维度？还有什么样的制度评T5、T6？

左文建：360技术能力标准，我是核心参与者、推动者。评级首先确定他哪个领域的人才。如果是互联网开发领域，T1是有计算机领域的基础，但没有工作经验的毕业生。T2、T3是属于助理型的工程师，能做一些简单的事情。T4可以独立完成一个模块的开发，子系统模块的开发，但是它的质量是需要接受指导的。T5就会完成一个中小型系统的开发。T6能够完成一个中大型系统的开发，T7会的就更多了。人才评估需要多个能力项标准；如T1、T2评估功能实现，T3、T4、T5评估设计方法、代码质量、网络知识。

问题：评级之后，在招聘人员时，你提的薪资比普通的公司多20%来吸引他，其实创业公司最缺的往往是钱，给薪资其实加20%很难，一般都是给他股权。你这边在这种时候一般如何来确订？

左文建：要给出相对有竞争力的薪水，策略有两个：一、花三个的钱招两个人做四人的事；二、以投资的角度招有潜力的人才，半年后看他是否值这个薪水。

至于股权，当时方案是这样做的。我们大概有一个比例，比如我们有10%的员工股，不能一次把10%发完。公司预计到成功5年到8年，每年发一定比例。有多少股呢？我们做了一个方案。假设我们上市真的成功了，一个T6的工程师的持股可以得到1500万。根据这个数字财富来推算应该给他多少股是合适的。比如360的股和优酷的股价是完全不一样的概念，优酷是十几股兑一股，360是三股兑两股。所以一个公司给你10万股和给你1万股，其实不好说哪个给的多，哪个给的少。我们根据我们自己的情况来告诉你大概现在一股价值是多少，给你1万股，现在的价值相当于50万，如果我们从B轮走到C轮，价值可以增加3～5倍。

问题：不同的技术方向的薪资还不一样？比如说在移动端干了两三年，他的收入和五六年后端的待遇差不多，这种情况有吗？

左文建：有。360是这样做的，外面移动技术人才薪水很高，公司就让做Windows的技术人才部分转到移动端开发上去，这一点对他们好，对公司也是好的。因为，在Windows上，已经没有大量的开发需求，让有潜质的人才快速转到移动端来开发，对公司是人尽其才，而个人学到新技术，是个人竞争力的提升。

【整理：张书情】

原唱吧高级技术总监黄全能 :如何保持一支小而精的初创团队

黄全能，Trustdata 技术 VP，2005 年从清华大学毕业后加入爱立信，五年后加入一个美国硅谷云计算公司担任商业智能组负责人，2012 年加入唱吧，负责线上研发部门。在唱吧技术团队从无到有的过程中，他以小而精的团队管理理念，运用精英化、非预期性奖金的管理方法，使技术团队以强大的内聚力而著称。2017 年加入 Trustdata 担任技术 VP，目前带领技术团队帮助业务快速成长。

现在，互联网圈经常提到极致这个词语，在项目的完成预期上，我们经常会讨论到底是做一个大团队还是小团队这样的问题。那么，你的团队是应该选择的呢？

打造一支什么样的团队？

1. 大团队 vs.小团队

大团队的好处是正规化，该有的角色流程都有，不怕一两个人把服务器拖垮了，也不怕一两个人造成公司氛围不好。大团队的招聘需求非常细，包括架构师、开发工程师、运维等。因为人多力量大，你要干的事情很多，好多功能模块都可以装到一块，当你想发起新项目的时候，有足够的人手；当你做一件事情的时候，可以做的大而全。同时，上升空间大，按照层级，团队成员的盼头会特别足，事情也可以做得细。大公司的项目从监控、运维、成品 UI 等等都有人负责，不容易出问题。

小团队的最大的好处是省钱，不用承担太大的风险。小公司的技术发展机会较少，上下级的关系更近，公司管理过程中的很多问题可以分享，这是很多创业人才需要的。他们放弃大公司的工作机会，从百度、新浪这样的大公司出来，其实更多是想在小公司学点东西。越小的公司，员工的参与感越强，公司的战略可能会跟你解释得更清楚，你跟老板接触得也更多。

另外一个就是管理风险，管理上的风险在小公司比较小一些。大的公司经常会有一个门槛，叫两百号人的企业，这时公司的职位层级就会清晰。一个创业公司典型的问题是老板总觉得还是一个创业公司，但是员工已经感觉不到创业氛围了，而且人多了以后，并不是每个人都有那么大的创业激情。如果这个时候老板没有意识到这个情况，不去强化公司文化，公司发展就会出现很多问题。

2. 你需要一支什么样的团队?

到底是大团队还是小团队呢？首先要看公司文化和风险偏好，就是老板愿不愿意投入人力去开拓一些新产品。特别是当公司的成本翻了两三倍之后，你的公司是否愿意接受这个风险挑战。

你想做小公司也要考虑这个问题，你的公司在很小规模的情况下能不能发挥优势，如果两三个很平庸的人，而且不能把他的积极性调动出来，你的APP可能什么都做不出来。

其次是技术与业务的发展战略和速度。小团队的风向就是船小好调头，随时可以把人撤回来，不像大团队，突然要撤先要找好出路。小团队两三个人随时可以被其他部门吸收，可以更加充裕和自由一些，但是同样也限制了你做大的产品。

小而精团队的初始化

1. 初始团队

如果你选择了小而精的团队，你怎么做好这个团队的初始化。如果你以前带的团队比较大，再想恢复成小而精的团队，还是会遇到挑战的。上面的任务整个往下压，压的过程中会不会导致某种内部的反弹，外部的消极怠工，你一开始都要想清楚。

2. 技术选型

一般公司搭建了一个平台，后面再想改框架就不大好改了。经常听到有人说，我要重构其实也不是那么容易。创业公司技术选型要放下大的想法，

精英
主义
文化
技术
管理
薪酬
与
招聘

尽量考虑一些通用的、简单的要素，灌输一个够用就好的思想。如果你在以技术为导向的公司，那会很锻炼技术人才，但是我们也有其他方式锻炼技术人才，很多产品的实现难度会被技术的架构成本掩盖，比如说几行代码能搞出来的数据非得养一个团队，这件事情听起来好像我们追求一个很高的技术实现，实际上却是效率很低，产出成本也大。

3. 定义文化

我们公司早期没有定义文化，后来通过总结，我们把形成共识的那部分拿出来并反复想怎么定义为公司文化并进行宣讲。建议在公司早期发展时，可以考虑下自己的文化到底是什么，可以是一些关键字。以唱吧为例，企业文化的第一个关键词是责任，就是说这个工作既然交给你负责，你的本职就是完成你现在手里的产品，所有你能看到各个层面的问题，你都有责任提醒并进行反馈和修改，这是你的责任。

第二是试错。不要把公司资料包装得过于完整之后再营销，心中要允许试错，这是我们反复强调的。要容许犯错，我们公司有一次注册版本不能实现注册，这放在别的公司可是大事，但是在我们公司就不是严重的事情，以后同类的举一反三的情况不容许再出现，只是第一次完全容许，而且我们会有其他的相应措施帮助你解决问题。所以，容许犯错非常重要，这样别人才敢迈出那一步，才能做到小而精，如果不能让大家减缓压力，他没有办法做到。

第三是平等。平等就是上下级之间的反馈渠道会非常畅通，这是第一点好处。第二点好处是小团队的职位可能不够，投钱没有那么多，在这种情况下，你如何打造一支像敢死队那样的特种部队，大家之间不会去争、去抢，最好的办法就是建立一个平等的氛围，相互之间没有上下级之分，讨论问题以做事为主。如何实现平等呢？首先得从高管老板做起，虚心接受来自各方的意见。因为每一个小而精团队的成员都带有创业的想法，老板要让他们感觉到自身价值的发挥才有利于保留他们的积极性。

我们每年会有两到三个月特别紧张的开发周期，这个紧要程度一半是市场真的非常急需，还有一半是我们也希望出现这样的状况。我们通过不断地训练他们创业的感觉，能在最快的时间做成哪些产品，在他们自己心中建立起一个标杆——我曾经在那么短的时间内创造了奇迹。

4. 责任与授权

授权非常重要，我们公司是隐私授权，这是我自己总结出来的经验。很多公司是这样，我们允许你做某个产品，你就可以做，当你不确定的时候，你要来告诉我。我们公司是所有没说不能做的事情，你都可以做，当你不是特别确定或者觉得对公司有害的时候，你来找我确认，偶尔的越权我们会去纠正，但是不会恐吓你，所以我们这个隐私授权会给技术人员一个很大的空间，他们会觉得所有的事情都能干，他们的心就会放得很广。

小团队的管理特点

1. 文化

什么是文化呢？文化是你做事的时候，自然而然觉得应该这么做，习惯形成的共识就是文化。公司管理到最后就是沟通的问题。在具体的实现上，第一是创立沟通的文化，第二是默契，如果大家都认为这么做不会牵扯到三观问题，效率会直线上升，那么定义清楚文化就会非常重要。

第二是产品讨论对技术开放。这是我们公司一直比较坚持的一个文化。唱吧是一款工具+社交的 APP，社交其实是一个既不好做，又容易做重，而且人人都有点想法的产品。当时选择这个产品的原因，是觉得比较适合我们。

第三个是对添加流程保持警惕。我以前在大公司做了五年，整个那套流程方案在我脑子里非常深刻，如果要照搬实施会非常繁重。虽然对整个流程的哪些环节都非常清楚，坏处就是我总会想着这些地方设计防线，要守住它，这很容易出问题。所以是否要添加流程来管理，效果不好预估。

其实，新员工同化是最难做的。如果新员工是一个刚毕业的学生，还比较容易同化，但如果是一个有经验想法的同事招聘进来，同化就会相当的棘手，关键是如何让他以前的工作方式和现在的工作方式兼容。我们公司的过程一般是员工进来直接让他做事情，做到我们认为出了一些问题的情况下，我们会就着这个问题开始讲唱吧的文化是什么样子、做事风格是什么样子，然后看他是否认同这种情况。如果得到那位员工的认可，然后再放手让他做，这个时候他就已经是一个被同化的过程。如果这个新进员工不认同你们公司的文化，有可能就会出现各种冲突。

2. 薪酬与招聘

工资要考虑工资的分位，还有工资的增长，包括工资增长是什么样子，工资的沟通和预期需要从战略上进行考虑。这个没有办法给出一个所谓正确错误的答案，尽量往上靠就可以。

然后奖金的设置一定要有区分度，做得好与不好至少要产生成倍的差距，同时我个人感觉非预期奖金比较好，即便员工不知道具体额度是多少，不知道是因为哪部分内容产生的，但是他知道做了很多事情就一定会有这种奖励。期权也是一样，创业公司可能早期就会把期权分配给你，但是每年会调整你的比例。

招聘毋庸置疑是要宁缺毋滥，如果你有紧急需求的时候，可能增加一两个人进该项目组，这方面我们会弹性处理。在项目特别紧的时候，可以允许增加一个经验少、要么聪明要么特别踏实、还能够培养起来、能跟团队兼容的人，但是总体原则还是宁缺毋滥。

然后面试也是一样，我们会更看重沟通，再额外去考虑他是怎么做的，比如产品存在的问题，市场里面提的这个需求是否合理，这种情况下，你会怎么处理？主要业务之外你怎么理解？你对创业的热情，还有对其他部门的错误你是怎么认知？这些方面都是为了寻找与我们公司相容的人。

3. 技术管理

在技术架构上，你要想好怎么样以一个比较小的团队去维护一个比较好的架构。我们的服务器运维和开发不分家，那么如何建立一个比较好的运维方案。我们做技术管理的时候，给下面的员工制定的技术目标是整个产品的质量，而不仅仅是产品的功能，开发完了之后上线是否有 bug，用户是否喜欢等可能都会考核。然后是进行目标管理，需求导向，大家都去看市场上需要什么样的产品，包括我们如何去管理小而精团队？这帮人为什么在唱吧做？为什么在小公司不在大公司？要更多地关注他们的具体需求。

责任除了刚才说的责任授权就是**责任交叉**，测试同事会看住研发的那部分代码，研发会看住测试的效果，客户端会为了服务器准备余量，服务端会为了客户端救场。

组织结构尽量平级，组织结构能平就平，能不加高就不加高。然后在领域方面，各自负责的领域进行大幅度的交叉，你做这块也可以做其他的，不是说只做这一块，如果有不懂的地方，或者搞不定的往上找领导寻求帮助。

最后就是能力管理，就是管理者怎么提高员工的能力，小而精的团队加入公司主要是为了寻求技能的提升。最后几句话来总结下，第一就是招聘员工进来以后，目标导向实时“下雪”，“下雪”的意思就说给员工一个很有难度的挑战，让他去做一个很有挑战的事情，在他遇到困难的时候，作为管理者给他“雪中送炭”。

这样，引领他走到一定的高度，他自己会有一种成就感，同时也会让这个“下雪”的项目组内成员，对领导者的信任度增加。同时去挑战领导者的速度，通过不断挑战他们的速度，了解他们的速度极限在哪，也让他知道自己是被信任的。

还有，**反馈机制非常重要**，技术型人才特别多时，作为领导者需要不断地跟他们聊天，看他们有什么不满，让他们把各种各样的不满全都提出来。

最后一点是周报，当你处于以目标为导向的公司，建议写周报。周报的内容不是让员工介绍做了什么事情，而是员工想了什么事情，这些产品做到什么程度，员工觉得什么可以做。我下面的团队全部是这样，每个新版本上线之后，需要对新版本的功能进行总结。

周报的目的是放开我们平时讨论的细节，更多地对大目标大问题进行讨论，因为大家平时很可能过多关注细节，没有时间思考其他重要的问题。

【整理：孙淑娟】

豌豆公主技术合伙人陈超：创业型公司 CTO 初体验

陈超，十年互联网软件行业经验；擅长互动类产品研发、亿级大规模分布式及高性能系统设计；主导参与了360整体Web服务端从无到有的发展历程；主要作品包括360云盘、360免费Wi-Fi以及360内部基础架构项目。2015年6月组建豌豆公主北京团队，负责技术、市场及其他工作。

我的经历

我叫陈超，目前是豌豆公主的CTO。我的唯一工作经历就是在360的十年。我于2006年入职360，工作9年零2个月。从产品角度说：负责过360云盘、360免费Wi-Fi、360补丁、经验口袋，从业务角度说：负责过S3、KV系统、各种基础组件，同时在360 Web服务端技术委员会任职。

为什么离开360？原因一：能力发展到一定阶段，寻求更大的挑战和自我实现。原因二：实现对团队的激励和价值体现。原因三：解脱自己的不甘心。

豌豆公主是什么？豌豆公主的核心思路就是把日本精致生活带到国内，说白了我们就是主要做日本的一个跨境电商，理念是希望把日本好的东西带到国内来。我在豌豆公主主要做的就是整个平台的搭建。

创业初期的感受

寂寞和苦是我刚加入豌豆公主的感受。因为是初创，当时公司只有两三个人，需要面对的问题很多，比如正常工作流程如何搭建？新员工入职，机器谁去买？买什么配置？这些都是我要考虑的问题。这些很基础的问题，都要我自己来做。当时特别寂寞，甚至连吃饭都没有人一起。回想那时候，我们租的办公区有一个落地窗，看起来很美好，但每到下午就会有阳光直晒进来，遇到周末加班，就没有空调，我们几个人在一起写代码，那是我觉得最苦的时候。

创业才知道 技术并非万能

搭建团队，这是我在豌豆公主首要做的事情。但整个过程中，对于我这样一个技术人来说，最大的尴尬就是人脉。我工作十年，接触的都是技术人才，但创建一个团队、一个公司，除了技术人员还需要行政、HR，等等。这时候我就在想，为什么我之前在工作中没有积攒这些人脉？这可能是因为工作性质导致，我接触最多的要么是产品，要么就是运营等。面对这样的问题，你可能会说，可以去招人啊，但是招到的人他是否跟你的主流文化一致，其实是个很大的问号。对于创业公司来说，如何用最短时间，通过最低成本的方式，找到最合适的人，这是个难题。创业共生死的主力团队一定是源于身边朋友/同事推荐的人才，这才是最好的招聘渠道。因为这样的人，不需要花额外时间和代价去重新认知。

与大公司区别

环境差别，是大公司和初创公司最明显的区别。作为豌豆公主中国的负责人，我要考虑的不仅仅是 CTO 这一条线，还兼顾公司各方面的建设。历时两个月的开发，豌豆公主上线，但作为初创公司，对于**生存**、**招聘**、**技术**、**平台光环**等方面的问题，要逐个攻破。

生存压力是每个初创公司会遇到的。很典型的就是投资人的钱要不要拿，这困扰了我很长时间。天使轮由我们自己出钱，我觉得就像是倒计时，钱就那么多，每天都在一点点的减少，紧迫感特别强。A 轮融资后，压力并没有像预期中的减少，因为这种压力不光是自己，还有来自投资人的压力。投资人几乎每周都要打电话了解本周单量、利润情况、为什么没有按预期增长呢？甚至说再不行我就换人了。晚上睡觉前，都要想想明天的量怎么办，怎么活，公司还能撑多久，日日如此。随着公司量的变化，团队内部的压力就紧跟着来了。团队内部的人每天都会有人问：为什么要做这个需求？有什么用？为什么这个月没有增长？这样一来，产品压力和运营压力变得特别大。慢慢的，团队内部会出现质疑声，比如我们还能活多久？这个钱够不够烧了？

招聘压力。大公司有品牌在那里摆着。很多人排着队来面试，可以随意地挑选自己需要的人才。但对于小公司而言，是求着人来面试，跟人说："没关系，就过来聊一会儿，聊一会儿又没有坏处，要不然你过来我给你报打车费"。就是这样的一种心态。也就是说，大公司排队求面试，小公司被面试。然后就是文化融合的问题，豌豆公主日常是做日淘，涉及问题就是供应链端，供应链端目前在日本有一个本地团队。那问题就来了，中日的文化是完全不一样的。像日本公司不能直接开人，一个人不合适只能用招数把他恶心走。日本加班费一定要支付，这块要控制他工资，大到控制整个公司的利润，就会特别痛苦。内部文化融和也是重中之重，豌豆公主主要人员以 360 出来的人为主，风格会偏强势一点，直接一点，就是有问题就抛出来给你。举个例子吧，公司大促，负责新媒体的一个姑娘，因为我说了一句："有没有搞错，为什么新媒体没有配合大促做传播？"，导致我们负责新媒体的一个小姑娘哭了一上午。最后说下福利，每到年底，发不发奖金是很头痛的事情。作为核心的老员工可能会理解，不发福利是为了让公司活的更久一点，让我们走得更远一点。但基层的员工不会懂，他们会觉得公司怎么连年终奖都没有？碰到过节也不发东西？怎么一点人性都没有？听到这些，我会特别难受。

技术压力，是重点想要说和大家说的内容。如果是一个产品为导向的公司，技术人员的价值体现在什么地方？是服从和完成某一项任务？可是如果所服务的产品缺乏核心竞争力，产品经理能力也欠佳，技术人员即使再牛，也会被老板天天骂。如何能够脱离被动的依赖，走出一条技术能够自己把握命运的道路，这会是我最想寻求突破的点。

技术人的痛点

正如冯大辉所说：技术在短期内总是会被高估，但是在长期内总是会被低估。针对技术压力，我个人认为，技术人员最好的发展应该分为 4 个阶段：学习、沉淀、分享和影响力。

- 学习：不停学习，去吸收身边经验，跟大牛学习，积累知识。
- 沉淀：把所学记入日记、记到脑子、运用于日常工作。
- 分享：去论坛分享，帮其他人解决问题，参加公开讲座、内部培训。
- 影响力：提高个人影响力和公司影响力。

技术人员最大的缺点是什么？是沟通和表达。如果一个技术人员沟通和表达的能力特别差，如邮件不会写、汇报说不清工作内容，等等，那其实在工作中会出现很多问题。所以，在我的团队，我会要求每个人每周要写总结、做分享，价值最大化地将所做的工作表达出来。

技术产品化、业务化，技术人员才可以更多地控制自己的命运。而不是把自己命运交到一个产品或运营的手中。我觉得，所有技术，不能为了做而用，做出来的东西一定要有通用性，并且在将来某一个时间点，是可以带出去并给更多人去使用的。

根据我个人经验，技术人员要自力更生，要有更多的主动权和掌控命运的能力，但这里我想强调技术并非万能。从大公司到初创公司，在技术上应该有所变化。不要为了技术而去创造需求，对于初创公司而言，很多复杂的技术环节都可以先省去，等业务到了某个阶段再进行演进。对于初创公司而言，最怕的事情就是脱离业务场景去谈架构，这是很大的坑，有时候要花费掉公司巨大的财力、物力和人力。传统的大公司电商系统会包含用户模块、商家模块，然后是扣费、计费模块等，每个模块之间都是完全独立。模块之间通过 rest 协议来通信。上面有一个很美好的业务模型，基于下面的各种组件组装起来，要实现的就是任何的改进和改动，都可以做到每一个系统之间是隔离的状态。但对于初创公司而言，做这些事情，至少得花半年时间，基于人力、基于资源都是不可能实现的。所以我把所有的整合到一套系统，如果将来需要拆分，再进行重构。对于初创公司来说很重要的一点，就是怎样做可以在达到目的同时更省钱。

平台光环，对于我来说是体验最明显的。部分大公司的市场人员具备的能力是 99 做到 100，但却并不具备从 0 做到 1 的能力。面试过程中，很多人都谈到手上有哪些流量，怎么把这个流量转成 APP 所需要的流量。但对于创业公司来说，没有流量资源，只能跪求别人合作。所以所有的公司从小变大之前，都是需要在品牌建设和资源寻找方面下很大功夫的。

初创公司面临最大的难事是沟通

如果要问我，对于初创公司来说面临最大的难题是什么？我想说，不是招聘，不是技术，而是沟通。对于豌豆公主来说，因为中日之间，时间上、做事方式都不一样，跨地域沟通是首要问题。和用户之间的沟通，稍有不慎就会面临攻关危机。当内部还没有形成很好的文化，每个人都在站在自己的立场上去想问题，没有从公司的角度出发，这是很可怕的事情。

收获是来自不同领域的挑战和资源

从大公司走出来，自主创业，这一路走来，收获颇多。对于初创公司来说，一切都要从零开始，包括市场、财务、物流、行政和装修等等各方面都要亲力亲为，我从中学到很多的知识。通过和很多方面的人进行沟通，磨练自己，在沟通上会有很大的提升。很多事情，不得不去面对，不得不去争取。

就资源来说，我最大收获就是得到投资人的一些意见建议。在和他们交流的时候，他们会说出自己对事情的看法和行业理解。每个投资人的角度都会不一样。这些都是我在大公司接触不到的，因为在大公司，我做的就是解决具体问题，公司的问题、团队的问题等等。当我真正的走出来，和更多的人去接触，最大的感受就是世界真的很美好。

通过个人总结，我认为最适合创业公司的人，其实不是大公司的技术牛人，也不是小公司的多面手，而是见证了巨头从小到大的那一撮技术人。因为这些人知道对于大公司来说，应该用什么样的架构，而对于小公司来说，应该用什么样的架构，可以因地制宜。

我认为，优秀的技术保障就是让技术人员没有存在感！因为当发展到很长一段时间以后，老板真的会觉得我养了一帮技术干嘛？好像每天也没有什么事，提需求能正常完成，每天都跟产品和运营开会，那你们技术干什么的？这个时候你会觉得，那是因为我们技术人员真的很优秀。

【整理：王雪燕】

雪球 CTO 王栋：技术团队的升级之路

王栋，雪球 CTO，互联网从业 11 年，先后在美国在线、宝宝树担任资深架构师，现在雪球任职 CTO，负责雪球的产品技术团队，关注团队建设，高可用架构，高效率高质量的运维、测试、开发，运维和测试自动化服务化。

不同发展阶段 CTO 的胜任职责

目前雪球处于 C 轮融资，员工总共有 120 多人，其中工程师占一半以上；网站注册用户在千万量级，日活跃用户在百万量级。我想以公司团队的发展为线索，针对已经经历过的阶段和未来即将经历的阶段，描述我所认为的不同阶段技术团队和 CTO 的主要职责。

1. 天使轮

天使阶段是验证创业想法的阶段，这时没有完备的技术团队，事情比较多，没有太多技术含量。比如我们当时有个论坛是基于 discuz 建立，有个官方网站是外包团队做的，后来雪球的雏形也是外包的，总团队不到 10 个人，这都是很正常的。利用一切可以利用的外部资源，使用外包、开源产品等，只要能验证想法就好了。

2. A 轮

这个阶段要确保规划的产品能够按照预想发布，重复地验证想法。此时要**解决的是有没有的问题，而不是好不好的问题**。资源少的时候，需要聚焦在最核心的功能上，不要贪多贪大。

对技术团队来说，肯定还是尽量拿开源的框架、开源的产品去搭建架构，确保不会花大量时间去开发复杂的底层基础架构或者框架。

为了提高效率，可以多使用一些新技术，一般来说新技术都是为了避免上一代技术的某些缺点并提高效率而出现的。我们在这个阶段就开始使用

Node.JS 了，要知道那是 2011 年，可能很多人还不知道 Node.JS 是什么，雪球就把这个技术应用在生产环境了。这个技术给我们带来的好处是前后端分离，两端的效率都大幅提升，前后端都独立迭代，只要保证 API 兼容，这对我们当时的产品开发迅速验证产品功能具有决定性的意义。这种思路也一直延续，包括后来我们引入 Scala、SpringBoot、Docker 等技术都是基于类似的思考。

3. B 轮

在 B 轮这个阶段，雪球已经分成了三个业务团队。这个阶段没有专职的运维和测试团队，所以运维的工作开发来做，测试的工作产品来做，另外，在这个阶段我们特别重点关注项目管理。

因为产品功能的增长和用户的增长，人员在这个阶段也不可避免的扩张了。突然有一天发现开站会的同学每个人说几句话，这个会议时间就要开半小时了。于是我们开始拆分团队，把按职能划分的团队重新按照功能来划分，以前是前端团队、移动端团队、后端团队、设计团队、运营团队，现在是社区团队、行情团队、组合团队，每个业务团队都有完整的前后端、设计、运营的同学，所有的产品迭代都是由业务团队来驱动的。

在这种情况下，我们的项目管理方式是这样的：各个功能团队都基本遵循 SCRUM 的迭代方式，每两周做一次开发测试迭代，产品功能和设计提前一个迭代进行，每周进行产品演示确保产品符合所有人的预期。功能团队内部每天会有站会，每周会有对各自项目的周报，周报会说明项目进度，如果有延期用红色突出标记提示风险和原因。

对于需要跨功能的管理特别是 APP 需要发布版本，我们采用了版本列车的方法，也就是规定每个版本的提交日期，然后每个团队根据自己的计划选择搭乘哪一个版本，各团队负责人每周进行 1～2 次沟通，通报各自团队的项目进展，相互了解产品特性，确保相互依赖的部分按照预期实现。 这些方法简单有效且一直沿用至今。

4. C 轮

在 C 轮阶段，在公司经过两三年不间断的功能开发，终于迎来了业务量的大爆发，业务团队也发展到了 5 个，并且为了更好地分工，引入了专业的 SRE 团队、测试团队、平台团队，比如运维团队负责基础设施的建设维护，

Technology
Architecture
Serve
Develop

平台团队负责各种基础框架、类库、中间件的建设维护，业务团队抽出专门的时间进行系统改造上线。其实更多时候是业务团队和几个支持团队一起在往前推进，这样的组织结构可以充分发挥各个团队的优势，比较清晰地进行任务分配。

另外喜忧参半的是，我们的系统开始出现问题，经常性地发生各种问题：程序负载高、数据库慢查询、缓存慢等，一开始还是没有线索，在逐步增加数据收集后，发现高峰时期的请求量是过去的 10 倍以上，这个阶段非常关键，尤其在数据、性能、架构方面投入了非常多精力，做了很多稳定性的工作。

加强数据收集是尽可能地收集所有的数据，然后展现为图表，再根据数据的突变做报警设置，以前是因为量小所以不管你怎么去实现，在现在的服务器配置下可能都没有太大问题。即便程序本身没有 Bug，数据量大了瓶颈就有可能出现在任何地方，所以要通过尽可能多地收集数据了解所有系统的细节，为系统重构和扩容做好准备。

性能方面，我大概介绍一下几个主要的应对措施。另外一个要注意的是时刻要保持警惕，在收集数据的基础上多观察总结。我们不怕出问题，也不可能避免出问题，主要怕出了问题还不知道，以及不知道为什么会出问题。监控报警能够预知未来和实时提醒，要把危险消除在用户感知之前。

系统重构的主要着眼点就是把以前的一个单一项目拆分成微服务，并且把对应的各种资源如缓存数据库也进行拆分，因为以前都是混在一起的。我们对架构最大的一个改造就是把一个单一项目拆分成了微服务，这涉及架构选择、标准化推行、资源拆分、代码重构、API 兼容测试、灰度上线、数据监控分析等一系列复杂的步骤，这些都需要非凡的细心和耐心。我们也差不多经历了一年多的时间才把所有的服务都完全迁移到新的架构上。

5. D 轮

虽然我们现在还没有进入 D 轮阶段，但是我们已经开始做大部分相关的事情了。我们有更多的业务团队了，有更多的工程师，所以会更加关注流程、规范和运维、测试提供的服务化工具。

随着参与项目成员的增加，之前描述的开发流程本身变化不大，但是随着新人的加入，如何互相传递信息成为一个问题。所以我们花了一些时间把以前做过的最佳实践，分门别类做了整理，包括项目管理过程、角色定义、阶段性产出、产品文档规范、技术系统设计规范、代码审查规范、灰度和上线规范等等，基本覆盖了从需求到上线的大部分场景。这部分的归纳可以让所有参与项目开发的同学在对同一件事的认知上处于同一个水平，以便更容易理解和参与。

在运维和测试的基础设施建设上，我们在现阶段也逐渐把以前手工的、半自动脚本式的工具开始系统化、服务化，把最佳实践固化在工具当中，只提供有限的灵活度，这样做的好处是运维和测试的同学完全从零散的需求驱动转化为服务提供方。几乎大部分开发同学的运维、测试需求都可以通过自助的 Web 化工具来完成。

比如，我们自己开发的基于 Docker 的上线和编排系统，开发同学通过这个工具点几个按钮，就能把 Git 里的代码发布到各种开发测试灰度线上环境中，日志自动收集到数据中心、监控系统和报警系统。监控报警系统预先设置了很多选项，如果需要开发同学可以完全自定义各种图表、各种报警项。

测试同学提供的持续集成环境、静态分析、API 自动化测试回归工具、UI 自动化测试工具等很容易被开发同学使用，测试同学提供的更多是对工具的支持，以及对如何写好自动化测试代码的支持。

综上所述，我们并不需要非常庞大的运维、测试团队，就可以支持更多的开发团队自主解决业务问题，毕竟业务团队才是最了解自己业务的。

团队建设

每个团队都会有自己的风格和处事原则，一般会符合公司创始人的某种特质和风格，**我们采用证明你不行这种方式**。这个听起来很奇怪，我来解释一下。这个方法是说通过了我们招聘环节的同学，我们都倾向认为是一个好同学，所以会最大程度的去信任，第一天就开全部的权限、参加所有讨论、第一周就可以上线代码，团队的支持是无条件的，除非结果很差，比如不积极、不主动、代码质量差。这样也没问题，毕竟他们不熟悉嘛！我们还会一起总结再给工作调整的机会，甚至调换团队，如果最后所有的措施经过试验都不行，那就证明了你不行，只好劝退了。

另外一个是证明你行，也挺有意思的，是说任何项目或者方案，如果有人可以提出来说我可以搞，那么只要你能给出当前方案存在的问题、解决的思路、方案设计、如何上线、如何测试，大家都觉得没问题了，那这个项目就是你的了。这样的同学最后手里会有很多重要的项目。他很快就成为团队的核心，靠的就是积极主动、先人一步、能承担责任，这是我们尤其鼓励的。

对一些同学的能力或者行为有质疑的时候，如果不能很快地下决心解决，最终都会给自己、给团队带来非常大的痛苦。这又分两种情况，一种情况是有同学能力确实跟不上团队发展了，但是一直任劳任怨，你不忍心开掉啊！拖得时间一长，对团队效率是一个严重影响。另一种情况是能力比较强的同学，但是过于个性化，自行其事无法很好地和团队一起配合，恰逢相关的岗位又一直无法补充合适的人选就凑合着，虽然一再沟通交流但是这种情况根本无法改变。回过头来看，还是应该长痛不如短痛啊！

日常的一对一沟通，是团队建设里最不可缺少的一个环节。最开始的时候每过一段时间，我都会和所有工程师进行一对一的沟通。除了了解想法、传递信息之外，我觉得这个过程非常重要的一点是：如果有什么问题，要直接的指出，让对方很清晰地了解问题是什么，并且如何去改进。如果不够直接、不够清晰很可能会让对方陷入到误解中。产生了误解对于解决问题就没有任何帮助了，所以不要难为情，不要怕伤害对方，大家都是成年人，客观清晰地表述是对对方最大的尊重，也是上级对下级的责任。

如果公司的业务发展的好，特别是高速发展的时候，什么问题都不是特别大的问题，但是需要清醒的认识到随时可能都有危机，对于重点要保护的人要保护到位，任何的沟通不到位或者是激励不足，都可能会对业务造成比较大的影响。

招聘渠道千万条，其中两个渠道是最好的：用户和内推。如果一个用户对现在这个产品感兴趣甚至是资深用户，那么沟通成本会小很多，入职以后通常会更加的积极主动。我们现在有不少工程师都是用户转化，他们进入之后无论投入程度、对业务的参与程度、对公司的认同感、服务的时间上都是非常突出的。有些同学甚至可以降职降薪，当然现在他们的职位和薪资早已超过以前了。内推是另外一个重要渠道，内推的时候，现在的同事就已经帮忙主动过滤了一遍了，通常都是非常匹配的，内推奖励一定远比猎头费划算。

候选人是否合适，我们认为最重要的不是经验，不是学校，不是资历，而是价值观。雪球希望工程师具有的价值观有哪些呢？积极主动、客观、勇敢、对效率要有追求、对技术要有追求、对结果要有追求，至于其他方面，是男生还是女生、是什么学校毕业、发型是什么样的，我们不是很在意。

最后，我们在面试过程中一定要做到真诚，特别是在争取候选人来的过程中，要站在对方的角度去沟通。现在比较好的同学手里有 3～5 个 Offer 太正常了，怎么沟通呢？我通常都会希望他把其他公司或者职位一起聊一下，我会帮助他分析利弊，根据他的情况帮他去想如何选择。我并不会把其他 Offer 说的一文不值，我会很客观的去评价。这样做的好处是，我们清楚了在招聘这个市场上其他竞争对手的优势是什么，并且即便后来他没有选择我们，我们还可以成为好朋友，会在 QQ、微信上经常沟通，当他遇到不顺的时候，会第一时间想到我们。当时非常真诚地邀请过，后来通过这种方式来的同学也不在少数。

另外，沟通的过程中，一定要知道，说出来的承诺最后必须兑现，如果无法兑现的事情千万不要说，自己给自己挖个大坑，最后一定是处理不掉的。

就像最开始我提到的，任何团队的成长都是一路磕磕绊绊的。我经常在想如果回到 5 年前，我会怎么规划那些事情，应该更重点地去关注那些事情。团队建设和招聘应该没有更好的方式了，这是一个长期持续的过程。如果说哪些是最需要改进的地方？**我会选择在工程实践上更早投入并且投入更多的精力**，这包括两个方面：

一个是业务开发，绝大部分公司从一开始就要进行业务开发，如果开始对质量、架构、代码不重视，到后来虽然可以重构，但是会非常痛苦，所以从一开始就要重视质量，从人的标准再到代码的标准到测试的标准，都要高，不能放松不能被破坏。这样也会对团队形成一个非常良好的氛围，就算是新人来了也会不自主地去习惯，不合适的人可以很快的被淘汰掉。以后需要重构时，因为前期的质量好，测试覆盖好可能就没有那么痛苦了。

二是基础设施，在持续集成、持续部署、运维自动化、监控报警这些基础设施都没有的时候，我们工程师团队的生产效率是不会高的，后期再接入这些会需要花费几倍的时间精力。另外，要特别注重监控和数字，如果对监控和数字不敏感，当系统发生任何变化时，我们都不能感知到，那就危险了。这同时还可以带来效率提高、避免一些人为操作失误，对于整个技术团队的技术积累也是非常有意义的。

【整理：孙淑娟】

CTO训练营 x.51cto.com

第三篇 CTO 的管理之道

CTO 管理的那些事儿：招聘面试、绩效考核、文化打造、团队激励。

扫码观看活动视频

跟谁学 CTO 李钢江：A+技术人才招聘观

李钢江，本硕毕业于清华大学计算机系，拥有8项美国专利。曾担任 Microsoft 研发工程师、Intel 研发经理、Google 高级研发经理、搜狐视频 CTO 等职位。在百度期间，曾带领搜索广告团队获得百度百万美元最高奖和百度总裁特别奖。2014 年联合创办跟谁学，负责跟谁学网站和相关系统的整体技术研发工作和百家云事业部工作。在互联网技术研发、搜索技术、视频编解码和传输、网站运营、移动产品研发方面有丰富的经验。

我以往的工作经历跳槽较多，在这个过程中不仅换了公司，还换了城市。起初在深圳创业，后来去了美国西雅图，然后回上海，再后来去美国硅谷，现在在北京。我经历了不同公司文化，并且去适应它。我看到很多人在问 CTO 应该怎么定位，要不要参与战略决策等，现在总结下来没有标准答案，因为不同公司做的事情不一样， 对于 CTO 的职责是没有标准答案的。

怎样选择创业

在 2000 年赶上第一次泡沫的时候，我毕业后第一份工作是跑到深圳的南山区创业园创业。很可惜互联网泡沫破灭，而且我们做的视频方向也不是很合适，导致创业第一次失败了。当时对自己打击挺大，胆子变得很小，所以在 2001 年到 2014 年这 13 年一直打工，游荡于各个公司做职业经理人。到 2014 年已是百度的中层骨干干部，再往上就是 VP，所以我经常自己在考虑：我的职业奋斗目标是什么？我为什么要活着？

为什么我当时选择加入跟谁学？跟谁学是 2014 年创立的，而当时我被任命为百度大数据的总负责人，其实就是事业部总经理。百度大数据在 2014 年是最有名的战略方向，也是个很重要的部门，大概有五六百人。这个时候被陈向东拉过来，真的是被他的创业梦想打动。虽然 2000 年创业过一次而且失败了，但那时候太年轻，而且我还是觉得应该轰轰烈烈做一番事业，想再尝试一番，不管成功还是失败。

当决定要去创业，希望做一番自己的事业的时候，我就得开始考虑什么样的事业适合自己。刚开始，我也没看好去跟谁学创业，因为以前不认识陈向东，能不能和做教育的人融合好，我其实心里没底，我知道合作伙伴的选择非常重要。坦率地讲，2014 年相对来说是创业高潮，2015 年上半年更高潮一点，各种创业机会，拿百万美元以上的天使投资，公司估值千万美元左右，我觉得应该问题不大。自己做 CEO，也能做得起来，但是这个事情做得起来以后怎么样呢？一定能发展起来吗？一定能够成功吗？我心里是没底的。

我非常清楚自己的演讲和表达能力跟很多 CEO 没法比，而我还是更适合跟人合伙干。只要能够把事情做成功，对我来说就是个很好的选择。所以选择创业的时候，我考虑了一个能够互补的团队来做事情。自己内部也总结过为什么选择了跟谁学，其实我当时说有三个很表面的原因，钱靠谱、人靠谱、事情靠谱。

钱靠谱。首先陈向东自己财务自由，当时我们跳过天使投资。很快我们也谈到意向合作伙伴，融到 5000 万美元。

人靠谱。当时我们谈了几个合作伙伴，经过一段时间磨合的有三个以前百度的同事，还有两个新东方的同事，一个其他公司的同事。正好三个互联网、三个做教育的，挺搭配的。因为都是要做互联网教育的人，我们自己以前真正做过互联网、做过教育，对行业本身非常了解，知道怎么跟机构和老师打交道。

事情靠谱。我觉得互联网也是一个靠谱的方向。

优秀团队的特点

今天跟大家讲讲怎么打造一个优秀的技术团队。我是从一本书里读到这些内容的，里面提到优秀团队的六大要素，即 A+人才、快速行动、乐于分享、感染他人、不做受害者和保持乐观。我第一次看的时候没什么感觉，经过两年，我慢慢地被它影响和同化，觉得这六点越来越重要，我经常自己对外以及在团队内讲这六点，特别是招聘人才，这六点有很大的借鉴意义的。

下面我结合自己的创业历史、技术，谈谈我个人对这六条的理解。

为什么需要 A+技术人才

首先，为什么需要 A+技术人才？前几天跟清华的小师弟吃饭，他现在 30 岁左右，是某大公司的 CTO。当时，他跟我说现在急缺人，让我帮他推荐，而这个人必须管得住。当时我给他推荐了几个 A+人才，公司有足够的薪水把人招过来，但他怕管不住，其实这是正常心态。

但我的心态完全不一样，创业很辛苦，每天非常累，只要有人代替我把公司做得更成功，我恨不得明天就拿钱回家干别的事情。我在这个公司更多的是股东心态，我希望公司上市，能够把股票兑现，至于公司多少人我并不介意。老板就是这样的心态，老板一定会说要找 A+人才，但是其他人就不一定这样想，这是一个现实的问题。

我建议大家把心态放开一点，如果你招的不是 A+人才，是 B 人才，B 人才的特点是忧虑、不安全感比你更强，而后面 B 人才就会去找 C 人才，C 人才找 D 人才，这样就很难做好。如果公司里面招的是 B 人才，我觉得还勉强能接受，招太多的 A+人才不好放，所以找 B 人才也是一种可行的办法。最可怕的是从 A+招到 D 人才，下面的人就没法用了，这是大家要考虑的问题。

我在搜狐视频时管理 300 多人的团队，百度也是 400 多人的团队，但是进入我的部门的每一个技术人员，包括实习生，我都要亲自面试，确保招聘标准没有降低。基本上对于全职人员，我会问半个小时到一个小时，实习生问十分钟就行。全职人员和技术人员需要写代码，所以我对公司里面的人能力要求一直很高。

我认为做好一个技术管理者，必须以技服人，就像刚才说的新东方为什么提拔讲课好的老师来当干部？因为他知道怎样才能当一个好老师，才能把管理做好，只有你做过好的程序员，你才知道如何培养好的程序员团队。要是脱离一线，不写代码，可能连下面人也管不住。

什么是 A+技术人才

我们在公司招聘 A+技术人才的过程，最少也保证公司都是 B 人才，绝对不能 A 招 B、B 招 C、C 招 D。那什么是 A+技术人才？这个怎么判断？我借用我们公司 CEO 陈向东的定义："A+人才就是善良的、阳光的、自然的、自驱的、打赢过若干胜仗且自信的人才。"

首先，自然、自驱，不管是创业还是大公司，很多时候没法让领导安排事情，而是需要员工你们自己去发光发热，想清楚该做什么事情。我记得当时加入谷歌的时候是谷歌的风潮期，招很多人都是从小到大竞赛拿金牌，谷歌就是让他自己去想办法发光发热。这是 A+人才的特点，他遇到问题会自己想办法解决，而不是一个执行者。

其次，最主要的就是打赢过若干胜仗的自信人才。第一，说得好、表现好并不代表是 A+人才，要拿过去的历史来证明。第二，A+人才以前的成功不代表后面一帆风顺，但是如果他没有这个自信心，很容易会受到打击而一蹶不振。

我们有一个内部文化，叫简单、直接。也就是，说话要直接，不要拐弯抹角，我相信每个人都是 A+人才，不会因为我说话直接一点就打击自尊心。在跟谁学内部，我这个人说话非常直接，我不骂人，但是我可能会说你这个东西做得不好、不对、逻辑混乱，直接指出问题，不会拐弯抹角。我相信这些人不会因为我这样说而受打击，在公司待不下去。我觉得这样简单直接地把问题表达出来，沟通的效率更高。

怎么吸引 A+人才

跟谁学现在已经有 8 个联合创始人，我们就要拿联合创始人的头衔来吸引人，像马云以前 18 个创始人，后来又换成合伙人来吸引一些人。所以，在吸引 A+人才上要必须给他一个足够高的名分。但是基本不拿工资，交个最低社保，利益通过股票实现。管理公司重要的部门和重要的任务，给你足够多的权利、足够多的事情，但没有任何现金激励，只有股权激励。

那么应该**如何去获得 A+人才呢？**

第一，广撒网。举个例子，我曾经专门买了一个手机以及短信套餐，给几百人发短信，把以前认识所有人都发了一遍短信，说我们公司特别特别好，有没有兴趣联系我们？估计发了差不多一千个人，然后经过初步筛选。基本上我一半精力都在招人上面，差不多两三天招一个人，一百多天招了几十个人，费了很大精力。

第二，职业名声很重要，不管创业前后，对每一个人都要公平，不搞小圈子、不打压人，所以我当时挖一拨人的时候，虽然有些人因客观原因来不了，但以后还是有机会加入。

为什么需要 A+技术人才

在同事加入跟谁学的时候，我跟他们说，创业有风险，不能保证一定能成功，但是我能保证几件事情，第一，我肯定不会对你们不公平，不会黑你们、阴你们，你们进来肯定会签股权协议，会说清楚；第二，我承诺，就算哪一天跟谁学做得有问题、不成功，我还是有能力、有把握让你们在互联网行业找一份薪酬不错的工作，不会让你们失业，而且通过工作锻炼会让你们的工资比以前有所提高。

怎样识别 A+技术人才

一个综合人才的表达能力、管理能力、相貌、过往经验都很重要。我认为 A+人才要有一个非常重要的能力，就是强硬的技术。

作为公司创始人，我还遇到一个问题，公司业务扩张，不同的事业部在进行独立自主开发工作时必须要有自己的技术团队，公司从早期的一个综合性的技术团队变成了很多事业部的团队，有很多人需要从我这里分出去。我是股东，所以很愿意干这个事，想让他们跑快一点，但有一些技术人不愿意被分出去，他们很在乎自己的领导是不是懂他是不是能判断他的水平高低，是不是能领导他把技术水平提高一步。

所以我是觉得在普通的 A+人才的基础上，技术能力相对来说比管理能力重要些，如果是纯用管理，我不是特别好的管理人才，也是被倒逼着成长的，要管理几百人的团队的话，还必须要在管理方面有提升。

A+人才怎么定价

我们吸引到了相当一部分 A+人才，给的都是低现金、高股份激励的模式，我们希望这些 A+人才能够同舟共济，不是打工的心态，这是在创业公司的做法。但是在成熟的公司、普通的公司不一定这么好做。A+人才进来之后工资太低，我觉得首先不是预算的问题，我所在的每家公司都从来没有一个非常严格的工资预算。在成熟的公司，给 A+人才高工资，理论上行得通，但是有两个问题，比如 A+人才可能比我的工资还高，这时候你就要调整心态，因为他过来能帮我解决问题，我招的 A+人才某些方面就是比自己强。所以要让事业发展起来，你必须招某些能力比你强的人，你的需求才能够解决，业务才能发展。

第二个问题，2003 年到 2007 年在上海 Intel 的时候，团队里面我的工资最低，但只要干到平均水平以上，我下次肯定是加薪最多的。我关心的是我的薪水能不能快速提高，我不关心你的工资比我高还是低，如果我的同事的工资都比我低，那我下次加薪的概率就比较低。

怎样快速行动

出来创业以后，回想起来以前做了很多傻事。在管搜狐视频管理 300 多人的团队，在百度顶峰期管理 500 多人，那些时候，自己做事情太循规蹈矩，想做事情都跟上级申请等待批准，有太多的考虑，缺乏创业冒险的精神。因为总监、CTO 职位已经有足够多的资源，跟老板请示让人感觉是在推托责任。如果你有一个想法，赶快行动，说不定能给你的职业开辟一个新的生涯。我建议大家不要瞻前顾后考虑太多。

乐于分享

在谷歌时，每周五快下班时都会开一个小时的会，讲讲公司发生的事情，边吃、边喝、边聊，整个公司保持透明的状态。总部的 CEO 每次必须出席和大家交流分享。

感染他人

其实这方面我做得很差。我开玩笑说陈向东是精神领袖，他的演讲能力特别强，有点类似于原谷歌的李开复先生。我们公司刚开始就构建了一个愿景、一个梦想、一个使命、一个价值观，整天让你觉得是为了愿景、梦想、使命、价值观，不是为了挣那一块钱。创业企业怎么凝聚大家，让大家愿意长期加班加点干活？薪酬的激励成本太高了，股权的激励容易破裂，所以精神的激励、文化价值观的激励非常非常重要。

还有一个做得好的例子，马云现在整天给阿里的人打鸡血，我们的公司陈向东的风格也有点类似。马云也承认，阿里的产品他自己也搞不懂，而陈向东比他还好一点的是，除了一些细节，基本上都了解。他是一个感染力非常非常强的人。大家以后去创业，真的做大事业的话，如果你要招一拨儿以前你都不熟悉的人凝聚在一起，有一个能感染他人的精神领袖非常非常重要。

不做受害者

两年的创业历程，中间会发生很多很多的故事，不要把自己当成受害者，就是不要觉得很多事情是针对你的，不要觉得是政治斗争。大家先从好的角度理解，我们要相信人之初性本善，这样能解决很多问题。

跟谁学刚开始机制设计有一定的保障，我们几个主要的 VP 之间、事业部的老大之间的利益关系是靠后面的股份绑定在一起，如果公司不能够被收购、兼并或者上市，或者股份不能变现，那么就没有任何的回报。基于这个判断，我们相信每一个事业部的人、每一个 VP 的人都能够基于公司最优利益来做事情，而不是基于部门利益做事情。

保持乐观

跟谁学到目前为止活下来了，保持这么大的摊子，说实话如果没有乐观的信心很难坚持下来。跟谁学除了六个创始人还招了六个 VP，走了四个，那是因为在遇到困难的时候、遇到一些问题的时候，他们选择了逃避。

坦白讲创业是件很辛苦的事情，经济上也是有一定压力的。我们也自己安慰自己，我一直对自己说肯定能成功，只是大成和小成的问题，大成就大做，小成就小做，我们还是乐观。其实最重要的是通过创业学到了很多东西，人生经历完整了，认识了一大堆朋友，这个经历也满足了。

企业文化的重要性

说实话，我因为待过太多的公司，所以感觉这个事情不能一概而论，每个公司适合不同的人，或者不同阶段的人。在有些公司技术绝对不是核心驱动力，你做 CTO，满足公司的业务需求就行。

但是有的公司就不一样，比如谷歌完全是技术驱动的，企业文化的不一样决定了 CTO 承担的角色完全不一样。CTO 充当一个什么角色没有标准答案。

互动小课堂

提问：我自己也做创业公司。第一个问题，创业公司是一个萝卜 *N* 个坑，钱也不是太充足，人员风控怎么做？第二个问题，创业公司的技术选型应该

注意哪些方面？

李钢江：我从 2014 年开始创业，2014 年那拨人技术人员特别稳定，大部分是亲自招聘，这个问题在我那里没有明显体现。跟谁学刚开始资金相对充分一点，所以我们招人也招得多了一点。我再跟大家说一个心惊肉跳的事情，2015 年资本寒冬的时候，跟谁学搞大规模招聘，按照以前在百度的经验，互联网太热了，估计最后来个二三十人就行了，结果别的公司都不发 offer，就我们公司发。我觉得这个问题不是大问题，能培训培训，这些人没有浪费掉就行，可能你说的问题在跟谁学不是特别严重。

第二个选型的问题。技术到底怎么选、用什么标准选？我的答案是，看你的目的是什么，在跟谁学当时的场景下，我选择全部都用。因为我只用 Java 的人，PHP 的人就不能用了，所以当时我们做的决定就是前台网站项目用 PHP，后台用 Java。在那种场景下，我要快速发展，招人第一重要，所以我选择了什么人都要用，但是我还是按项目区分开，这样的话，只要项目变化不是很大的话，大家还是能相安无事。

但是如果说跟谁学的发展速度降慢一点，我可能考虑后台只用一种语言，减少以后的问题，现在我们还是产生了一些问题，前台后台打通的时候发现不能互通，还是非常麻烦的，但也能解决。

在百度的时候我也干过相反的事情，当时百度做项目也没那么紧，人才也比较充分，我当时做商业账号体系，他们用 PHP 写的。我接手过来一看，两百多人都是做 Java 的，就你们用 PHP，我要求全部用 Java 改写过来，我要维护一个标准。

提问：第一个问题，在您看来，什么样的人、在什么样的时机适合创业。第二个问题，对大公司的团队来说，我们有什么机会、好的点来说服这些想去创业的、想去博一把的人呢？

李钢江：客观地讲，我不认为每个项目都那么容易成功，尤其是下属去创业的时候，我不看好，可能有些时候他们是被蒙蔽了。大多数情况下不能成功说服，这个时候可能他们被那个看上去很漂亮的预期收益吸引了，给你多少股权。这个事情可能会打击到一部分人的想法。

经常有人只跟你说股权数量，不说价格。我有个事情特别不理解，很多工程师逻辑性很强，为什么就没搞清楚这个问题呢？你就关心我占比多少，却不知道现在公司估值多少，说以后值一百万、一千万的都是废话，跟谁学都是按现在的估值给价格。

再有，进去以后是不是马上签订白纸黑字的合约？口头承诺不算数，所以签合同很重要。我知道大部分的创业公司，进去以后基本上是口头承诺，不给签署股份合同，这不靠谱。

另外一个问题，什么人适合创业。要么特别早，要么特别晚。要么刚毕业，要么家里都稳定了。

提问：我也是创业的，您刚才说自己招聘的事情我也经历过，这些都是挺美好的，但是我想问的是在公司遇到一些瓶颈的时候，你们合伙人之间、经理人之间的关系，有没有遇到什么样的问题？像你说的，怎么去调整心态？

李钢江：我先大概说跟合伙人之间的调整。跟谁学每次调整都涉及利益分配，那自然会有人多有人少，但说实话这个分配需要一个共同妥协、共同协商的过程。引进新的人过来了，怎么办？或者内部的人大家做的贡献程度和以前预想的不一样，这个时候需要有大智慧和好的学习能力，而不是一次两次能谈好，所以我可以坦白讲，我们上个月又加了两个联合创始人，又涉及一次讨论，那这个时候大家必须有一次妥协。幸好我们有个特点我们的年纪特别大，都是 70 后，有个别 80 后，在这个方面大家还是为了做一个大事业，有时候也不是说这个创始人能力差，因为 A 做 A 方向、B 做 B 方向，但是 B 就是做得好，所以要考虑现实情况。

创始人和职业经理人之间的关系，我们其实也遇到了这个问题。跟谁学 2014 年招聘的职业经理人，我现在回想起来有点过度承诺他们了，因为当时发展得特别快，但后来遇到资本寒冬，那这个时候你应该想办法怎么解决这些问题，这些人也是百度很优秀的员工，如果在百度待下去，其中年薪过百万的不少于十个，所以你工资这么低怎么让他留下来？说实话还是走了一部分人，当然也有留下来的。最简单的办法，还是发股权给他们，慢慢地这些人股权数量越来越多。

再有，公司大了以后，部门多了，我们开始给每个部门更大的自主性，更大的空间。我们现在拆分成公司，现在有一个商学院和一个独立公司。这两家公司拆分出去之后就有更大空间，比如增加总裁和副总裁的职位，稳定住职业经理人。我也希望这些公司后面能拆分出去、能独立上市。因为职业经理人要成长，你不给他成长的空间，让他有合伙人的心态，他可能也要出去创业，因为他本身很优秀。

知乎 CTO 李申申：知乎技术团队文化

李申申，曾先后供职于 Icebreaker 和爱奇艺，曾任 Meta 搜索技术总监。2011 年与周源和黄继新共同创办知乎，从零开始组建技术团队，并带领团队快速成长，通过算法、用户分级和 anti-spam 等系统化工程，逐步建立起了对大规模用户的服务化体系，成为知乎“总搞得定”精神的极佳写照。多年的创业经历，磨练出他“全栈工程师”的综合实践技能。

今天，我想跟大家分享一下在知乎整个演进过程中，我对团队激励这件事的理解。结合我在知乎做的一些工作，跟大家交流一下。

我生在东北，小时候也住在东北，后来随我爸当兵就去了重庆。现在我见了东北人就说自己是东北人，见了重庆人就说自己是重庆人。我本科学的不是计算机，是汽车制造，研究生转了计算机专业，从此踏入了互联网这个行业。

连续创业者，管产品的工程师，负责 HR 的 CTO，这三个短语可以涵盖我的工作。我在知乎是一个管产品的工程师，设计产品是我在负责。另外，我也是一个负责 HR 的 CTO。所以，我一般向别人介绍自己时都说我是工程师里面最懂产品的，CTO 里面最懂 HR 的。我们都希望自己的团队整齐化一，一声令下，指哪儿打哪儿。实际情况是，每每遇到一些状况，大家都是你一言我一语，说得乱七八糟，最后发现团队里面怨声载道，说什么的都有。我今天尽可能把我自己积累的东西挖出来跟大家做一个分享。

激励

激励是团队文化一个很重要的基石。如果没有团队文化，我们设定的各种各样的激励手段最后都会出问题。

说团队文化大家可能会觉得这个概念稍微有点儿抽象、模糊，我姑且把团队文化划成三个方面。第一个方面，团队的人相信什么。第二个方面，团队的人是不是认可正在做的事情。第三个方面，团队的工作风格是什么样的。

第一是团队的人相信什么。知乎从创立以来，整个工程师团队最相信的是“总搞得定”，在团队工作方面有很多地方能够体现出来。当然，并不是说知乎团队的人什么事情都可以搞得定，但是至少在团队成员力所能及的情况下，能够充分地调动他，充分地发挥他。在新同学加入知乎的时候，包括加入知乎一段时间后的各种会上，我们都会围绕“总搞得定”来强调，跟大家讲一些相关的事情。举个例子，知乎 3.0 在上线的时候，凌晨三点发现我们的单页设计非常有问题。虽然我并没有跟大家强调一定要做出这个单页，但是设计的同学熬了一个通宵，从三点熬到早上六七点，拿出了一个让团队成员都赞同、都认可的方案。现在大家看到知乎单页的单条目的页面，也都是我们做了五六版做出来的，而且这五六版都是在一两天的时间内做出来的。

第二是团队的目标或者愿望是不是为大家所了解，并且认同的。知乎的愿望是被知乎团队都认同的，我们在努力地帮助所有的人去分享他的知识、经验和见解。

第三是团队的风格，我把它归结为三个：开放、透明和信任。可能大家觉得这三个词特别平常，好像我们团队都是这个样子的。举个例子，知乎一直坚持一个全体会议，这是一个非常开放的会，在这个会上任何人可以向任何人提问题。你会发现这种形式比较简单，但是真要坚持下来是一件很难的事情。在我的团队到了二百多人的情况下，同样可以坚持开这个会，在完全没有任何障碍的情况下进行沟通，这一定程度上也代表了团队的信任和开放。

因此，团队文化非常重要，是一个根基，打牢与否决定了我们后面讲的一系列的事情。队形非常重要，这里的队形大家可以把它理解成团队的组织结构。为什么队形非常重要，因为它直接关系到很多激励方法是不是可以准确地落实下去。

扁而不平

什么叫扁而不平呢？首先看你要追求的是不是一个压扁的状态，我觉得这个压扁的状态是好处多于坏处的。“不平”的意思是说即便是在压扁的状态下，人和人、成员和成员是有区别的，他们所承担的事情也会不同。他们可能会在一个层级负责不同的事情，而不是一个层级的人都负责相同的事情。举个例子，在高级工程师这个层次，他们在意的事情是不一样的，有的高级工程师会做一些给公司带来更大价值的事情，有的高级工程师更多的像一个导师去带一些工程师，去指导他们的具体工作。

我相信语言会是团队氛围、团队文化里面非常重要的一部分。语言在这个团队里面非常重要，“No title”就是我们倡导的语言。我们并不强调谁是总监，谁是架构师，但实际上我们有职位，因为这个在大环境下肯定是需要的。不强调职位有什么好处呢？我觉得在一定程度上可以让这个团队更专一，更专注于自己的作品。

动态是指我们每半年会有一次组织结构的调整。为什么会调整？首先，作为一家创业公司，其中的变化非常快，包括事情和人。有的同学在前面的三个月甚至半年成长非常慢，但是有一天他突然开窍了，成长速度非常快。这个时候如果不做调整，一定程度上会压制他的成长。但是，我们千万不要忽略团队里总有一些同学希望有一个相对稳定的环境和相对稳定的结构，不可能所有的人都很适应这种变化。所以，我们会对这样的同学做区别的对待，我们会努力地让他所在的组织相对稳固。

这是知乎在人数变化过程中最关键的三点，知乎内部的结构到今天依然是扁平的，我仍然会跟一个具体的工程师聊一些具体的问题而没有任何的阻碍。

工作的语言是关键

我们的工作语言（不是编程语言）是指我们在一起协作，一起工作。稍微了解知乎的同学知道，知乎在应用 OKR。OKR 有哪些好处？适用于什么样的情况？什么样的团队？

OKR 最早兴起于英特尔，是英特尔的投资人把它带到了谷歌，虽然谷歌和 Facebook 对 OKR 做了些变通，但是他们还是在使用 OKR。OKR 有几个特点，首先，OKR 跟 KPI 不一样，不是你做到了就一定是好的，它会打一个分，一个 O 对应三个 KR 或者五个 KR。当然，不是说打 1 分就是最好，恰恰是打到 0.7 或 0.8 分可能是最好的。为什么呢？因为设定目标就是要求你要跳起来才够得着，如果目标很容易达成，说明你开始设置的目标没有给出更多的挑战。当然，如果打的分数偏低，就要想想是不是之前设定的目标过高，或者在这个过程中遇到一些什么问题。

我们现在在团队和公司层面应用 OKR 比较多，针对个人我们也试过。但是，我们发现 OKR 落实到个人的时候会五花八门，什么情况都有。

使用物质激励要小心

结合 OKR 我再谈一下关于物质激励的一些想法，我觉得使用物质激励一定要小心。为什么说物质激励要小心呢？毫无疑问，物质激励是有效的，但是物质激励就跟给大家提供的所有的硬件条件一样，它失效的速度非常快，而且在某些层面上它会产生一些反作用。我在负责 HR 之前，一直以为 HR 是一个偏直觉的工作。后来接触 HR 之后发现国外很多做 HR 的人非常严谨，他们会针对一个激励的方法做一些实际的实验。

我们来看一个实验。找两组人到一个房间里面给他们安排一个脑力任务，让他们拼一个乐高，拼一个七巧板。三组人怎么区分呢？一组人直接拿了任务进去拼接，最后看谁的时间长，谁的时间短。另一组人会被告知，如果赢过对方可以获得一美元激励。最后一组人明确地告诉他们就是来玩这个游戏，没有任何的激励。结果，第三组赢了。

第二组之所以会输掉比赛，是因为他知道这些会跟他的奖金挂钩，这就是问题的所在。当他想到跟奖金挂钩了就不会再有学习的动力了，他的学习动力、成长动力就没了，因为这个时候他想的是如何保障个人利益。虽然是一个脑力游戏，但只要掺和了物质奖励，他的想法就多了，他想的都是怎么把钱搞到手，这样就会封闭他成长的路线。

对优秀者不要吝啬

对于优秀的同学不要吝啬。以前的 HR 理论是公司里面 10%的人是优秀的，我们要评 10%的优秀；20%的人是不太好的，甚至有点差；中间大部分是正态。我觉得这种说法对了一部分，但整个理论是错的。人员贡献的分布是左边的幂法则分布，不是右边的正态分布。

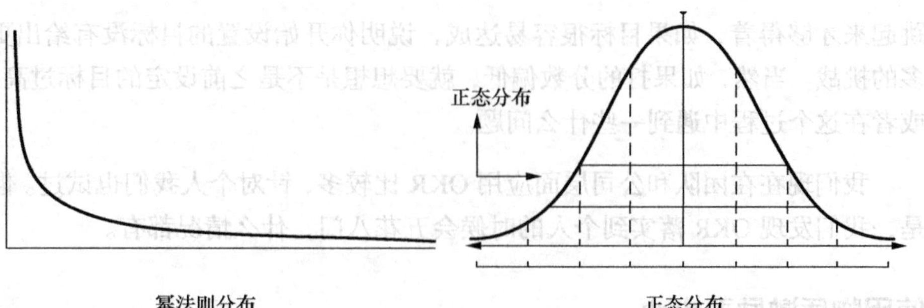

幂法则分布　　　　正态分布

什么意思呢？公司 80%的贡献来自于那 20%的人。之前有过一些传言，乔布斯讲过，比尔·盖茨也讲过，一个好的工程师可能顶上一百个平凡的工程师。比尔·盖茨更夸张，他说一个好的工程师顶得上一万个平庸的工程师。我不知道大家对于这个有多认同，但至少我在研究过后，还是蛮认同团队里面少量的人做出了大量的工作。所以，对于那些你发现真的很优秀的同学，千万不要吝啬。

我的团队里有一些更加具体的措施，工程师养成计划。

首先，要保持团队新陈代谢。我们会遇到一个问题就是，我们现在就需要 40 个人，不需要新人了，所以封闭了招人的渠道。后来，你发现这是错的，团队一定需要新陈代谢，这个新陈代谢对团队的成长非常有帮助。

其次，要识别 TOP 选手。我们在创业时一定要招 A 级人才，当发现在吸纳选手的时候不是 TOP 选手，你的团队氛围会很快地发生变化。学习能力、深入浅出、思维跳跃、合作意识、分享精神、好奇心、海纳百川是公司人事部门总结的 7 点识别 TOP 选手的方法。好奇心、海纳百川指的是开放的心态。分享精神、深入浅出指的是他能够把复杂的东西简单的表达出来；合作意识、思维跳跃是他的学习能力。

这里，我跟大家分享一个关于面试和吸纳人的小技巧。在面试的时候，在 10 秒钟内就能决定这个人的命运，这就是当你一开始跟他对话 10 秒以后，可能你自己心里就已经下了决定了。这在心理学上叫认知偏差，后面的时间大部分情况都在验证你的决定，你提的一些问题未必会是那么客观中立。提醒大家在面试的时候需要注意这一点。

此外，在吸纳人的时候，你也可以问自己另外一个问题，这个人是不是来了之后能够提升平均水平。如果不是，即便他能够做一些事情，我觉得你也可以考虑一下，特别是创业早期，这点非常重要。

环境助推

大家应该也听过各种公司的环境，比如谷歌、Facebook 的环境特别棒。知乎的环境也特别棒，我们有一日三餐，我们给大家提供 Macbook，人性化的办公设施，还有咖啡机。我跟大家说不是向大家炫耀知乎的硬件条件有多么牛，我想说的是这些东西都不是最重要的。就跟物质激励一样，你最早拿到 Macbook 的时候是不是内心澎湃，觉得这是世界上最优美的产品。但是当过了一年两年之后，你对它已经没有当初的感觉了，这就是人，这些硬件的环境设施都不会持续的刺激。

环境助推是什么意思呢？助推的意思是说，我们在环境设计上、机制设计上会想一些办法，让团队成员的行为发生变化。举个例子，会议室每个公司都有，我们的会议室一定要是透明的，并且还有那种没有门的会议室，这是向大家在传递这样的信息：第一我们不太鼓励大家老开会，第二我们的法则是透明的。再举个例子，谷歌的后勤部门要帮助整个团队成员更健康的工作，他们发现大家很喜欢可乐，很喜欢薯片，这些是垃圾食品和垃圾饮料，但是他们发现又不能断供，尽管这些食品都在损耗团队成员的身体。于是他们做了一个很小的事，把那些健康的食物放在透明的瓶子里，把那些不健康的食物放到不透明的盒子里，而且把不健康的食物放在一个相对不太容易拿到的地方。结果发现团队吃健康食品的比例明显的改善了，这就是助推。

工具文化

知乎有着很深的工具文化，我觉得工具也是一种助推手段。有些人觉得工具文化在早期是不划算的，但是我想说从长期来说工具文化是利大于弊的。它一定会占用工程师的资源，但是它对于整个工程团队的帮助非常大。首先，他们可以用工具进行自己的工作。其次，对于任何一个新人都可以在很自然的框架下工作。我们没有很多文字版的东西，从一到十，要有十个规范，十个流程，基本都把它融到工具里面去。

制造竞争

团队是需要竞争的，不能一潭死水，我把这个词叫作制造竞争。作为领导者，不管是 CEO 还是什么，都可以刻意地制造一些竞争，这也是反直觉的。人是需要竞争的，特别是在办公室里，当他处在一个良性竞争的环境里面，整个人都是会被调动起来的。

给他们赛道

知乎的赛道有两个，一个是 Hackathon，另外一个叫 Pink Day。我们差不多每两周搞一次活动，那天大家停下手上要做的事情，凑在一起，分成两组，看一下谁改得那些 bug。好处是可以在两周的时间里有一天换一下脑子，给你带来一些新鲜感，让两个团队相互之间也有一个竞争性。

不指责，特别是容忍创新产生的错误

指责会让团队里面的氛围发生一些变化。作为领导者，出现问题要做的事情不是指责，特别是那些有创新性的错误。怎么让大家意识到错误，我们的方法是，凡是把系统搞挂的人，他只要戴一下乔巴帽。到现在，我们留存的戴乔巴帽的照片已经非常多了。现在，我们有了另外一个机制，我们叫作宕机培训学校。这个学校差不多两周举办一次，每次举办的时候校长会把那些两周内把系统搞挂的同学拉过去，让他们作为讲师跟大家分享一下他们在过程中学到的东西。让他自己去讲自己所犯的错误和吸收的经验，讲完之后他跟大家合影留念。这种方法非常有效。

分享很重要

对于工程师团队来讲，分享很重要，这个事情也是我们知乎团队在变迁过程中踩过的坑。你会发现工程师不愿意过来分享，一是他觉得大庭广众之下讲这个东西有点费劲；另外就是人都是懒的，你让他做总结，他总是觉得跟我现在要做的事情关系不是那么大。但是，这件事情非常重要，你需要想尽办法促成。知乎就保持了差不多每周都有分享的习惯，这个分享既有来自团队内的，也有来自团队外的，它带来的变化是让团队的整个沟通氛围发生了变化。

给他们荣誉和体验奖励

荣誉和体验奖励的效果会好于物质激励。荣誉是什么？我们每年都会选最佳船员，这个就是荣誉。我们的最佳船员会给他提供一个体验上的奖励，这个体验就是会让他参加帆船培训。真的是去学帆船，这是一个英国皇家的课程，会有很正规的教练带着你在海上漂一天，非常棒。我看到所有去参与这个活动的同学回来都是精神抖擞，而且更多的人都想去争取这个机会。谷歌 IO 也算是活动之一，我们会给大家提供参加这些技术盛会的机会。

最后给大家推荐一本书，就是《黑客与画家》，这本书非常值得一看，知乎的新员工培训时，都会收到这样一本书。黑客我们姑且就把他称为工程师，画家对于他们来说最重要的是什么，只有一个作品。这个画家的技艺再高，没人知道，只有它的作品才能流芳百世，才能真正代表他。我们觉得工程师也是一样，有些工程师醉心于新技术的研究，但是他的作品没出来，其实都没有意义，所以无论黑客还是画家，核心都是作品。

所以在知乎，大家会觉得很多事情其实都是自己的作品，同时我们在非工程师的团队那里也在传递一个信息，工程师是真正改变这个世界的人。这句话听起来好像是逗工程师开心。但是当你跟大家不断去传达这个理念的时候它就发生了一些化学反应。在知乎，非工程师的同学最后怎么称呼工程师呢？他们说工程师是拯救他们的神。这种称呼和团队氛围，对于技术团队的同学来说，无疑是最好的激励。

互动小课堂

提问：在团队目标的制定中，您是怎么样用 OKR 平衡评估关键结果合理性的？

李申申：OKR 的目标不是我定的，是团队个体自己定的，或是以团队个体为主定的。当然，我们肯定会有沟通，有交流。差不多半年时间，团队个体会给自己一个打分，0 到 1。打完之后，我们会跟他做沟通。

从某种层面上来说，这个目标是个人结合团队和公司的目标来设定的，这里面是不是存在着一些同学给自己设定目标特别容易达成？因为我们在落实 OKR 时很多人觉得这个考核就是换汤不换药，本质上还是 KPI，只不过用了一个更酷的词而已。但是，当运转一年后，他们发现不是这样的，会发现那个分数对于他的设定目标就是一个纠偏。我们把 OKR 跟他的绩效分开，所以他不用特别担心我的目标设高设低，那是他个人要做到的、要关注的一件事情。实际上，我们最后评定一个人更多的还是看他综合的产出和过去的表现，并不是以 OKR 来论定，特别是我们不会以 OKR 的分数来论定。0.9 分的人不见得就比 0.6 分的人的绩效好。

提问：扁而不平及知乎内部的职级体系是什么样的?

李申申：我们现在对工程师有一个评级，但这个评级跟职级是分开的，这个评级更多地代表了工程师在这个团队里面能力的一个差异。另外，我们在整个组织结构上分成四层，简单的认为分为四层：团队成员、小领导者、大领导者，然后是我。在平时的工作里，我们不去强调这四层，大领导者一定要找小领导者，小领导者再去找具体的团队成员，没有那么细。所以，扁而不平的就是说整个在组织结构上还是压扁的，但是不平的意思就是说最近一个项目可能我关注多一些，我跟知乎的工程师就会坐在一起聊这个多一些，我是直接跟他们聊，直接跟他们沟通。

提问：有一种观点是说有些人不值得培养，或者不值得培训，最重要是选人这一关，您怎么看?

李申申：在一个几百人的团队里，如果这个人不能成长，我觉得你还是趁早跟他分手吧。因为他要在这个空间里面成长，如果你都觉得他不可培养，分手是最好的选择。在面试选人上有着太大的学问，要发现那种顶尖的同学是一件相对比较困难的事情。我们会有一个新陈代谢的机制，新的同学加入知乎之后，我们会对他有一个相对密集的关注，会有不同的人跟他对接，这样相当于对他的评价、评判更综合一些。

至于在选人的环节，我觉得首先不要被自己的偏见给左右。你在看人的时候，要关心的是他未来做什么工作，你把他要做的工作当成面试的环境，看他的一个反馈。其次是你要看他会在一件事情上坚持多长时间，这点能够证明他在这个事情上一直保持韧性钻下去，之后你会发现他在某个特定的领域做的比一般的人要好。最后我还会问一些套路问题，我会问如果你是一个领导者，你的团队成员是怎么评价你的。因为这个话是从他嘴里说的，通过一些问题你会发现哪些是他的想法，哪些是他的领导者的想法。通过这个你能看到他是怎么看别人的，包括你也能了解到别人怎么看他。

提问：知乎肯定会出现新老员工薪酬倒挂的问题，怎么解决？

李申申：这确实是一个好问题，薪酬倒挂有一段时间让我挠头死了。后来我想了一个很简单的做法，就是对优秀的人你不要去吝啬，如果你真的觉得他非常棒，你判断他是未来的成长，包括未来在团队里面的成长非常不错，你是可以跳跃职级的。比如你可以给他的薪酬翻 3 倍，这样做其实不是为了解决倒挂，而是为了能够在某种层面上让他不要产生我在知乎一个基本的物质保障就是这个样子。在某些倒挂情况下我们过往做过两次拉平，这个拉平某种程度上在解决倒挂的问题。但是后来你会发现，即便你拉平了，倒挂依然存在，因为市场变化特别快。所以我觉得不用特别在意倒挂。你在意的应该是如果团队成员知道倒挂，你怎么跟他沟通这件事情。

【整理：张诚】

国美在线 CTO 于斌平：技术团队如何做绩效管理

于斌平，国美在线、国美互联网 CTO，公司技术、产品领头人，全面负责国美互联网的技术和产品工作。2010 年 8 月带领 5 名技术人员开始从“零”做起，筹建国美互联网技术体系，至今团队规模达到千人，成功建立了国美互联网的产品、技术及大数据策略，建立了支撑年销售超 500 亿的技术系统，主导构建的国美互联网技术体系在国内电商互联网行业处于领先地位。

十多年从业经历，从 2001 年开始带团队到现在，我几乎经历过所有的 IT 角色。2010 年，我随创始团队筹建国美在线至今，经历了从几百单到现在日均百万订单，从只有家电品类到现在全品类、金融、大数据服务、云服务的综合平台，从 5 人到现在的上千人的技术团队建设过程。

IT 技术团队的绩效考核是比较头痛的事情。从技术员工的角度来讲，我本人和大家一样是很反感绩效考核的，主要原因是技术绩效到底怎样去量化是个难点。但是从管理的角度讲，技术团队必须要有绩效管理机制。技术团队绩效考核的核心，是怎样通过机制（或文化），让技术人员（或技术团队）的行为结果，超越制度创造出更大的价值，而不是通过制度和考核约束技术人员。

结合多年的从业经历，我认为技术管理人员首先要清晰地知道自己的任务目标是什么，然后才能考核别人。技术管理人员要明确自己的核心目标是实现公司的目标。

这里，我将就绩效如何衡量，绩效的困惑与难题等内容，结合实际案例来分享下我对绩效管理的看法。

什么是绩效管理

在一个商业组织内，“绩效”意味着某个组织及组织成员对工作目标完成的情况，也可理解为组织或组织成员为完成组织目标所做出的贡献。它反映了在一定时期内某个组织及组织成员是否完成工作目标，完成多少等。“绩效”包括组织绩效和个人绩效两个方面。

绩效既有别于个人能力、工作经验、工作态度、年龄、健康状况、思想品德、知识结构、学历等，又和它们有着紧密联系。我们将这些与绩效紧密联系的内容统称为“绩效元素”，当影响绩效的其他变量不变时，各个绩效元素的变化都会影响绩效的最终结果。

绩效管理的核心是完成组织目标，以目标为导向，以激励为主要手段，以惩罚为次要手段（但必须要有）。KPI 相关的内容，都是必要或不必要的浮云。

所谓绩效管理，是指各级管理者和员工为了达到组织目标共同参与的绩效计划制定、绩效辅导沟通、绩效考核评价、绩效结果应用、绩效目标提升的持续循环过程。绩效管理的目的是持续提升个人、部门和组织的绩效。

技术体系需要绩效管理吗

班固《汉书》：“人分九等”。

技术人员可谓千人百面，每个人的想法都不一样。技术人员有一个共性，聪明、内秀，行业也叫“闷骚”，就是虽然想法很多，但是不善于与人交流。很多人更喜欢通过 QQ、微信、邮件来与别人沟通。有的时候，技术人员发起火来也是相当恐怖的，因为问题积压的太久，当问题发生时就会有些失控。

如果没有绩效管理，那你想如何管理技术人员？很难管！

想要实施有效的绩效管理，我们首先要熟悉研发管理的范畴。研发管理过程主要包含：如何确定立项，如何确定产品目标，如何把控项目进度，如何驱动产品一代代完善以及如何调动团队积极性等。在时间周期上来说，我们归纳为选方向、定目标、控进度、带团队和排干扰这 5 个关键步骤。在立项的时候，你就应该制定核心衡量指标，即用来衡量成功的指标。

那么，技术团队绩效管理到底有什么作用和目标呢？

通过绩效管理，你可以激发技术人员的潜能，可以给技术团队一个发力的方向，让大家为了完成团队的目标而努力。对于个人来说，可以提高个人工作效率，提升个人经验和知识水平，最终提升个人的收入和影响力。对于企业来说，可以提高企业效率，降低运营成本；提升客户体验，增加客户黏性和用户规模；推动公司发展技术业务，直接带来收入。对于团队来说，可以提高团队的效率、协作性以及团队的自我成长性。

绩效管理的困惑和难题

绩效考核方法那么多，为什么达不到效果？最大的难题是什么？这里，我汇总了一些常见的困惑与难题，具体如下。

难题 1：领导觉得员工做得不好，员工自己感觉特别良好。

原因：直接领导和直接下属之间对绩效目标的理解没有达成一致，或者领导也不清楚绩效目标是什么。

难题 2：每个员工的绩效都不错，但团队的绩效却没有提升，甚至是下降了。

原因：团队没有目标，或者说员工绩效目标与公司、团队绩效目标不一致。

难题 3：绩效管理流于形式，实施一段时间执行不下去了。

原因：绩效管理环节遗漏、绩效结果应用不合理，或者领导并没有真正想管绩效。

难题 4：技术体系的绩效不好量化。

原因：一方面要看领导心里是否有杆秤；另一方面因为技术体系属于非销售部门，工作结果不太好评估，不同岗位的要求也不一样。

在此，我们可以通过一个案例来分析说明一下。

案例

小明最近有点烦。作为前台组技术尖兵，他曾因为技术水平牛，受到很多人的推崇，组长也很看重他。他们组的项目，在缺兵少将时间紧的情况下，仍然如期上线。然而，刚刚结束的年度绩效评比中，他出乎意料地落选了年度之星。不仅如此，还失去了年底的加薪机会。他的组长也因此被扣分，年度评级活动中也因此没有升级。

原来，这是“418 大促”的一个关键促销功能导致的。该功能上线后，很多用户投诉经常出现莫名异常错误，会算错了价格，甚至会出现订单丢失情况。在 0 点抢购时，系统异常缓慢，出现 1 个小时的“宕机”现象。事后分析，小明在缓存处理上没有采用公司的成熟中间件，自己从开源社区上下载了比较牛的一段缓存处理程序，但在和其他程序的衔接上考虑不周，导致事故发生。

案例剖析

第一，从上面这个案例，我们可以看出小明不清楚或者忽略了这个项目的关键目标。作为一个有经验的组长，在一个项目开展前，首先要确定项目的关键目标是什么。有经验的人一眼就能看出，这个项目的核心是做出来一个能应对 418 大促的促销系统，而不是仅上线个系统就可以了。如果只知道完成任务，那很大可能会出问题。**即要努力把事情做好，而不是努力把事情做完。**一定要把项目每个阶段的完成时间、性能指标、用户体验等做出清晰的规划。

第二，小明是个牛人，可是牛人往往有些明显的缺点，但常被忽视。如果引导不好可能会出现大问题。“手快”是很多技术牛人的特点，但“事与愿违”也常常是结果。

第三，组长与大家一样都非常崇拜小明的技术，但是关键在于没有对结果进行很好的把握。组长没有很好地明确目标，也显然没有明确的引导小明达成核心目标。所以出现这样的结果也不奇怪。

第四，要看这个部门经理（即团队的最高管理者）是否存在问题。对于一个比较重大的项目，经理需要规定必须要完成的指标，也要制定明确的上线标准，比如压测是否通过，产品经理和用研经理是否测试通过等。

在这个案例中，其实我们可以发现很多中小型技术团队容易犯的错误：注重技术实现而不注重公司目标；缺少明确的制度规范；对技术大拿的无原则依赖（或放纵）；团队管理者的松懈等。

很多技术人员过于注重和追求技术水平的提升，而忘记了提升公司的业绩才是最重要的。所以在技术团队的绩效管理中，宣传贯彻公司的战略规划，不断辅导和跟踪技术人员的工作，使其不偏离“绩效目标”，这就显得尤为重要。

解决绩效管理难题常用的办法

如何解决绩效管理难题呢？

绩效管理的核心是帮助大家达成目标，绩效考核不是目标，是结果的衡量。所以，我们不要犯绩效主义。第一，绩效目标要结合公司的目标，然后进行任务分解。第二，要明白关键目标和结果是什么，影响考核结果的因素有哪些，要让所有人都清楚。第三，最重要的是帮助大家达成目标，而不是只关注最后的考核结果。第四，技术指标、效果指标（如产生的销售增量、转化率）、贡献评估一样不能少。

适用于其他团队的、通用的绩效管理解决办法，可以从以下六个方面来实现：第一，领导与下属要沟通确认好绩效目标和绩效计划；第二，绩效辅导必不可少，绩效管理不是为了给员工扣分，是为了让员工更好地达成绩效；第三，要与利益、晋升等挂钩，公司与员工平衡共赢；第四，发现问题及时纠错；第五，绩效考核标准尽可能量化，要根据不同岗位、不同职级定义绩效目标和绩效合同；第六，绩效管理不等于绩效考核，绩效考核只是绩效管理的一个环节。

互联网时代，既强调“用户为王”的产品理念，又强调“以人为主”的管理思想，要注重沟通和共识，抱定持续改善的信念。互联网时代的绩效考核要以目标和关键结果为导向、以绩效而不是绩效主义为导向、以高价值为导向、以激励为导向、以用户为导向、以简单和量化为导向。

互联网公司绩效管理案例分享

这里，我列举了几个具有代表性的公司绩效考核案例，让我们来一起看看他们的考核方式。

◆ Q 公司案例解析

非销售岗位的绩效考核分为两部分：KPI 和胜任力，两者分别占比 60% 和 40%。基于此，管理人员再增加管理指标。胜任力的考核主要由知识技能、积极主动性、团队合作、学习能力、遵规守纪这几个方面组成。而 KPI 主要是进行项目的考核。考核初期每个组进行项目评定，每个人都有几个项目，项目目标、衡量标准和权重都在初期进行定义，其中衡量标准必须量化。考核末期，对项目目标及衡量标准进行核查。

那么如何衡量标准量化呢？

1. 单均处理时长：由上线前的 10 分钟 缩短到上线后的 4.5 分钟，处理时间降低了 55%。

2. 人员日均产能：由上线前的 43 单，提升到上线的 80 单，产能提高了 86%。

Q 公司绩效评估周期为半年，奖金分为 6 个月发放。考核方式为评分+评级，评分决定评级，最终评为 A、B、C、D 四个级别， A 级奖励 8 个月工资，B 级奖励 5 个月工资， C 级奖励 3 个月工资，D 级则淘汰。

该公司考核结果显示，达到 A 级与 B 级员工占总员工数的 10%，C 级的几乎没有，D 级的员工占比 10%。

点评：

- 绩效考核的模式是主、客观相结合，以客观、量化指标为主。
- 由主管上级直接打分。
- 奖励形式比较单一，以半年奖形式体现。
- 客观量化指标要求较高。
- 据悉：奖励形式目前正在调整中，由激进向平稳转变。

◆ M 公司案例解析

考核周期：季度

考核方式：打分+评级

1. 员工自己打分，直接领导复评分并评级，评分与评级直接挂钩。

2. 绩效工资是月工资的一部分，占月工资的 25%。

3. 实际奖金=绩效工资 × 系数，当系数大于 1，则奖金超过绩效工资。

当系数小于 1，表示绩效工资被扣。

点评

- 直接领导打分，比较主观。
- 评分与评级形成一一对应的关系，两个指标意义不大。
- 绩效结果应用形式比较单一。
- 奖励惩罚力度均较小。

◆ J 公司案例解析

考核周期：每年五次打分评级：每个季度一次+年底一次

考核方式：打分+评级，直接领导打分并评级。如果一个部门一年都没有 C 和 C-，则该部门的淘汰率必须大于等于 5%。评分的均值为 1.005。

绩效结果应用：绩效奖金是工资的一部分。例如，某个级别的工资是 2 万，其中绩效工资是 25%，即 5000。季度绩效评分是 1.5，评级是 A，则他当季度的绩效工资为：5000 × 3 × 1.5=22500，分 3 个月随下季度工资进行发放，每月发放绩效工资 7500 元。

评级的主要作用是：升职、加薪、配股，基本有 C 就不能参加。所以针对某季度表现不好的员工可以评 B 级，但是给 0 分。年度打分评级主要影响年终奖，年终奖根据公司业绩确定平均系数（1/1.2/1.5 等），根据个人分数确定个人系数。两个系数相加 × 月工资即为年终奖。

点评

- 直接领导打分，比较主观。
- 评分高不一定评级高，评分和评级产生的绩效结果应用不同。
- 评分均值与公司整体绩效相关。
- 绩效结果应用形式丰富：评分直接影响绩效工资和年终奖，评级影响晋升、调薪和配股等。
- 绩效考核及应用形式灵活，直接领导对员工影响较大。

◆ **D 公司案例解析**

考核周期：季度

考核方式：打分+评级，直接领导打分并评级。D 公司于 2016 年引入了 OKR。

绩效结果应用：每年一次年终奖，于次年 4 月发放，根据评级来确定，A 级发放 4 个月工资，逐级下降。

点评：

- 直接领导打分，比较主观。
- 绩效结果应用形式比较单一。
- 引入 OKR。

◆ **A 公司案例解析**

考核周期：半年度

考核方式：打分，按个人评定和按部门评定，部门含小组。

- 直接领导评分，评分决定排名与绩效结果。
- 考核主要按初期目标制定及执行结果校验。
- 部门分决定了个人最高得分。
- 日常需求是份内工作，得分标准不高。改进和重大贡献是加分项。
- 强制 361 比例。
- 只有 3.5 分以上的人，才有资格晋升。

点评：打主观分，绩效考核简单。

关于 OKR

OKR（Objectives and Key Results）全称为“目标和关键结果”，是企业进行目标管理的一个简单有效的系统，能够将目标管理自上而下贯穿到基层。这套系统由英特尔公司制定，在谷歌成立不到一年的时间，被投资者约翰·都尔（John-Doerr）引入谷歌公司，并一直沿用至今。OKR 的特点和要求如下：

1. 目标务必是确切的、可衡量的。例如，不能说笼统地说“我想让我的网站更好”，而是要提出诸如“让网站速度加快 30%”或“转化率提升 15%”之类的具体目标。

2. 设定若干可以量化的“关键结果”，用来帮助自己实现目标。

3. 最理想的得分是在 0.6～0.7 之间。如果达到 1 分，说明目标定得太低；如果低于 0.4 分，则说明工作方法可能存在问题。

4. 所有人的 OKR 都是对内公开的，OKR 的公开化有助于员工了解同事的工作，从而判断该如何与团队协作。

5. OKR 可以帮助员工关注自己取得的成绩，也可以让员工获得大家的认可和帮助。

OKR 与 KPI

OKR 与 KPI 有什么不一样呢？

OKR 的目的是如何实现和达成正确的目标，和绩效考核分离（即不是考核几个指标，但可以用绩效考核指标来衡量结果），自下而上。它的结果并不是越高越好，0.6～0.7 最好。这种方式公开透明且形式简单。而 KPI 的目的是建立一套可行的绩效考评机制，自上而下，逐层分解，确定几个考核指标。KPI 总是希望超出预期分数越高越好，但是不透明。

OKR 是帮助团队员工保持一致的努力方向、更有效地完成任务的方法，关注“我要做的事”，保证方向正确。KPI 关注“要我做的事”，让员工努力工作达成绩效指标。但最终都是要达成目标结果。

比如“让转化率提升 15%”这个目标，如果是 OKR 考核模式，团队就会从如何提升用户体验、如何提升商品丰富度、如何提升物流速度等方面拆分任务来找方法达成。如果是 KPI 模式，会分解到 PV、SKU 数、妥投时间等指标，在完成的过程中，员工始终想着这些指标怎么达成，而不是始终想着如何真正解决问题。最后的结果可能是指标达成了，但用户体验、销售额并没有提升。这样的例子很多，同样方法用在技术团队，会出来更奇葩的结果。这是 KPI 考核最大的弊端。

但 OKR 的结果也需要用绩效考核方式去评估，常见的 360 度评估其实是

KPI

OKR

一种很好的衡量方式。

OKR 或 KPI 都不是对所有的岗位适合。对更注重持续收入的岗位，需要硬性标准来保证完成任务，KPI 会比 OKR 更适合。

技术团队的绩效考核，OKR 更适合，但一定要有结果评估方法。

企业不同阶段技术团队的绩效考核模式

一个组织从出生到消亡，一般都要经历初创期（婴儿期）、快速成长期（青春期）、成熟期（壮年期）和衰退期（老年期）四个阶段。在每一个发展阶段，企业都将面临着不同的机遇与挑战。不同生命周期阶段，企业的绩效管理模式也是有所不同的。

我认为，选择合适的绩效管理模式要注意以下 3 个因素：组织发展目标、组织文化范围和权利管控模式。

对于初创企业来说，要实现单一业绩要求，高奖励。做到以人治为主，强调默契一致。

对于正在快速成长企业来说，应该做到符合业绩要求，奖励与处罚并重，并实现人治和法治相结合，强调单一目标和奖惩。

对于成熟期企业来说，首先薪酬体系完善，绩效结果应用多样化，奖罚形式丰富，注重人文关怀和员工的持续性发展。其次，以法治为主。强调制度和多维绩效。

绩效管理方式的演变

接下来，我主要分享通常情况下技术团队绩效管理方式的演变阶段。

第一个阶段：单纯的项目管理阶段。在此阶段，以项目上线为主要的考核指标，有较多的奖励和福利。适合于初创企业或团队。

第二个阶段：项目管理+量化指标。比如增加了 bug 率、延迟率、项目效果等质量考核的维度，以及简单的任职资格评估。并且尝试绩效结果应用，绩效好的有奖励。适合于有一定规模的中小型团队。

第三个阶段：团队管理与个人管理结合。不同部门、不同岗位的考核指标差异化。团队考核成绩与个人考核成绩挂钩，提升团队效率。适合于较大规模的团队。

第四个阶段：完全 OKR 模式。以目标为导向，量化目标和关键结果，重视过程和结果，增加考核透明度，建立比较全面的考核细则和制度。适合于比较成熟的组织。

对初创技术团队，建议一步到位 OKR 绩效管理模式。

几个简单的经验分享

最后，从绩效目标分解、绩效计划阶段、绩效达成辅导、绩效考核以及绩效结果应用几个方面，与大家分享几个简单的经验。

绩效目标分解：公司目标&行动计划；中心/部门目标&行动计划；个人目标&行动计划。

绩效计划阶段：绩效指标需要主观和客观相结合、团队和个人绩效相互影响、不同的岗位做不同的要求。

绩效达成辅导：各种形式不断的目标贯彻、帮助、训练、指导，检查促使目标达成。过程中要不断调整方法和最终的结果形式。

绩效考核过程：1. 强调目标的达成。2. 重视贡献和作用。3. 重视绩效制度（强制正态分布）。

绩效结果应用：我们可以将绩效考核结果用于调岗、调薪、晋升、奖励、培训、淘汰等，但不能不应用。（注意，这很重要！！！）

【整理：杜美洁】

九枝兰合伙人傅强：避开研发管理中的那些坑

傅强，九枝兰合伙人和 CTO，为企业提供在线营销的整合投放服务。2006 年至 2015 年任职当当，从工程师、架构师、高级总监到技术副总裁，见证了中国电商时代的风起云涌，先后研发了当当网站内搜索引擎、个性化推荐引擎等高实时性高可靠性服务，2011 年/2012 年推动大数据技术应用，大幅提升数据挖掘能力，崇尚“让技术创造价值”的理念，2014 年升级大数据计算能力，结合算法尤其是机器学习的能力，通过推荐系统和广告系统创造数亿的增量商业价值。

为什么要讲研发管理中的坑

现在业内有太多的技术大会和技术分享了。我们会看到来自各界的高手，从 VP、总监、架构师到高级工程师，站到台上讲各种漂亮的基本架构，或者讲一些很成功的案例，讲怎么管理团队，讲成功学，讲如何带队伍。这都是我们经常能够看到的。

那往往看不到什么呢？一个貌似完美的技术解决方案或先进的方法论，看不到真到落地时的惨痛失败。这种案例很少有人讲。但失败的经验教训对于我们却是极其重要的参考。

我提出的第一个问题就是：别人成功的“术”，很可能不是我们的成功术。比如，我们看到 BAT 的敏捷教练讲研发经验谈的各种迭代，各种训练的方法，然而到自己尝试，为什么往往行不通呢？BAT 校招的工程师往往是 15K 以上的研究生，都是全国的尖子生，而我们自己的团队成员呢。我们只看到了“术”的表面，却很容易忽略“术”背后的因素，比如工程师的水平。不过近一两年我们看到业内有越来越多分享“踩坑”的趋势。有的踩坑分享，会分享技术的演化路径，不再是技术呈现的最终结果，而是分享整个演化过程。从一开始的弱小，中间遇到哪些挫折，遇到问题之后是怎么解决的。现在这样的分享越来越多了，这是很好的一个趋势。还有一个好玩的现象是分享的时间越长越受大家喜欢。为什么呢？如果给你 40 分钟，你只能给大家介绍我现在有多成功，就像给老板做 PPT 汇报一样。但如果给你 3 个小时，你可以很完整地陈述，从开始到最后是怎么演化过来的。所以大家越来越愿意参加这种长时间的分享。

再举一个“别人的成功术”的例子，比如“赛马理论”。所谓赛马理论，偏激一些地讲就是一个业务，多个团队并行做，谁做的最好谁留下。有资源能承担得起“赛马”的一般只有超大规模的互联网公司；一般的中小型公司，一个技术团队几百人，哪有这个资源啊。“别人的成功术”往往是在特定的场景下、特定条件下的经验，所以脱离了背景信息，借鉴起来很有难度。

为什么还要讲“踩坑”这件事情？因中小型公司研发团队或者大公司里面的小团队最稀缺的是资源和时间。为了追求更有效地达成业绩目标，避免踩坑越来越成为大家的刚需。还有个有趣的说法，解释为什么管理岗会更贵。专业人员因踩坑而没有业绩产出，大不了一个高 T 职位的 100 万元年薪浪费了；但如果一个管理岗做出失误决策，那就会带着几十、几百个员工集体跳坑。管理岗的经验主要是靠带年薪几百万甚至几千万的队伍做千万甚至上亿的项目训练出来的。也可以说，管理岗的经验主要是通过踩坑踩出来的。管理岗有多贵，主要看踩坑的代价。

一般来讲踩坑分为两类，一类是研发管理人员自己踩的坑，另一类是研发管理人员带领团队踩的坑。

我们从管理的角度来给大家聊一聊研发管理人员自己踩的坑。

研发管理人员自己踩的坑

一线管理岗，带领团队规模在 10 人左右

当我们从团队领导晋升到一线管理岗的时候遇到非常核心的问题，一个是时间特别碎片化，另一个是不满意团队成员的业务能力，自己身先士卒地冲上去了。

时间特别碎片化。时间碎片化在这个阶段最为严重，被开会、被沟通、汇报工作、指导下属、写文档，以及一点自己专业上的事儿。而且在这个阶段的一线管理岗还很难对“被打断”说“不”。时间碎片化怎么办？分析一下，

当我们在这个岗位的时候，我们所有的精力都在做什么呢？就是一件事——执行。一线管理岗不需要谈公司蓝图，不需要谈公司战略，就是踏踏实实地把手里的业务完成。执行的过程，又可以拆成若干个关键事项。抓住了关键事项，执行结果就很有保障了。我的习惯是每周一把正在跟进的一大堆事情记在一个文档中，每个事项的进度在一周内实时更新，有点像自己写给自己的工作周报。比如，绩效考核我要跟谁去沟通，运维的事情怎么样，团队有几个重点，不同的团队做什么事，谁具体负责什么，我本人需要在哪一个时间点跟进。这张简单的表格对我的帮助很大，帮助我把自己的时间管理好，把关键事项管住。当管理者把自己的时间精力管住之后，会惊喜地发现整个团队业绩也会同步提升。所以一线管理岗在应对时间碎片化的时候，核心原则是，**时间可以被碎片化，但关键的事儿要保证能抓得主**，并时时刻刻根据每周关键事项列表来审查自己的精力投入。

自己身先士卒，反而容易使团队成长缓慢。我们常常看到这样的现象，老板给的指标重，一线管理岗总觉得自己的兄弟短期内能力提升太慢，为保项目目标，管理岗自己身先士卒。结果几个月高强度 996，自己写代码的时间超过 50%甚至 60%，管团队的精力越来越少，忽然发现这几个月中团队的小兄弟还是没什么成长。而团队小兄弟面对外面大把的机会，同时又感觉自己长期得不到指导，技术没提升，这时候团队人员流失风险就大了。遇到这种情况怎么解决，我建议**业绩压力再大，管理岗也该为招聘留时间**。2014 年我带的团队压力也非常大，一边扛着非常重的业绩压力，另一边使劲招聘。那一年我面试的技术高手是 60 人，前面还有 3 轮技术面试，每一轮面试不低于 1 小时，可以粗算一下当时为招聘这件事是下足了时间成本的。但只要真进来几个靠谱的人就值了，之前团队为招聘付出的精力很快可以找平回来。保项目目标时还很考验管理岗的跨部门协调资源的能力，以及将客观困难给老板们表达清楚的能力，从而争取合理地调整任务目标或者引入跨部门的资源来降低团队成员流失的风险。老板们都会算一笔账，对一支团队压的业绩压力过大，把团队压垮了，人员流失了，团队重建的成本会更大。

在这个阶段，我们给一线管理岗推荐一本书叫《卓有成效的管理者》，这本书的作者德鲁克开篇就讲时间管理。

二线管理，团队规模 30～60 人

这个阶段常见的几个问题有：原来带 10 人的时候精力还觉得不足，现在带 30～60 人，精力就更不够用了；通过其他的管理者管团队，隔层管，很容易执行不到位。到这个阶段之后，每天就是开会，写文档，我们会发现技术高手出身的管理岗，专业能力很可能会退化。最大的挑战就是我们这层管理岗几乎决定了整个团队的水平和高度，所以压力很大。

先说精力不足的应对。第一，我们只能够做重要且只有我能做的事，那么其他事情尽量授权。第二，开始保护我自己的精力，因为每个人的精力都是有限的，对没必要的事说不。甚至只要不是需要“我”去做决策的会议，统统说不。第三，就是整块地使用个人的时间，我觉得这对提升工作效率帮助非常大。举一个例子，2012 年有一段时间，我感到自己琐事非常多，其中 IM 类沟通工具经常打断我的连续工作，而工作场景切换代价又很大，于是我就把 QQ/MSN 全部关掉了，只保留邮件，还关掉邮件标题的提醒。有一些同学说，把聊天的工具关掉了，还不实时回复邮件，别人找不到我的时候得多着急啊。请放心，你才带几十个人，如果真有火烧眉毛的事情发生，一定会有人打电话催你的。这真的是我自己体会提升工作效率特别有效的一招。给大家一个建议，最好把我们的时间变成整块的，20 分钟也好，30 分钟也好，这在时间利用效率方面会提升很多。第四，我以我的时间安排为准，调整了整个团队的工作时间和优先级。背后的思考是这样的，在一个 60～100 人的团队中，信息量最大的人不可能是普通员工，一定是团队的管理岗。这位管理岗拥有这团队中所有重要的信息，比如重要项目的业务价值，每个项目关系到自己团队、关系到跨部门团队的利益，甚至关系到公司层面的战略意义，等等。不是说团队管理岗的时间比一线员工的时间更宝贵，而是团队管理岗的时间安排，本质上代表了团队所负责项目在执行层面的优先级。如果管理岗变成救火队员，那么这个团队的状态一定出了问题。我们看到老板时间安排得井井有条，那么他所带的团队状态往往是不错的。

通过其他管理者来管理团队，容易出现执行不到位。从二线管理岗的角度看一线管理岗，可以清楚地看到他们常常出现时间碎片化和关键事项抓不住的问题。我们曾经实践过一个有效的管理办法，对初级管理岗推行“标准管理动作”。2012 年，我们给新晋升的开发经理推行“新晋升开发经理的标准管理模板”，内容包括技术架构方面做哪些事、每件事的达成标准、技术团队管理和技术产品运营的具体产出物，再比如开发质量要管住哪些事，团队开发资源使用效率的衡量指标。我把这个标准管理动作模板放在那，每周定一个时间点，照着标准管他们要结果。在新晋开发经理刚走上管理岗的时候，不求他们应用所谓艺术的管理手法，先要求他们把标准管理动作统统执行到位。

个人的专业技能成长放缓，甚至负成长。解决的办法是，管理者首先要确定自己的专业方向是什么，比如有人追求不断提升对业务、对行业的理解，也有人追求技术解决方案的广度。确定自己的专业方向之后，保持与行业内朋友们的交流和互动。建立工作机制，每周留出一定精力，参与一线专业讨论，甚至一线指挥一些小项目，让自己保持专业的敏感度。

最大的困惑来自：团队的管理者决定了这支团队的高度。第一个维度是从公司的角度算人力成本，这个团队年薪总和少则几百万，多则上千万。第二个维度是团队的成员，这一年下来，几十位团队成员拿出风华正茂的时光跟着我们干了一年，到年底，我们能拿出什么样的团队业绩给他们作为交代呢。第三个维度是我们自己，我们在全行业排名什么样，我们做的东西在业内被不被认可。综上所述，来自公司的压力、团队的付出、自己的期望，很大层面取决于团队管理者的水平。我觉得这里面没有具体的办法，就是不断地学习，不断地进取，要么提升要么出局。如果你正处在这个阶段，那么《明茨伯格·管理进行时》这本书很适合你。

管理层级再增加，团队规模百人以上

第一个挑战是，保证团队工作质量难度越来越大。管理层级增加以后，团队的工作质量就越来越难保证了，这个时期首要任务是梳理工作流程、工作制度、梳理岗位职责，构建管理仪表盘，并且不断更新和优化。管理仪表盘本质上是我们的管理抓手，我们该看什么数字，不看什么数字，以及对每个数字的解读，这体现了我们带团队的功力和对业务的深刻理解能力。

第二个挑战是，保证团队氛围一致性越来越难，保证整个团队对目标认识一致越来越难。当你发现团队达到几百人的时候，最容易出现这样几个现象。第一个现象是，当我们明确了团队目标之后，团队目标再被层层拆解为 KPI，到团队每位成员落地执行的时候，对这件事情的理解和执行不一致，甚至出现本位主义。第二个现象是，信息下达时被层层衰减，事情在传达几个阶段之后，可能与之前的事情描述就完全不一样了。第三个现象是，团队氛围和风格不同，有一个团队特别主动，有的团队按部就班，有的团队执行力非常强，有的团队就不作为还找借口。分析以上现象，诊断问题出在这里：是团队成员在信息量上和对信息的理解上出了问题，还是团队成员在团队目标、文化、氛围方面的认同不一致，管理标准不一致。分享我实践过的有效解决办法：第一招就是保障信息上传下达的通道通畅，尽量降低信息损失；第二招是管理力下沉，二级汇报定期参加管理例会，不说项目，只谈团队管理，保证信息下达的深度，不断强化团队目标，统一团队管理者的价值观和方法论。

第三个挑战是，在这个阶段的时候，公司层面业绩压力巨大，团队层面的期望很高，家人也需要我们陪伴，自己身体健康出现问题等，我们找不到平衡点。我本人在这个挑战方面，现在还没找到一个很好的办法。

研发管理人员带团队踩的坑

1. 重构：开发工程师的好胜心

开发工程师往往会主动发起一些重构项目，尤其在他们接管了别人的代码以后。还有某个技术流行了，什么东西火了，什么时候重构项目就冒出来了。工程师特别喜欢把一个简单的事儿搞得特别复杂，仅仅因为可以用上更牛的技术。这是他们的驱动力。然后为此找一堆理由，如代码可读性差、业务可维护性差、结构可扩展性差、甚至原来的代码风格很难看、维护成本太高、原来的架构不能支持多人开发，然后再给管理岗秀一个特别棒的技术重构方案。这是工程师的情怀，情怀这个东西是挡不住的，是刚需。我讲一些我没有管住他们的情怀时发生的各种案例。

重构失控，最小的代价是延期，有的工程师在做小项目时顺手重构了部分代码，你去问项目为什么延期，他告诉你说我觉得原来架构不行，给它重构了，所以项目延期了。这是小的损失。某些关键代码在重构过程中，某一个骨干工程突然拿到了一个无法拒绝的 Offer，然后就惨了，项目遭受中型损失。重构项目启动了，但深陷其中，出不来了，这是大型损失。还有超大型，更惨了，弄了一个几百人上千人的项目，突然组织调整了，或预算调整了，或竞争对手上了一个新功能，我们不得不停掉手里所有的项目跟上去开发新功能，等等。这么多失控的项目，其损失都是在重构的过程中导致的。

怎么来平衡这种情怀和项目失控的风险呢？理想的情况下，我们一般都会把开发资源预留出 20%，这部分资源是技术团队，做重构、架构优化或者探索创新性的东西，并把这个事情制度化。还有，专门为重构设定一个立项流程，工程师可以重构，但一定要将重构正式引入项目流程，并做好评估，无论重构项目大小。再有，针对重构项目的风险，我们要准备好风险预案。像超大型的重构，要慎之再慎。

2. 我有一把锤子

名字听起来就挺有意思，但这把锤子砸了我们自己很多次。

我们经常会看到这样的情况，算法工程师看到什么论文了，或者是开发工程师们学了新语言或新类库，比如学了 Spark，看哪儿都想并行计算一下。这个阶段还不叫我有一把锤子，这个阶段叫“我得到了一把锤子，想找个钉子敲敲”。这个阶段你是管不住的，他一定会找一个大家看不见的地方练练大招，等他练娴熟了，这个时候就会出现“我有一把锤子，看哪儿都是钉子”的现象。

我们发现“我有一把锤子”这个事儿是非常典型的工程师惯性思维。工程师往往会从最熟悉的角度看问题，用自己最熟悉的办法解决问题。从熟悉的角度出发，他们常常可以一下子想到各种各样的招儿，但也往往是问题还没完全看清的时候，“招儿”就出来了。真正落地执行遇到困难之后，猛然发现这把熟悉的锤子根本不是合理的解决方案，但时间精力已经消耗很多了。这是工程师经常出的问题。

如何解决？最重要的事情是需要管理岗抓得足够细，越早发现问题越好。为什么说管理岗一天 12 小时都不够，就是这个意思。你真的要挑战工程师直到完全搞清楚，从现象是什么，到问题分析，问题到底是什么，为什么是这个解决方案，这个方案的特点是什么，怎么解决，等等。“我有一把锤子”这样的问题在产品团队很少出现，他们往往跟业务人员思考模式类似，会将要解决业务事情的周边情况仔细盘问一遍，他们会做预研，会做推演。开发人员在研究问题时往往“跳步”，特别容易掉进去。开发的负责人要抓得细，抓得早，听方案的时候要听得深。

3. 重构的美好理想与残酷现实的差距

前面说工程师们会把重构想得比较美好。其实公司高管、CEO/CTO/技术总监们也常常寄希望于重构，主动发起重构。他们似乎觉得可以通过一次重构，解决技术上的所有问题。非常遗憾，真正按我们的标准实际达成的概率极低。有几个原因，第一个原因是预期过高。因为任何一个东西没出来之前，在你脑海里面都特别美。第二个原因是理想与现实之间的达成路径没有规划清楚。比如，团队中有足够的工程师资源吗？如果出问题的话，哪一块能够出问题，预案是什么？会用到哪些关键技术，预演过吗？第三个原因还是人的原因，团队中是否存在一位能将整个项目的方方面面思考清楚，从业务到产品，再到架构和研发，从最前端到最底层都能串起来的人才。如果没有上面三点的保证，全凭一腔热情，项目失败率岂能不高。针对以上问题，首先要解决的是预期过高的问题，跟老板在预期目标方面达成一致，比如按照老板的想法，先产出一个高保真产品原型做确认。这就相当于把天上的小龙女变成地上的小龙女。接下来找到靠谱的人，规划达成路径。无论是人还是达成路径不到位，都不随意“拍胸脯”。“拍胸脯”是职场大忌。承诺无法兑现，会让信任指数大打折扣。

要当心漂亮的嘴巴

大多数开发出身的或者典型的开发人员给人的印象是这样的：严谨、负责、内敛、谦逊、扎实、上进。这是我们非常典型的工程师形象。当我们遇到这样一个工程师：不仅追求技术，还能把技术架构讲得特别清楚，而且还能给你讲业务，搞得定产品经理，哄得了测试的妹子，解决团队当中跨部门协调的问题；这样的员工，一定是要当成大熊猫一样保护起来的，这是未来的骨干，要重点培养。为什么他们要重点培养呢？因为他们有一张漂亮的嘴巴。

据我个人的“不完全统计”，“说得比做得好”的人往往是“漂亮的嘴巴”。

第一个观察，大多数工程师内敛、谨慎，那么他预估项目的工期会怎么样呢？当然也是偏保守的。而这些嘴巴很漂亮的工程师，他们的性格往往比较乐观，在预估工期方面表现得乐观而激进。第二个观察，漂亮的嘴巴对事物描述能力往往也强于普通青年，他们会描述得很鲜活，让我们在脑子里有一个过高的预期。第三个观察，我们会发现这些人大多数成长路径是比较顺的。比如很小的时候，阳光外向的小孩子往往就是老师和同学们的宠儿，在这种马太效应的正循环下，漂亮的嘴巴得到的正面激励比普通青年多得多，于是进一步在表现能力方面与普通人越拉越远。我认为漂亮的嘴巴是典型的“谋士”，而不是“将军”，是不能带兵打仗的，尤其是打硬仗；若委以重任，

当心漂亮的嘴巴

项目风险很大。那么漂亮的嘴巴是该被弃用，还是该被培养呢？我坚持认为，他们仍然是培养的好苗子，只不过这些人需要一个沉淀过程，一个将说的标准和做的标准统一起来的沉淀过程。同时管理岗没必要把沟通能力作为核心的考察能力，反倒是在团队工程师不善于表达成果的时候，管理者要做到心知肚明，对于每位员工的贡献有所了解，让员工们不要纠结于向上汇报，而是专注在工作本身，同时在奖励、晋升、项目方面给予公平的回馈，这才是管理者的硬本事。

互动小课堂

提问：项目管理工具对团队管理的重要性？

傅强：工具本身是提升我们的落地能力的。一方面，项目管理的工具有可能会提升我们管理项目的能力，技术体系的工具常见的使用场景有技术资源使用报表、跨部门资源协调的工作流工具、连接其他开发工具的粘合剂等。另一方面，团队管理的核心产出物之一是技术项目的达成。

技术项目能不能完成，核心取决于人，工具则是辅助。靠谱的关键人员在关键的时间点，可以推动关键业务获得成功。如果人不靠谱，无论用什么工具，事情都无法成功。是不是说项目管理工具用处很小呢？我们聊一聊几个被忽视但非常重要的使用场景。

第一个场景，我们会发现在公司规模比较大的时候，技术产品和结果表达往往变得很重要。技术高管需要拿一个项目列表给老板看，如果其中的各项数据是我们用技术管理工具自动生成的，这些数据会显得客观和严谨；相比而言，其他业务部门用 Excel 表生成的数据，除了财务数据，所有的数据项都可以“被生成”，大家懂的。

第二个场景，项目管理工具往往是技术高管的武器。比如，技术领导者可以拿出这样的一张表去说明一些业务部门对技术资源的侵占，很多公司的CTO/技术 VP 是没有业务决策权的，业务判断是业务负责人来决策的，如果作为 CTO 想说服老板支持你的观点，但是你又没有什么理由说服他，你就可以拿这样的报表出来。还有一个应用场景就是，假如业务部门提出的需求不合理，技术部门不想接，就可以把这张项目管理报表作为挡住不合理需求的武器。

第三个场景，报表工具还有一个作用，就是“防身”，我们可以跟老板说你看我们的项目，到点完成，到点交活，业务决策有问题那是业务的事，请不要推责任给无辜的技术部门。

据我个人观察，项目管理工具在研发项目管理方面的作用是辅助性的，而在某些政治场景下倒是作用很大。

提问：技术男如何打破固有价值观？

傅强：首先来解题，就是我们要突破什么呢？价值观这个词有一点大，可以把它看成是旧有的思维模式。回想我们自己，从工程师一路升级到技术管理岗的各个阶段，比如各个职业发展瓶颈点是如何突破的？从工程师晋升到管理层，或者换了新环境，我们是如何从不适应到如鱼得水的？回顾整个过程，我们会惊奇地发现，我们的“职业角色”就是在不断地打怪升级，不断突破自己的固有能力甚至性格、价值观的过程中，发生了变化。

第一个阶段性结论是，我们也会发现新的能力往往是被逼出来的，是外部环境变化强迫我们这些技术人员做出变化。第二个阶段结论就是环境和视野，不同阶段的视野是影响价值判断的重要因素。比如一位算法经理跟正在痴迷高精尖算法的算法工程师说，你现在就应该在算法和工程之间做平衡，你应该考虑跨部门之间的协同，你应该考虑如何从业务层面去思考算法，算法工程师能听得进去吗？在这样的情况下，我们怎么样帮助技术团队去打破固有的这种思维模式呢？

我有几个招，第一招，没有困难，制造困难，适当改变技术人员的环境。比如，让极度痴迷算法本身的算法工程师做一次项目负责人，背项目指标，卡项目完成时间节点，协调跨部门资源。第二招，带技术人员增长视野，没有平台就制造平台。比如，跨部门讨论公司战略会上，带上那些专注打技术硬仗的开发总监，让技术总监听到业务领导的声音，了解业务领导们的关注点。第三招，做好技术人员的导师，分析和复盘，尤其要给技术人员补充信息，引导他升级。

帮助技术人员打破固有的认知瓶颈，这是一件非常重要的事情，本质上是帮助团队能力成长，帮助团队的核心成员提升视野，包括认知瓶颈，最终让整个团队提升战斗力，上一个大台阶。

【整理：王睿奇】

极客邦科技总裁池建强：打造优秀的技术团队

池建强，极客邦科技总裁，70后程序员，技术作者。曾经在洪恩软件、用友集团和锤子科技工作过，目前任极客邦科技总裁，主管研发和产品。热爱编程，喜欢写作，相信互联网改变生活。2012年创立微信公众平台“MacTalk”，讲述技术与人文的故事，著有《MacTalk·人生元编程》《MacTalk·跨越边界》，在程序员中得到广泛传播。

我是1998年毕业，工作了将近20年的时间。写程序写了很多年，早期编程的时候，我的领导总是觉得，我是一个适合做团队管理和协调的人，所以也做了很多年的技术团队管理工作，所以今天有机会来跟大家做一个这样的分享。

CTO 要有什么样的素质

技术团队，一般来说就是分成两个因素，一个是人，另一个是技术。

从人的角度来说，可能很多的程序员的终极梦想就是成为一个 CTO。非技术人员创业，会发出这样的感慨，就差一个 CTO 了。仿佛是他做了一个很好的创意，只要有一个 CTO，就能把这个创意实现了，然后大家就会占据某一个市场份额的多少多少，最终就能获得成功了。

但是实际上，一个 CTO 是不能解决所有问题的。我觉得 CTO 是一个很宽泛的概念，CTO 应该具备这样的一些特色：他应该具备一些良好的技术前瞻性和敏锐的技术嗅觉。例如这个公司什么时候该用什么样的技术，然后哪些新的技术需要引进来，在不同的阶段，引入什么样的技术力量，我觉得这是 CTO 应该考虑的事情。除了对技术的前瞻性，我觉得 CTO 还是要懂业务。很多人说我是一个 CTO，那我可能对前端技术、后端技术，对移动开发技术特别了解，但是我不懂公司的业务。那当公司的业务和技术没有办法结合起来的时候，就会碰到特别大的困难，因为没法用技术去驱动业务。而一个公司的业务增长，是它的生命力，没有业务，最后没有盈利，这个公司即使一轮一轮获得了融资，最后还是会走向被收购或者死掉的局面。所以，一家公司对 CTO 的要求应该是非常高的，要具备良好的技术前瞻性，要判断什么时候引入什么样的技术；然后要懂业务，要能够管理团队，要懂得人性，这些都非常重要。我觉得这是一个过程，所以每个人可能都有一个 CTO 的梦想，但是到底能不能成为 CTO 呢？我觉得我们比较现实的目标是先成为一个技术型领导。

成为一个技术型领导后，大家也会产生很多的困惑。就好比我之前做技术、写代码，感觉自己做得很好，这个时候我很自信，因为我的技术能力很强。最后公司可能会赋予我一个管理职责，但是在这个转型过程中，会有很多的困惑，就是我怎么去发挥我的技术优势？怎么去管理别人？怎么去让团队的绩效和我个人的绩效融合在一起？

技术领导之路

我把技术领导之路总结了四个阶段。这个基本上和我自己的个人经历是类似的，就是野蛮生长、分组而治、救火队员和无为而治四个阶段

第一阶段，野蛮生长。你一开始带一个很小的团队，你在这个团队里表现很出色，然后你也有一定的沟通能力，然后你就会被委以小任，你去管理一个小的团队。这个时候，管理团队，基本上你就是这个小组的组长，然后你的技术也很强，你会承担一些培训新人，去和其他的组去做沟通的工作，实际上这个管理起来也是比较容易的。而且你的核心的能力可能还是体现在编程上，在这个小组内，你的编程的水平，包括你的代码量还是会保持一个很高的水准。我觉得这是一个野蛮生长的阶段，不需要太多的管理。

第二阶段，分组而治。就是你在一个小组里面，你做得很出色，这样的话，公司就会给你更多的工作，让你承担更多责任。当然这也是在管理过程中要避免的，就是有时候如果某个人特别出色，公司就会给他更多任务，累得半死，然后工资绩效什么的，却没有相应的提升，我觉得这也是需要注意的一件事情。因为有的时候，一个出色的程序员其实可以顶十个程序员，这个是有可能的。比如说你管团队的十几个人，这时候你可能基本上可以做的事情，就是把这个团队分成两个小组。实际管理上都有一个原则，就是一个人最多只能直接面对 7～10 个人，这个大家应该知道。如果你已经管理二十

多个人，这时候你就要把它拆组，不可能直接面对这么多人，跟他们去做交流，去规划这么多人的工作。所以这个时候，你可以把整个团队分成两个小组，你自己带其中一个组，然后你再提拔一个组长。这个时候你的工作，就是带自己组里的人工作，给自己组成员分配工作，然后定期和第二组的组长进行沟通，保证整个组的运作方向是没有问题的，这是第二阶段。

第三阶段，救火队员。就是当你管理的人员更多的时候，即管理的人员到了几十个那么多。在初期会有一个演化过程，一般你还会自己带一个组，你在这个组里面编程，你管理这个组的任务，然后你可能会再设其他的三四个小组。你自己去面对三四个小组的组长，再一块儿去沟通工作。在发展的过程中，你会发现已经没有精力去管理自己的组。最终你就开始直接面对各个组的组长，就是你不再去承担一个组的领导任务，那你可能是一个部门经理了。这时候，你可能要管理四五个组，直接面对四五个领导。但是这时候，你差不多仍然是对公司的技术体系最为熟悉的一个人，因为整个的公司技术体系，你是从一个小兵开始建设起来的。我觉得这个阶段，就是你去当一个救火队员，你要去帮那几组的领导，去搞定他们的工作。

第四阶段，无为而治。基本上就是到了研发总裁或者是 CTO 这样一个过程。你可能已经不再关注自己的技术是不是公司里最强的，你的技术能力和你的管理能力等基本上融合在一起。然后，你会去关注一些更大的东西，公司未来的技术是什么？整个互联网未来的技术是什么？我们要在新方向去做投入，你可能会和 CEO 去沟通这些。这个阶段，实际上就是为整个部门或者是为整个公司的技术定出方向或规则，然后让这些优秀的技术人员，在这个规则和方向里面，去发挥自己的聪明才智。**实际上，如果是你未来成为一个公司的领军人物，我觉得很多时候，我们需要思考的问题，不是我们做的是不是太少了，而是我们是不是管得太多了？**到现在这个时代，我觉得每一个人的聪明才智，都是可以发挥出来的。我们不一定说非要把所有的事情都规划好，然后去让他们做一个执行的人。如果你成长到这样一个阶段，我觉得就要注意去发挥更多聪明人的力量，并不是靠你自己的力量，因为你不是最聪明的，你可能只是对全局的把握，对整个的走向会更了解一些。

如何组建团队

组建团队，实际上要有两种方式。

一种方式就是**从头开始做**。从第一个人开始招，我觉得这实际上对于我们的个人能力，对于我们团队的稳定性是一个非常大的考验。这样的团队，如果把它建起来以后，实际上是非常稳定的。每个人都是你的兄弟，是跟你从战火里厮杀出来的伙伴，这是非常稳定的一个团队。

还有一种方式就是空降。空降，实际上大体上会面临两种情况，一种是团队已经很差了，就是一个烂摊子，需要你来解决问题。还有一种，就是这个团队很优秀，你的前任由于其他种种的原因离开了这个公司，所以这个时候还是需要这样的一个带头人，来把整个团队带起来。

第一种情况，你到了团队里面会觉得整个团队的气氛，是非常腐烂，或者说每个人都说，你为什么要来这家公司？然后说谁谁都走了，你怎么还不走？就是弥漫着这样的东西，然后公司为什么不给我涨工资？就会有这样的想法。

如果你到了一个好的团队，你会发现团队的头虽然走了，但是大家还是非常坚定，希望在这个公司做一些事情。

第一种情况，我建议的处理方式就是，对于对公司充满抱怨的人，就迅速让他离职，然后把公司现有的技术资产保护好，让原先的那些有价值的技术能够继续发挥作用。面对消极的员工，如果他觉得公司不好，或者说他去意已决，让这样的人尽早离开。把这样的人清理走了以后，迅速重建团队，这样团队就会鲜活起来。

第二种情况，你会发现这个团队本身精神面貌很好，但是因为你的前任走了，组员会有一点失落，或者说觉得不受公司重视等这样一种情况。这时候，团队一般会保留很好的机制，团队的技术语言、技术选型，包括团队的组织，都会是一个比较完整的情况。这种情况下，最不应该做的事情就是新官上任三把火，把团队的机制按照你自己的思路打造重新编，包括用你自己熟悉的技术战略去整个改造公司的产品，我觉得这都是非常忌讳的事情。因为作为一个技术管理者，大家都喜欢用自己特别熟悉的技术，我觉得这是人之常情。但是做到一个优秀的技术领导，应该把这些东西放更开一点，如果这个团队很优秀，他们用的技术战略不熟悉，那你可以学，你不一定去强制别人去改变。这是大家需要注意的一些事情。实际上在遇到这样的团队的话，你只要保留他原来的机制，再逐渐根据公司的发展去调整。对于原有的技术战略也是一样的，缺少哪些东西，你就补哪些东西，而不是去断掉他根本的东西。

从技术的角度分析技术团队建设

从技术的角度来讲，对于一家公司，尤其是对于一家创业公司来说，我觉得用好当下的这些技术，就是最好的选择。我们自己是程序员，有时候会忍不住去追求一些新的技术。因为你觉得一些新的技术出来以后，如果你不懂，你跟别人交流都会觉得低人一等，你就会特别恐慌。实际上，很多时候我们去追逐各种各样的新东西，是为了消除自己的焦虑感。但是在一家公司里面，尤其是一家创业公司，你最终要实现的就是公司的盈利，公司就是要赚钱，要用户，所以用什么样的技术能解决当下的问题，我们就用什么样的技术。对于创业公司来说，用好当下的技术，我觉得是一个最好的选择。当然成长过程中，你需要做一些新的规划。你要去寻找新的方向，就不局限于一个原则。技术最重要的是支撑现有的业务发展。技术一定要驱动业务，最终用业务来赚钱，或者是找到足够多的用户。我觉得这是一个技术人员要非常明确的一点。

推送系统。在每一个手机厂商都会有推送系统。比如说我们可以按照用户画像，给用户去做推送，可以推送实时的消息。手机在线的时候，接到这个消息，如果没有接到，这个消息就损失掉了。还可以推送离线消息，只要手机上线，就能收到消息，但是，这个消息可能只会在消息端保持一天或者两天等等。推送的精准度可以达到 99.99%以上。

规划产品。一定要有长远的打算，现在，在一个迭代里面，多长算长呢？一年差不多，不管是创业公司，还是成长中的创业公司，我觉得一年到两年的时间就可以了。因为你会发现，你规划产品，可能还没做完，你的公司已经死掉了，这是非常有可能的。所以，这个产品一定要有规划，然后在迭代的过程中不断地去修正它。实际上，我们基本上很难规划出三年以外的东西，因为这个世界变化实在是太快了。也许三年以后，VR 会发展成一个什么样子？会不会取代手机？等等。我觉得这是不可预知的一件事情。

好的成熟的技术，要尽快引入，追求新的技术和求稳之间要有一个平衡。同类型的技术，在不同的应用场景下的使用。要重构代码，而不是重写代码。

程序员最喜欢重写代码了，因为重构总是会耗费我们更多的精力，但是哪一个更值得？我觉得大部分时候，我们去重构代码，更有利于我们自己产品的迭代。因为一旦重写完了以后，会发生什么样的事情？这一点我们是不太知道的。而且对于程序员而言，他就像一个诗人，或者像是一个作家，文章永远是自己的好，代码永远是自己写的好。然后在没有代码的时候，总是会觉得别人的代码比较烂。而且我们自己本身也在进步，在进步的过程中，我们自己的代码质量也会提高。有一次我在部门里面，有一个程序员跑过来说这个代码写的太烂了，你看这个代码写的多烂，我必须要重写它，你不让我重写它，我给你拼了。我说这代码谁写的，然后往上翻一看，是他自己，是他自己半年前写的一个代码，他说那要不我们重构一下吧。所以是重构还是重写，这是需要程序员自己去考虑的一件事情。实际上在重写完之后，需要大量的测试，如果你的接口有变化，需要大量的测试才能满足系统的稳定性。要把变化集中在某一个领域，而不是散落在系统的各个地方，这是架构师的一个原则。

工作中的三个原则

最后再跟大家分享三个原则。这是我自己工作中常常会遇到的三个原则。

第一个是**闭环**。作为一个管理者，是非常重要的。你应该起到上传下达的作用，你要让上面的人知道你要去做什么，然后也要让你的下级知道你正在做什么。如果是做一个普通的程序员，或者是个执行者，我觉得这一点也非常重要。这个其实说起来是一件很容易的事情，但是在过程中，你发现能做到这一点的人，非常的少，你可能要不断的训练他，他才会做到这一点。比如说你开一个周会，开完周会以后，你发现有四件事情要做，本来你写了一封邮件，第一件事情谁应该负责，第二件事情谁应该负责，第三件事情谁应该负责，第四件事情谁负责，然后你抄给所有的参会人员。但是到下次开会的时候，你发现这四件事情中有三件事没有人给你反馈，有可能是做了，有可能是完全没做。我觉得程序员有时候都不太喜欢反馈，要做一个事情他默默的就给你做了，然后也不告诉你做没做，永远是这样。但是反馈这件事，其实是非常重要的，如果有这样的一个反馈的话，你会完全的形成闭环，你会知道自己的进度。

尤其是当这个闭环还要往外延伸一下的时候，还可以延伸到产品上面。

你做了一个产品，你这个产品扔到市场上去，谁来给你反馈，这个市场的反映是什么？我觉得这也是需要大家考虑的一个问题。实际上，一个好的产品，扔出去之后应该有自己的数据感知能力，用户喜欢哪些功能，用户不喜欢哪些功能，你的日活是多少，然后你的用户很多行为的统计等等，实际上这是需要数据产品经理，能够拿到这些用户的反馈，然后根据自己的感觉，根据自己的直觉去判断，哪个功能应该加强，哪个功能应该减弱，这是产品的闭环。如果你的产品，希望扔到社会上去，或者扔到市场上去，它就会自己成长，这是很难做到的。除非是那种百年难遇的产品，比如说微信。

第二个是谁难受，谁推进原则。在组织里面，经常会有一些跨部门的合作。这些跨部门的合作，往往是因为公司的一个空白的区域，大家好像都觉得是对方的事情。但事实上，应该有一个组织者，就是应该有一个牵头的人，但是我们不能只是去等牵头的人去推动进度。因为他推动起来可能也会比较麻烦，就举一个最简单的例子。比如说，我们的发布会。在发布会之前，我们一般是会需要把所有的产品，包括产品的销售模式、产品特性，还有一系列东西全部都做好。比如说在上线的过程中，你会发现产品的特性设计页总是没给出来，那作为技术人员你应该不断地促使设计者尽快地把这个东西提交给我。比如说你16号要发布产品了，那在15号，把这些设计稿给你，谁最难受？人家已经完成任务了，那肯定是这些前端程序员特别难受，因为他只有一天的时间要把这个东西上线，所以他们就要不断地催促。所以这个原则就是，如果你觉得这件事情不做的话，你会特别难受，那你就应该去主动推进它。这样的话，事实上对整个团队合作，或者说对于把整个事情做成，是非常有价值的。但是你主动推进的过程中，慢慢地这个流程可能就会变得合理。

第三个是 **Think Bigger**。也是我想的一个词，大概的意思就是从大处着眼、小处着手。就是有时候我们做一个事情，眼光会特别浅的时候，就会看不到一个事情未来的发展。无论是你去写东西也好，你去编程也好，或者你在一个公司创业也好，我觉得这个东西在往大里说，就是一个公司的创见，就是创业的见解或者叫创见。你有一个伟大的想法，能够鼓舞着你自己和你团队的人，去往前走。这是非常重要的，如果这个想法的有缺失的话，就会造成我只是来这儿挣一份工资，你并不会和你的团队共同成长。然后你的团队有任何的风水草动，你可能就会离开，会找一份更高的工资。所以我希望每个人都能够在自己的岗位上，能够往大方面去想一想，这个岗位，如果你的部门能拓展到五十人，你会去做什么事情。如果你的用户扩展到了五千万，你能做什么样的事情，我觉得这是需要大家在埋头赶路的过程中，思考的一些问题。

互动小课堂

问题：想问一下，咱们在私有云搭建上是怎么建设的？

池建强：私有云的搭建，实际上主要还是做虚拟化。比如说私有云的话，首先你这个有IDC，你选一个IDC厂商，给自己提供硬件的设备，买机器。如果你用这些机器的物理机，是非常浪费的，除非你有数据库。就是你用物理机，你是完全用不满的，所以一定要把物理机拆分成虚拟机。但是拆分虚拟机的话，就用各种各样的方式，比如说用KPI也好，比如说像我们现在一台物理机，大概要拆八台的虚拟机，这样可以供很多的业务部门去使用。

其实，云这个概念还是一个比较虚的东西，就是我觉得像阿里云做到那个规模，阿里云上的各种服务，实际上已经非常完善了。因为他们本身是从亚马逊学的，亚马逊本身的服务就是非常完善的。那种云的拓展性特别强，我们自己的公司想去做成那样，其实是非常难的，但是如果公司小的时候，通过虚拟化来规划自己整个的硬件设备，这个还是可以做到的。

问题：我有一个问题，就是刚刚讲到阿里云的问题。因为阿里云提供了很多服务，譬如说是数据库，或者说缓存，然后我们公司内部有两派意见。一派意见是租用ECS这种弹性计算的机器，自己搭数据库、缓存之类的服务。还有一派意见就是想用阿里云自己的服务。您是怎么看的？

池建强：阿里云，比如说像RDS是它的数据库。我们实际上在用RDS，ECS主要是用来Web Service。就是用来做业务服务用的，不会说是再去ECS上再去搭建一套数据库去做。事实上我们用了一下RDS，还是挺好的，包括DB的一些缓存级别的东西，其实也还行。

问题：就是如果说您用一个服务阿里云，恰好提供了，您会优先选择提供的服务，而不是自己搭建一个，是这样吗？

池建强：也要看他的成熟度。就比如说我们用阿里云，用OSS就是存储，大概几百 TB 的数据在上面。包括它的存储，比如说我们的手机的云相册，实际上是全部存在阿里云和OSS上的，包括他提供的切片上传的技术。比如说一张图片比较大的时候，它会分多少片上传，这些接口实际上都是写好的。

问题：如果做技术领导的话，第一件事是搭班子。然后我想问您，您怎么去招人、挖人，搜索人的，想听听您的建议、经验。

池建强：招人的话，其实还是有一半是需要依赖于公司的招聘部门。除非你刚创业，还没有HR或者什么。我们现在招人，超过一半以上，基本上通过公司的招聘部门去找。因为现在的公司招聘部门会和各种招聘公司去合作，就是大家的资源其实还挺充足的。如果说一些关键的岗位，那可能是需要你自己有一些影响力，你可以招募到这样的人。比如说微博上或者微信上，你觉得哪个人挺强的，特别符合你，那你就去挖谈，就是大家先谈一谈，再挖过来。拿我自己举例来说，我去锤子的时候，是老罗直接找我的。然后吃饭，后来谈了五次，最后就去了。然后我们另一个领导，就是邹伟，他原来是摩托的，后来也是被老罗挖过去的。因为老罗跟你沟通的时候，本身有很强的说服力。但是有时候技术人员也不吃那一套，技术人员说，你手机都没做出来呢，你凭什么让我去跟你。然后还有人就问他说，你们公司为什么连我这样的人一个都没有？是吧。那你怎么挖人呢？然后老罗就说，我把你挖过来，不就成为第一个了嘛，你就不能成为第一个吗？反正就谈嘛，核心的领导人员还是要谈。还是刚才谈到那个如何和优秀的人合作，就是你这个公司要有吸引力，才能吸引这个人进来。

问题：那怎么去打造团队的技术氛围？

池建强：团队的技术氛围，我觉得和技术领导的关系比较大，如果是大家都把所有的成员作为一个执行层的，比如说产品提什么东西，你就做什么东西，从来也不规划自己的技术产品，那么大家慢慢就会觉得自己是一个执行的团队了。如果技术领导比较有自己的想法，除了我要满足业务部门的需求，还要打造自己的产品，有自己的技术产品的规划，这样的话团队的技术氛围就会起来。同时，做一些技术交流和分享，我觉得这个还是比较有用的。如果有资源的话，可以找一些外公司的或团队之间做一些沟通，会比较好。大家会觉得这是一个技术驱动的公司。我们在锤子大概就是这样，就是做技术的人，大家都以为是技术驱动的公司，然后做产品的人，都以为是产品驱动的公司。做设计的人，老罗告诉他这是一个设计驱动的公司。后来我们才知道，这是一个发布会驱动的公司。

问题：你刚才谈到一个问题，我们在公司里面其实也挺困扰的。就是刚才您提到一个，就是谁难受、谁推动的问题。其实像我们这些规模不是很大的公司里面，很多时候会碰到一些事情是没有惯例，也没有一个职责规定这是谁来做。那么这时候，你有没有碰到这样的情况，多数这种事情会落到技术头上？因为他们觉得第一，这事情既然大家都不会做，那技术去做。第二，就是觉得技术人员的人比较多，所以你们去做。还有就是你怎么能够把这件事情，最后通过一些办法，让它们成为一些惯例，变成一种人在做。

池建强：技术人员有时候确实会这样。我们经常被裹挟，经常说个系统改了，说是程序员搞的。但是其实技术这一块，我觉得我们也遇到过，就是有些东西大家不知道怎么做，他说你们应该是技术驱动的，然后你们应该去想一下这个产品怎么做。这个确实是会遇到，我这边的原则，基本上我跟整个团队里的人也会去沟通，最重要的就是把这个事做成。如果说你在一个公司里把一个事情做成，最后还出什么事，让你来背锅。我觉得这个公司也不值得待了。我说第一个要点，就是你要要求自己团队的里人，能够以一种追求把事情做成的态度，去做这个事。就不要再纠结于说，是不是应该他们来做等等。另外一个就是多沟通。沟通这个事情，就像闭环一样，看起来很简单，其实做好是挺不容易的。沟通的过程中，就是反复的沟通，一定要让对方明确你自己需要的是什么，然后让对方知道你自己能够提供什么样的东西，这个是非常重要的一环。而且最好是通过邮件等等一种比较正式的方式把它确定下来。最后就是在团队成长的过程中，很多时候是没有一些规章制度的，但是没有规章制度的时候效率会更高。就比如说两个部门合作，工程师直接和工程师对接了，其实那时候效率更高。但是当规模增长的时候，所有的工程师都去做这种网状对接，就会有问题。这时候在你推动这个事情的过程中，慢慢就会形成一个制度，比如是项目人员来作为这件事情的一个主导，还是产品人员来做这个事情的主导？还是技术人员来做这个事情的主导？慢慢的，我们找到了特别靠谱的主导事情的人，大概就不需要谁难受、谁推进这种原则。大概过程是这样的。

问题：我们创业公司现在招人特别困难，然后我们可能会选择退而求其次，就是培养人。您在这块有没有什么经验？就是请您分享一下。

池建强：我们这边实际上也是会有一些培养人的措施，就是每年我们都会有一批校招，就是直接去大学做校招。去年做了几场的大学巡讲，去招聘优秀的大学生。还有一种，就是实习。我觉得实习也是挺好的一个模式，我觉得现在的大学生和我们刚毕业的时候那种素质相比，包括他们对信息的接受度，对互联网的接受程度，对海量数据的接受程度，都非常好。所以他们有很多人是在念大学的时候，比如说大三或者大四的时候，技术水平已经挺好的了，然后这种人大概一个月几千块钱，就可以拉到团队里用。如果他实习完之后，你的公司确实对他有信心的话，他可能会留在你的公司。招聘毕业生，我觉得这也是一个手段。百度就是每年会招收一批优秀的毕业生，大概三四年以后，这些学生如果成长起来的话就会留在百度，或者说不是特别优秀，对公司待遇不太满意，大概就走掉了。

另一个就是你招聘的过程中，可能会遇到一些当前的技术能力比较一般，但是你觉得他比较有潜质这种，也是可以放到公司去培养的。

其实还有一个，就是说如果公司一直处于一个很好的成长期，这些问题都会给你解决。就是一年你的业绩，一年翻一次、一年翻一次，大家都会愿意留在这个公司。一旦公司出现一个平稳的，或者下降的一个趋势，各种问题就会爆发出来。

【整理：刘晓旭】

从0到1，再从1到N
N
0
1

出门问问 CTO 雷欣：如何打造 AI 创业团队及研发体系

雷欣，出门问问 CTO，人工智能专家，在人工智能尤其是语音识别领域至今已有十多年研究及从业经验。

2006 年于美国华盛顿大学西雅图分校获得博士学位后，加入了微软总部任软件设计工程师及语音技术科学家（Speech Scientist），负责开发微软语音识别引擎内的说话人自适应模块；后加入斯坦福研究所（SRI）任研究工程师，领导开发了 SRI2008 年大规模中文语音识别系统；随后进入 Google 研究院任主任研究科学家（Staff Research Scientist），领导开发了 Google 基于深度神经网络的离线语音识别系统。

目前雷欣在出门问问正带领着一支优秀的 AI 团队，进行人工智能应用在可穿戴、车载、家居设备上的研究开发。

人工智能将给我们生活带来新的飞跃

说到人工智能，首先就是说机器有计算智能，它计算非常快，比如说是一个数学运算的话，它能够不疲劳的，连续不断地算，这是人做不到的，我们说这就是它基本的计算智能。但是这是比较初级的智能，正是由于有了计算智能作为基础，机器才能够实现更高层次的智能。

关于更高层次的智能，我们认为包括 3 个阶段，第一个阶段就是感知（perceftion）智能，感知智能就是说它要听得见、看得见。听得见就是我们的这个语音识别，它把你说的这句话，这个声音信号转化成文字信息，第二个就是计算机视觉（computer vision），它能够看到东西，能够分辨一些人脸，或者是物体，甚至一些情绪之类的变化，这就相当于人的这个眼睛。

只有通过了这个感知的阶段之后，我们才能进入下一个阶段：认知（cognition）阶段。认知阶段的话就是说它要开始能够理解一些东西，比如说语音识别，它只是识别出了这个文字，但它真正知道你要表达什么信息吗?这实际上还涉及自然语言理解，同样一句话，人有几十种不同的表达方法，但是人与人交流的时候，无论怎么说大家都能够非常清晰地理解，哪怕这句话有部分说错了，人都能够理解出来。但是对于机器来说，就是非常困难的一件事情。

认知方面的另外一个方向是分析判断。机器根据当前的情况去做一些主动的判断。比如棋局对弈，计算机本身根本就不知道自己在下这个棋，通过几个超级大的深度神经网络，它能够做出最优的判断。

所以说通过深度神经网络，虽然机器不懂什么是下棋，但是定义好规则之后，就能把这个任务做得非常好。

在认知方面，实际上我们目前在某一些领域上取得了一定的进步。自然语言理解方面，也慢慢地开始有一些进度，比如说这个机器翻译方向，谷歌最近通过深度学习的一些方法，取得了显著的进步。

总的来说，我们在最近的 5 年内，在感知方面取得了非常大的进步，可能这 5 年的进步相当于以前 20 年的进步，但是在认知方面的话，我们才是刚刚开始进步，可能还要等待几年，才能够获得更大的突破。

只有等到我们在认知上获得了突破性的进步之后，才可能谈到下一个阶段，就是创造（creation），就是计算机它开始真的有情感，能够有自主意识，能够自己创造新的东西。这个实际上离我们现在还是非常遥远的，所以大家也不用太担心计算机会毁灭人类之类的。

人工智能在不断进步

人工智能的历史，大概追溯起来就是 1950 年的时候，图灵测试被提出来，第一个提出什么叫智能，因为以前智能这个东西是非常难定义的，不像时间和距离一样，都是非常确定性的动作。图灵提出这个测试，就是通过文本跟这个机器去交流，假如对方分辨不出来你是人还是机器的话，它认为你是智能的，所以这是最早的一个定义智能的图灵测试。

然后一直到六年之后，AI 才开始诞生，AI 诞生是在当时的一个会议上，大家提出了这样的一个术语 Artificial Intelligence。然后这就真正成为了一个学科。

在后面的 10 年的时间里，其实发生了很多理论方面的突破。但还是很难有实质性改变人的生活的一个产品出来，所以还是陷入了低谷。在 1980 年之后，又出现了专家系统这样的一个概念，能够在某一些方面提供一些决策建议，还是有一定的实用性，因此也获得比较大的成功。

在 1997 年，IBM 深蓝战胜了国际象棋的世界冠军，这是在 AI 发展史上比较有标志性的一件事情。但是国际象棋相对围棋来，还是要简单很多，所以很久以来大家都不相信计算机能够解决围棋这个问题。

2011 年的时候，也是 IBM 在 Watson 在 Jeopardy 的比赛中战胜了人类，就是说它对语言的一些理解和大规模查询方面，体现出来计算机的优势。

2016 年 AlphaGo 击败围棋世界冠军之后，大家发现深度学习还有人工智能确实能解决很多、特别是确定性的问题。在语音合成方面，Google 做出来一个很强大的系统，它可以产生波形，比如说 16K 采样的波形，它是一秒钟有 16K 个样本。每一个样本都可以通过深度神经网络的方式把它给生成出来。然后听起来这个效果，比 Google 产线上的系统要好 50%，就是距离人的真实声音接近 50%，所以这也是一个很大的突破。

当然这是一个比较早期的研究型的工作，因为到目前为止，生产一秒钟数据，可能要花上几个小时，但是不可否认，这是理论上或者是方法学上一个挺大的突破。

最近这几年，人工智能有了长足的进步，主要是受 Geoffrey Hinton 的影响。他是最早提出神经网络的三个人之一，他一直坚持不懈地做深度神经网络方面的工作，一直到五年前，他才发现现在计算能力足够强了，我们有了 GPU，并且 GPU 在不同的机器上可以构成一个集群，计算能力比十几年前翻了百倍以上。正是有了这样强大的计算能力，以前解决不了的问题，现在都可以解决了，以前训练不了的模型现在都能训练了。

第二个方面就是有了海量的数据，海量数据更多是体现在像 Google、Facebook 这样的大公司，他们有大量的用户数据。现在，用大量的数据，即使采用一些非常简单的模型，也可以获得非常好的效果。也就是说数据往往是比算法要更有效。

在深度学习提出之后，首先是在语音识别领域获得了突破，准确率相对提高了 3%～40%，图像识别和机器翻译方面也获得了很大的提高。

关于深度学习，实际上我们认为它很好的一个方面就是简单实用。像我们做语音识别，最开始用到高斯混合模型及区分性训练算法，非常复杂。但是现在有了深度学习之后，相对来说反而还更简单了，就是说你只需要把数据准备好，有一个这样足够大的模型，把数据放进去，就可以训练一个很好的系统直接使用了。这可能也是深度学习的一个优势吧。

另外一个方面，因为深度学习可以在GPU集群上计算，所以你也不需要买大量的机器，就能够完成大规模的训练。这也是为什么很多创业公司，也能够训练出比较大的模型及高性能的系统。

利用人工智能做产品，从点滴开始

在产品方面，包括苹果Siri，还有微软Cortana以及Google now，这些巨头都在人工智能语音交互方面投入大量的人力开发。

刚才讨论一下什么是AI，那接下来我们谈谈作为一个创业公司，资源非常有限的情况下，怎么去搭建一个高效的AI系统。AI系统主要可以分为数据、算法和工程这3个部分。如果用人来打比方，数据相当于是他的血液，算法是他的大脑，工程是他的骨骼。

我刚才也提到了，没有数据的话，这个算法只能是停留在课本里面。所以有了数据和算法这两者结合起来，才能真正成为一个产品的雏形。但是缺了这个强有力的工程，那你永远走不出实验室，只能处于演示阶段。所以这三者要非常紧密地结合在一起，才能够做一个真正有用的人工智能的系统和产品。

当你的产品做得还不错的时候，系统将会获得更多用户的数据，把这个数据再用过来反哺系统，这样可以形成一个正循环，不断地提高这个系统的性能。人工智能产品和别的产品可能不太一样；别的产品一般做出来之后，功能做成了基本上就OK了，但是人工智能系统是一个不断迭代、不断优化的一个系统。

关于数据，我们怎么去获得数据？因为作为一个小的创业公司，特别是刚开始的时候，你没有数据，怎么去“玩”这个公司呢？实际上大公司很大的优势就是它有海量的数据，一上来就可以去用，但是我们作为一个小公司的话，怎么获得第一批数据？

其实有各种各样的办法，我们做语音识别的时候，没有数据。当时在上海的一个小的商用房里面，有 10 个人左右，请了一个阿姨帮我们做饭。做完饭之后，我们给她一本菜谱，让她给我们念上一个小时，然后把这个声音录下来，录了一个月，一天一个小时，一个月之后也有 30 个小时的数据了。那基本上还可以做一点小系统了，我们就做了这个端到端的一个演示，搭了一个服务器，然后你可以在一个 APP 中问宫保鸡丁等等各种各样的菜，它就可以识别出来。在这个基础上，已经可以开始做一些工程优化、系统方面的工作。

这个事情做完之后，那我们知道这条路是可行的，有这样的一个基本系统，接下来就可以用更多的方法用，自动化的数据采集方式来建立这样一个平台。当时 Google 的 API 开放的时候，你可以把一批语音数据塞进去，然后它给你返回结果，这个结果不一定 100%准确，但是已经有一些基本的可以去跑实验了。

后来我们跟其他的一些厂商进行合作，比如和腾讯交换了一些数据。公司拿到第二轮融资之后，我们开始定期把用户的数据拿去做标注，这些真实用户的数据是价值最高的。

什么样的数据有价值？说到这个问题的话，要看你这个产品是怎么定义的？作为初创公司，你肯定不希望和巨头发生正面的碰撞，像 BAT，他们可能要做一个大而全的系统，那我们希望更多地在一些垂直领域上，能够做出自己的特色。所以我们叫出门问问，即关注跟出行相关的一些垂直领域，比如说查地点、查酒店、查餐馆、查火车票、飞机票相关的信息，我们采集了大量的这些领域的数据。这方面一个小时的数据，相当于你采 10 个小时或者甚至更多的通用数据。

还有一个就是到底要采多少数据，这个要做一个判断，因为很显然数据量是越大越好，但是它也是很费钱的。数据收集之后，实际上很多都不能够直接使用，因为需要很多数据清理的工作，这些也是很费时间资源的工作。

但是我们要判断，就是说在搭建这样一个人工智能系统的时候，你到底采多少数据就基本够用了。你可以画一个这样的曲线，比如在语音识别方面，你再加 1 000 小时，那你的性能还能提高多少？系统在达到一定数据量之后，它能够从数据上获得的性能提升是越来越小的。

这就是我们所说的拐点，到这样的一个拐点的时候，可能就不希望再花更多的资源在数据方面了，因为同样的资源放在其他的方面，比如算法、工程方面，可能会带来更大的效果。

有效利用开源算法让你事半功倍

在学术界，算法的研究最开始是由美国国防部领导的一些项目带来了学术上的一些突破。但是近五年到十年，基本上都是一些大公司的研究所，比如微软研究院、Google 这样的公司在推动，因为它有大量的数据、大量的计算资源，能够在算法和技术方面得到很大的提升。

作为一个创业公司，我们不希望再去重新制造轮子，所以尽量用一些开源的东西，比如语音识别我们用了 Kaldi，还有 OpenFst、OpenGrm 这样的一些开源软件。语音合成、语义理解、深度学习这些方面，基本上都是用开源的东西。因为我们主要还是用一些 Google 开源的东西。我们整个公司的工程基础、代码库还有代码规范，都是跟随 Google 的风格。

产品研发复制 Google 模式，效率更高

接下来讲讲关于团队打造的一些教训和经验吧。刚才提到，我们是想做一个 Google 文化的公司，所以在代码质量的方面要求是非常高的，比如强调 C++的编码风格。Google 还有 Readability 这样一个东西，就是说你作为一个新人，无论你有多少资深，假如没有通过这样代码可读性的测试的话，你是不能够直接把代码提交到代码库里去，你必须要获得 Readability 这样一个证明。所谓 Readability，就是要求你写了一定量的代码，然后代码要提交到内部的代码委员会，他们看到你的代码之后，会给你提出大量的修改意见。可能你写了 100 行代码，他们给你提出了 500 行的建议，这是很正常的。然后通过这样来来回回的几个迭代、循环，最后才能说你的代码能力获得了 Readability 证书了。

单元测试我们认为是非常必要的，特别是在一些关键的算法工程方面，你可能现在不愿意花时间去做这样的工作，但是实际上从长远来看，这会给你带来更大的伤害。因为写大规模的软件系统，相当于你在搭积木，假如有

一块不是很稳定的话，那可能你搭起来的房子它很快就会塌掉。特别是在有一些情况下，比如人员发生流动的时候，如果没有这样的一个单元测试的话，新来的人再去改这个代码，就不能够保证这个代码能完成它以前的功能。短期内单元测试可能是耗费了很多时间，但是长期来说它是非常重要的。

Code Review 也是我们认为非常重要的，包括我本人在内，也是花大量的时间做 Code Review。特别是对刚来的那一些同学，我们能够很快通过 Code Review 功能，让他能够熟悉我们的代码风格，然后让他能够写出高质量的代码。刚开始的时候，比如头一两个月的时候，他可能花的时间比较多，但是他一旦进入轨道之后，工作的效率会提高很多。

最后就要谈代码提交了，必须要有资深工程师的 LGTM，就是 Look Good To Me，这样才能提交。一般情况下，如果没有 LGTM 提交的代码，是不符合流程的，通常我们会去找他谈话。

最后，要有一个比较高效的开发环境，就是要有一个强大稳定的 base 库。从一些比较大的开源项目中，抽出一些有用的东西放到我们 base 库里面，然后在这个基础上再添加我们自己的一些基础库。

所以强大稳定的 base 库是非常非常重要的。像 Google 的 base 库里，大家可以看到其中很多都是一流的工程师写出来的，包括 Jeff Dean，所以能保证这些基础库非常稳定和高效。

人才招聘看重解决问题的能力

怎么招人？招什么样的人？大公司和小公司实际上是很不一样的，大公司它希望招一个非常专的人才，我们叫 specialist，就是说在某一个领域他能做得非常非常深，因为大公司不需要你一个人懂 10 个不同方面，只需把某一个方面做细做透就行了。

而创业公司实际上正好是相反的，因为他总共就那么几个人，那你必须把这 10 件事情要全部给做掉。我们通常希望招人能够招一个通才（generalist），就是说不需要太专，但是你的学习能力要很强，并且也愿意去接触更多的东西，这样的话，才比较适合初创公司这样快速地发展。

执行力也很重要，一定要能够按时把任务完成，当然问题挑战很多，我们希望员工最终能够主动想办法完成任务，而不要找各种各样的理由。

最后一个方法就是要有好的沟通能力，跟团队的成员要能够沟通，才能够很好的合作。

面试的时候，我们会有一个电话面试，然后再加上几轮现场的代码面试。我们非常强调的就是一定要写代码，一定要在白板上写代码，或者是在纸上写代码。无论是谁，哪怕就是写一些简单的代码也行，至少通过这个写代码的过程来看看他的思维方式，看看他对代码的熟练程度。

实际上不需要考很难的代码，考一个很简单的，就是 30～50 行的一个代码，很简单的一个算法，哪怕这个算法他都知道了，但能不能很快写出来？一定要动手写，你写完了之后，就很容易就判断这个是不是经常写代码的人，或者说是不是对代码语言有一定的基本功，有没有犯低级错误。

小公司 CTO 要做“全能型”人才

CTO 的主要职能是什么？其实作为一个 CTO，首先就是要对公司创造价值，这肯定是最重要的。公司最重要的是什么？首先是产品，产品要质量好，能够商业化，能够赚钱，这是最重要的。CTO 还是更多的负责技术方面，在技术方面，我们怎么能够把技术和产品更有机的结合在一起为公司创造更大的价值？

CTO 不仅要想一想我们现在的这个技术怎么更好地跟这个产品结合在一起，也要想一些中长期的计划，就是说今后一年或者是两年的时间要做什么样的投入。也就是说，以我的团队和资源，怎么样去投入，才能够让产品在今后一年、两年时间内能够保持优势，保持创新，能够提高产品的竞争力，这一点是非常重要的。这就是对于策略和战略的把控。

第二个任务就是要搭建团队，要确定今后几年，公司要发展哪个方向或技术，那接下来，就要把资源给弄到位。然后你肯定要花很多的时间去招人。CTO 不可能什么事情都能做，但是他一定要招到很多在某一些方面比他强的人，有了这么一些人之后，工程技术团队才能够真正的有战斗力，能够做出一个人不可能做到的很多事情。

小公司在很多情况下，CTO 还是扮演着救火队员这样的一个职能，就是有一些难题出现了，你就要带领大家冲上去把这些困难的问题解决。

互动小课堂

提问：数据的采集成本和使用成本都很高，那么智能系统有没有办法去除降低对数据的依赖？

雷欣：刚刚我也提到说你尽量把这个领域做得垂直一点?比如说你以前十个不同的领域，同时你希望这个算法能够适用十个不同的领域，假如你专注于五个最重要的领域，那这个效果会好很多。就是说你的数据越广，它的需求量越大，但数据这个领域定义越窄，它需要的数据量会越小。通过算法能够提高，但会非常有限，也很困难。

提问：根据你的工程实践，多大的数据量能基本满足效果需求。

雷欣：这个其实要根据不同的任务去做研究了，因为并不是说同样一个模型，把数据加上去，拿不到进步了之后，这个数据就是你想要的数据了，说不定你还可以把把模型加大一点，模型加大之后，对数据的需求又更高了。那这样的话，你要不停地调。你可以把模型再加大，你看它的这个曲线是什么样子的，还有一个情况就是说你这个模型加大了，你还能不能在线上实时的去跑，线上去跑，耗的资源是不是更多，所以说考虑各方面的因素去权衡、去决定的。

比如说像我们语音方面，大家都发现数据量超过一万小时，基本上进步就有限了。再大的话，说不定还能进步，但是有可能对你的计算资源要求的会更多了。为了提高百分之零点几的性能，值不值得再去花 CPU 等资源在上面，你要做出这样的判断。

提问：当我们的公司要发布一款新产品，这个时候工期特别紧，如果坚持做这种代码质量，去做 Code review 这种单元测试，就有可能会导致产品延期发布，这个时候，你们是怎么去平衡这件事情呢？

雷欣：首先我不太认为就是说你做这个 Code review，或者是做这个单元测试就能够把这个进度降低很多，相反，我认为你把这个事情做好之后，后面的效率会提高很多。我刚才也提到了在有一些团队可能不太适合做这种事情，就是我刚才说的前端团队。

但是对于后端这一块的话，我觉得是要在尽可能的情况下去坚持这个代码规范和代码 review 的这样的一个流程。

提问：也就是说对于这种单元测试、Code review 的方式，实际上也是需要在不同的场景，有不同的选择，然后有不同的平衡是吧？

雷欣：是，但就是你刚才提到说只是人工智能这一块有单元测试，我不这么认为。因为我们更多的是在做系统，你需要有东西把所有项目都测试并且固定住，否则就会像积木一样，有一些地方不稳固的话，就很容易就塌掉。

【整理：吴从从】

CTO训练营 x.51cto.com

第四篇 CTO的第一把刷子——技术架构

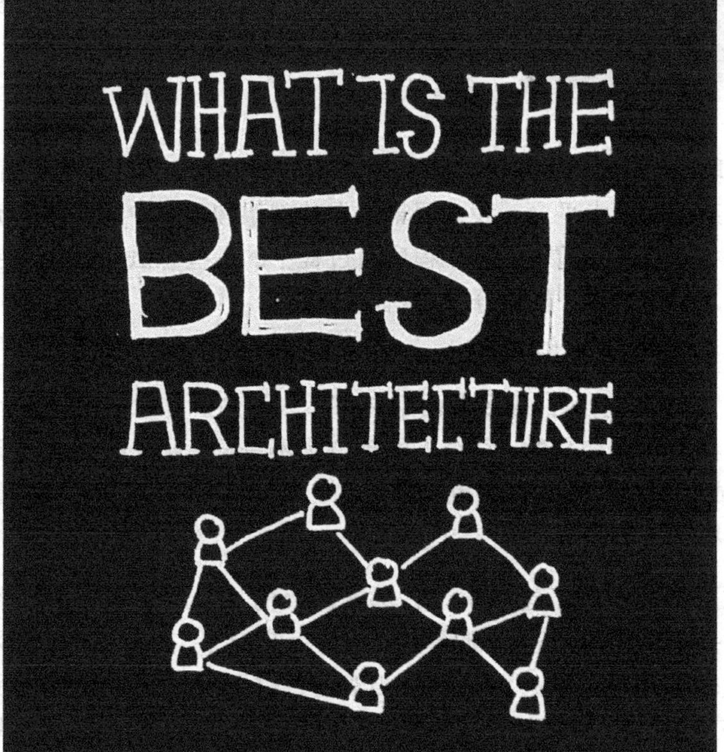

没有最好的架构，只有最适合的架构。

扫码观看活动视频

京东商城总架构师刘海锋：基础架构建设的点滴思考

刘海锋，现任京东商城总架构师，基础平台负责人。2013 年加入京东，曾担任京东云平台总架构师。曾担任首届京东架构委员会主任，推动各个技术团队的横向交流与合作。曾获得“2014 年京东集团风云人物”奖，带领团队连续获得“2014 与 2015 年研发体系优秀团队”称号。目前主要负责软件定义数据中心与容器集群、存储与数据库技术、机器学习应用、商城整体架构与运维等技术方向，并负责指挥 618 和双 11 技术备战。

在互联网技术领域中基础架构的定义相对来说也比较广，包含前端、后端、应用系统、技术平台，我主要聚焦在基础架构系统中的后端系统技术平台。这次主要分享之前做一些工程项目过程中的一些想法、思路，包括如何分析问题、组建团队、任务分解规划执行等。

回过来，因为给大家讲的基础架构建设，我现在就简单聊一聊一些名词。说实话在 IT 领域里面，很多东西定义都不太清楚。什么叫技术？什么叫研发？其实都是比较广义的，每个人的理解都不一样。业务的同事甚至会经常称为 IT 或者运维。其实这个也挺常见的，每个人的视角不一样，看问题的角度不一样，就很难精确地定义。

架构这个词，源于建筑学，它基本的架构是建设的方法，怎么样盖这个楼，就是整个实施的过程都需要架构。后来有了 IT，有了互联网，最后就有了做软件需要架构，做硬件需要架构，需要设计一些东西。因为系统需要不停地建设，后来有了一些方法和思路，于是就有了架构。我个人认为，好的架构师一定是熟练的码农，他最开始一定是做程序员，开发过很多东西，研究过很多东西，后来他才比较有经验。但是同时仅做一个安静的码农还不够，必须同时具备比较好的表达能力，清晰的思路，才能够有感召力。

基础架构英文叫 Infrastructure，又是架构的子领域，相当于是比较基础的东西，能够服务于各种应用的底层平台。其实这个很难去定义它，从业务的角度来说，下面所有的 IT 都是它的基础架构，因为它认为这些东西都是为它服务的。在研发的系统里面，也就是研发的团队，也可以认为各种底层平台是基础架构。

接下来进入正题，给大家讲几个案例。做这些事情的过程中，我自己有一些思考或者一些经验，跟大家分享一下。

非结构化存储——静态内容

2013 年初的时候公司技术级别相对来说比较单调一些。大致为 T1、T2、T3、T4，后来我去的时候，工作时间还不满五年就成为公司第一个 T5，觉得压力挺大，必须得做一些项目来证明自己不是水货。于是我就做了很多研究，去分析现在公司的一些现状，其实公司在业务上有很多需要突破的地方。在技术方面，也有很多东西可以做。这个时候面临一个问题，怎么选择第一个突破口？大家应该在工作中都会遇到这样的情况，我也遇到过。

刚到京东时，各个团队已经比较成型，我面临的第一个问题就是如何选择项目和方向，这是特别重要的。我那个时候研究了公司好多的技术，发现好多东西都可以有所提升，最终聚焦在一个方向，那就是存储。因为存储是整个计算机领域最基础的一个问题，也是一个大互联网公司中特别重要的核心之一。

所以先把方向分到存储这个领域。而存储粗略地又可分成两类，一类叫非结构化的存储，一类叫结构化存储，结构化存储其实主要是数据库。对于大部分的公司来说，结构化的存储量是比较小的，而且一般传统的关系数据库就可以比较好地支撑业务。另外从团队上来说，任何一家公司，上了一定规模以后，DBA 团队相对来说还是训练比较有素，系统有一些问题时，他们能够及时响应，也会使整体业务得到较好的支持。

对于京东来说，非结构化的数据量还挺大，有很多显著的特点。比如说图片非常重要，因为商家要上传，它的可靠性以及性能很重要，消费者在浏览过程中，稳定、流畅的体验也都很关键。另外京东自营占了很大的比例，京东有众多的库房，每个库房每天要产生海量的运单，这些运单在内部库房流转的数据都是用非结构化的文本来描述，这个量比图片还要大。

当时有两个团队在做这个事情，并且基于当时的业务量和规模，技术层面对于业务的支撑是足够的。但是可以预见，随着公司业务的快速发展、规模的扩大、机器量的增多，如果不做系统的升级和改变，未来可能会出现很严重的问题。我当时分别和这两个负责的团队进行了交流，一个是图片管理团队，一个是物流运营团队，不管是图片、订单的文本还是库房的流水的报文，每一条都不大，大概是几 KB 到几十 KB，顶多几 MB，但是每天的量都很多，对可靠性要求很高，绝对不能丢。这也是公司非常重要的资产，我最初的愿景是希望做很多的分布式存储。我做了模拟的曲线用来说服大家，其中有每天机器数作为一个维度、日均上传图片作为一个维度，日均消费者浏览图片作为一个维度等，发现随着业务量的增长，如果依然使用目前的系统，随着业务的增长，故障数目会成倍增加。推动的过程遇到了一些波折，但好在最终大家都接受了新的方案。分享给大家其中一个比较有趣的过程，众所周知，做第一个吃螃蟹的人是需要很大的勇气的，大家都在犹豫的过程中，我们用了一个小小的策略，就是告诉每个团队，他们并不是第一个吃螃蟹的人，另外一个团队已经品尝了“螃蟹”，并且觉得非常美味，用这种方法最终才得到大家的支持。

在内部达成一致后，我开始自主研发做第一个非结构化存储，它有很高的可靠性，非常好维护，性能各方面都很好，这是第一版系统，起名叫 JFS（京东文件系统）。

后面做图片系统还是比较复杂，因为优先不考虑大文件，更多的是小文件，这个工作要从原来的系统里把所有的数据迁过来。在迁移的过程中，要对历史数据做校验。原来的老系统因为历史比较久，再加上有很多故障，数据已经不一致。在这个修复过程中，发现图片有丢失，而这个图片并不是孤零零地在核心机房单独的图片系统，而是跟 CDN 结合的。

因为最终的用户体验并不仅仅取决于原站的存储，还取决于 CDN 的效果。正好借着这个机会，对 CDN 有一个理解。我发现公司还有很多优化的空间，后来经过一段时间的发展和磨合，和 CDN 的团队互相也有了很多了解和共识，最终去跟他们沟通要把 CDN 重新优化。

最后我们做了一个项目，大概用了一个季度的时间把这个原站的货源次数降低了 80%，从每天大概的两亿多，降到了每天的四五千万。

回过头来看，其实所有的问题都是方向的问题，就是抓一个大头，抓一个重点，在一点上取得突破。而且当时从研发的角度来说，做海量小文件的丰富存储，相对还是比较简单，研发投入不是那么大，但取得了非常好的效果。

结构化存储——动态内容

JFS 项目从 2014 上半年由我团队的一个负责人去做，持续地做下来，到 2016 年有一个团队在做这个事情。到目前为止，大家在京东看到的所有动态的内容，几乎都是由它来支撑的。

动态的内容是什么呢？比如说商品的介绍、商品的价格、搜索和推荐的最终结果，还有缓存、广告等很多。这些都是动态内容，更多的是文本，相对来说比较小，这些都是由这个系统来支撑。为了用结构化存储去支持公司的动态内容，我们用了不同的一个思路把内存当成持久的存储。这个事情是怎么引发的呢？

当时的背景是这样，在 2014 年的上半年，我们开始做一个新的方向，想解决公司动态内容的结构和半结构化数据存储的问题。那时候和很多公司一样，主要的方式都是 MySQL 数据库，前面加一个 case 来解决。后来发现，这个 case 的维护其实挺麻烦，MySQL 可扩展性方面也是一个问题。最后经过很多研究，和大家一起来合作解决缓存的问题。

从过去的发展可以看到一个情况，大概 2007 年、2008 年时，服务器的内存基本是 2GB 到 4GB，后来很快 8GB、16GB、32GB、128GB，现在很多公司，包括我们京东，采购的主流机型都是 256GB 的内存。内存越来越大，也越来越便宜。经过一些分析和预测之后，你会看到所有的公司，不管是美国公司还是中国的公司，都在比较激进地使用缓存。

而且稍微算算，你就会发现，这些动态的内容和这种结构和半结构化的数据，其的总量加起来其实是很少。就以商品为例，每一条商品介绍大概是几 KB。就算你有十亿的商品，也就是 1G，1G 乘以几 KB，这才几 TB。你每台机器是256GB内存，即便算上副本之后，其实也用不了多少资源。

我估计不久之后，很多公司都会采购512GB到1TB这么大内存的机器。于是我就规划这么一个项目，完全以内存为中心，让磁盘去做归档，数据驻留在内存里面。通过记日志加上快照，保证可靠性。

把这个方向明确之后持续去做，而在这里面还有很多技术的路线选择。当时选择一个方式是兼容Redice的API。它的优势是已经有不少人在用，数据类型也比较灵活，但缺点在于它是一个单机的软件，不是一个分布式的。最后我们来分期建设一个分布式的系统，聚合很多大内存的机器，把它做成一个共享的资源池，提供给很多的业务。比如说公司大部分的业务是Java系统和Java客户端，也有C++，还有一些小语言，用一个代理把它做成一个比较高质量的分布式的系统，能够去自动检测故障。从2014年上半年开始，我们重点投入到这个项目并将团队进行扩充。到2015年夏天时，这个系统已经成为公司特别重要的基础设施。

京东有大概四五千台的大内存的机器，去支撑公司的业务，把几乎所有动态内容，如搜索推荐结果的case，还有商品的介绍、价格、库存等这些动态都用它来存，性能非常好。虽然起初成本看起来稍微高了一点，但慢慢地这个成本在逐渐降低。

其实有的项目或者系统建设，是需要去通过历史去预测未来会发生什么，最后去选择一些不同的方法，这样做的项目会比较有意义，有可能会取得更大的成功。但是在做这些事情之前还是先要做充分的调研，在技术平台，很多东西其实不是凭空想出来的，更多的要从公司的业务、众多的应用开发中去发现一些问题，把它沉淀下来做成系统，再把系统做成共享和服务。

中间件体系

中间件这个词也是很模糊的词汇，那么中间件是什么呢？

对于一些企业，特别是电商还有一些比较传统的大规模的业务模式的企业里，能够把应用开发中的一些范式提炼出来，能够抽象出来，把它做成一个大的软件系统，给所有的应用使用，这个统称为中间件。电商里面有两个中间件特别的重要：

第一个叫消息队列。大家都知道单机的操作系统里面，比如说管道，你可以把这个命令输出的东西，想办法通过这个管道传给另一个命令，还可以通过符号，把很多进程连成一个并行处理。当然还有什么共享信号量，总之都相当于一个消息的队列。

在业务系统里面，也经常用这种东西，它不是单一的，其实是应用和应用，或者服务和服务之间的东西，它需要用消息队列串起来。因为很多事情，特别是在电商这块，不可能在一个环节把它完成。举例说购买商品并付钱这个事。

我在手机上，建立连接、付钱，它在一个一个环节里面，就把你这个付钱的请求处理完。过程是收到你付钱的请求，做很多校验，传给下游，下游一看，他是不是付钱了，这个用户是一个合法的用户，还是我们需要去做风控的用户，可能又传给下一个系统。下一个系统要检查，这个商品有没有库存，还能不能卖。如果能卖，又传给下一个环节，下一个环节可能负责调用银行的接口。再下游的环节收到回调之后，我们再寄一个东西用来对账，这个是付钱的过程。

加入购物车的过程也是，其实并不是只有一个接收问题用的请求。你通过手机发出请求，把商品加入购物车，其实也是有很多环节。你加入购物车的请求，给这个服务。服务可能检查你这个购物车是否太满，是不是还能加。有的环节可能检查库存，有的环节可能要做风险的控制。所以在复杂的应用系统里，经常需要消息队列把很多的东西做一个异步的串联。

这个用的特别多，尤其电商行业对消息队列的要求也是极高的，要求消息绝对不能丢，要非常的可靠，性能要求也很高。在 2014 年，公司中消息队列用的比较纷繁复杂，有的团队用开源的，有的可能是自己写一个简单的，有的可能用数据库来做一个消息队列。

基于当时的团队和技术力量，我们已经有能力和实力做一个非常高质量的、自主研发的消息队列，把公司整个消息队列的技术方向统一起来，服务所有的业务。这个工程相对来说很大，但是最后的收益是很高的。

我们能够用集中一个团队的力量，维护好这样一个共用的供应链的服务，让所有的团队去演绎他们的这种运维、各方面的服务，让所有人受益。

第二个中间件的项目叫服务框架，这个是在 2014 年上半年开始做，到 2015 年年底，项目全部实施完，公司所有的应用，特别是重要的电商应用全部都接入了。

那么这个出发点是什么呢？很多服务端的开发，它有很多共有特征，都要写一个服务器，收到网络请求，把这些请求定义一些格式，去做反序列化，处理完成之后，再序列化发送。其实这个事情本来没有什么，但是因为公司大了之后，业务越来越复杂，应用系统就很多。应用系统一多，就要做 SOA。SOA 是把这个服务进一步的拆分，在大的企业里，可能有成千上万个服务。如果每一个人都要开发自己的非业务逻辑的技术部分，那么技术成本太高了。而且做 SOA，需要统一把服务做命名，做管理，做监控，还有一些管理上的约定，需要一个统一的服务框架来做。

当时公司还没有实现真正的统一，通过团队各自维护。所以我们就做这么一件事情，把一开始定位 JavaIDC 的服务，后续又扩展成多语言，用一个框架把这种服务端的开发统一的提供出来。这个项目的益处是，一方面能够便于工程师快速的开发服务，另外一方面，有助于去做服务的注册，发现、管理、监控等等。这个项目真的是影响公司所有的应用，因为大部分的应用都要用这个来发布、管理，几乎用于公司所有的应用服务上。

弹性计算云

第四个案例是讲内部的私有云建设，而私有云更多的是虚拟化等技术。这其实比较适合在规模不大的公司，而现在要在一个规模很大的公司进行底层系统再次实施，就会比较复杂。

打个比方来说，它比较像在一个房间里，已经站了很多人，现在要换地毯，这事情挑战是很大的。但是为什么要做这个事情呢？一方面有很多技术的因素，举一个简单的例子，资源交付的时间过长，作为一家电商企业，经常会有大促，如大家熟知的 6.18、双 11 等，促销就要加机器、加资源，但是物理机器的交付时间还是很长。

另外是公司的整体资源利用率不高。从资源的管理来说，任何一个数据中心里面，物理机都已经按团队、按应用的小块进行了划分。比如说这个是订单团队的一些机器、网站的一些机器等，而这些机器并没有划分成统一的资源使用。

其实按团队、应用来分，也给管理带来很高的成本。比如分机器的时候，准确的评估应该给哪个团队、哪个应用多少机器是一件非常困难且棘手的问题。分多了会导致资源的浪费，分少了会导致业务的运行出现严重的问题。在 2014 年年底的时候，这个项目已经提升到公司技术战略层面。

起初推动项目的时候，也遇到了一些小波折。比如原来每一个人捧着一百台机器，每台机器上有多大 CPU、内存，都在大家手中实实在在地握着，比较有安全感。如果这个项目实施后，变成了好像机器都不是我的了，有种安全感的缺失。所以关键的难点，是如何让大家相信这件事情有意义，有价值，对他有好处。

实施之初，我们采用了让一部分人先富起来。把一些团队先“骗”上来，形成一个示范效应。那选择先“骗”谁？经过再三思考后，我选定了网站成为第一个“受害者”，网站主要负责京东的首页、单体页、详情页等。选择它的原因在于，一方面大家都觉得它在业务中蛮重要，而且量很大；另外一方面是，在技术上也比较适合，比较好切。因为网站比较规整。整个的架构流量进来，通过 Web 服务器展现网页，从后台取数据和图片。而正好图片是我带的团队做的，跟动态内容已经有很好的配合。

2015 年的上半年，我和团队用了整整半年的时间重点来做这个项目。网站的完成后，其他团队也都陆续开始实施。

到目前为止，除了存储类、数据库类的，全公司所有的应用都用 Docker 来发布。

机器学习

很有幸在 2013 年、2014 年、2015 年三年干了比较大的四个领域，分别是存储（非结构化存储和结构化存储）、中间件体系、内部的云，都是比较大的项目。2016 年年初，过了春节，一直到三四月份，做了很多的思考和研究，在做好系统建设并持续维护好之余，得做一点新的事。

结合技术热点和公司需求，我开始做分布式的机器学习，把它平台化去支持比较多的业务。

这里面大家可能会问两个问题，机器学习是不是相对高冷，有的人或者很多产品是不是不太需要。其实这个问题得这么来看，还是那句话，历史洞察未来。比较早的时候，一般程序员都不会写数据库，只有专业的 DBA 才会写存储过程。但是现在只要是一个码农，他都会写存储过程。大概十年以前，只有数据科学家，才会写。而现在一般的程序员，都需要写，这是一种必备的技能。

机器学习也一样，可能前两年，主要是一些博士毕业的人，可以搞一些机器学习和训练模型。我觉得接下来，可能很多公司，不论大小，对工程师来说，都需要用一些机器学习的方法来做一些工作。所以在一家有一定规模的公司里面，一定会出现一个情况，就像数据库平台化、中间件平台化、存储平台化等一样。

平台化一方面会预先训练很多模型，积累很多算法。另外一方面，会让这个东西形成体系，去更好地支持业务。所以现在主要在做的是机器学习平台化，找到一些点。比如智能客服、网站内容更多的个性化营销。个性化营销什么意思？有一个用户想买一台彩电，他经常会浏览这个电视，但是一直没买。这个时候，其实可以通过数据处理，一些模型训练识别出来，用户是想买这台电视，有哪些特征等，然后预测，他是因为什么原因没有购买？如果是价格原因，可以为用户发放专属的优惠券，从而促使用户完成购买决策。这是京东专享已经实现的功能。

另外再讲一个订单履约，用机器学习来降低公司运营成本的有趣例子。大家都知道，我们有时候在电商平台下了单，其实也是可能取消的，而且这个取消一般来说都是在下单时间之后，基本上买完之后，立刻就后悔了。因为一开始他没付出，但花了钱，又很心疼，但是这种下单完成后又取消订单的行为，其实对电商平台运营成本有很大的影响。

为什么？原来的流程是这样的：你下了订单，买了手机，订单文本生成了。到了 OFC 模块，订单就下到库房。库房工作人员就扫码，把这个手机拿出来了。拿出来之后，如果用户过一会取消了，这等于之前的流程就白折腾了，相当耗费库房的资源。

所以我们通过机器学习做了这样一个事情——订单稳定。什么意思呢？结合用户的很多特征，比如说这个人的收入水平，在过去购物历史上是不是喜欢取消订单。如果有一个人在电商网站上买过一万次，没有取消过。那么接下来，他购物时应该也不会取消。我们判别这个用户是一个花钱绝对不会反悔的人。如果有一个用户购买过一百次东西，取消过 20 回，那么接下来这个用户购物后再取消的可能性也是很大的，这是用户的一个特征。

另外的特征可以根据订单的商品、价格维度等。如果某款手机，历史上很多人买了之后，都点了取消，那么它的被取消概率肯定还是高。单价高的商品被取消的概率也可能高，比如买一卷卫生纸，其实很少有人取消。所以就可以训练一个模型来预测：用户在什么情况下、下单后多长时间可能产生取消动作。

如果我们预测用户可能在十分钟左右取消，那么我们给他冷静十分钟。如果他没取消，我们再继续他的订单。做这个事情就会给公司节省不少成本。

这是其中的一方面改进，陆续还有一些其他项目。比如说我们会对用户的商品评论做情感分析，做更好的商品评论的排序，这都是使用机器学习系统。

最后，想和大家分享一下，其实所有的技术、所有的项目，特别是一些大的系统，设计开发仅仅是第一步。把它设计好、开发好，最后推出来，这个项目并没有完成。所有项目都不是一锤子买卖，后续如何持续有效地维护它，改进它，让它更好服务于业务才是最重要的。

另外就是客户关系和服务意识也非常重要，所有人或者项目都是有客户的，不管你是在研发团队里，处于哪一个层次或做哪一个方向的，其实你都有客户，客户的关系和服务意识至关重要。

对于技术的负责人，不管是经理、总监还是 CTO，都需要对于业务和技术都要有一定敏锐度和前瞻性。心比天高，脚踏实地！简言之可以想的比较高、比较远，但是事情还是需要脚踏实地地去做。

【整理：林师授】

七乐康技术副总裁曲毅：用进化的思维做架构

曲毅，七乐康技术VP，从事互联网研发工作12年。曾在HISUN、空中网、新浪、乐蜂网等互联网公司担任构架师、高级技术经理、技术总监等职位。现任七乐康技术VP。近5年专注移动互联网。是国内资深HTML5专家和研究者，对HTML5技术有非常深刻的认识和理解，有着丰富的实践经验，是HTML5引擎Crow5的创造者。

好的架构要考虑方方面面，我想从编程语言的选型、容器选型、架构选型，庞大系统的解耦、设计的理念的进化演变这几个方面谈谈做架构的进化思维。

语言选型

出于公司发展、市场环境变化、产品迭代需要等原因，我们要做好语言的选择，而语言本身没有优劣好坏之分，选择哪种语言，完全看我们的环境是什么。通常选择语言要从以下几个点去考虑：

团队

语言选择首先要考虑能不能找到这样的团队，也就是说要在合适的时间选择一个合适的团队，团队对某种语言的驾驭能力，将是你开始及发展壮大的一个很重要的因素。

成本

我们做项目的时候，时间、成本、质量是考量的三个维度。用到架构里，我们就要考虑所选择的语言是不是在成本承受范围里。另外，这个成本的考量要综合，要考虑到人员培养的周期、学习的周期、团队配合的周期，以及人员流失带来的人力成本。

控制

对选择语言的控制力，包括团队领导对这种语言是否有理解和控制力，对其他成员学习这种语言的成本控制的力度，这些也都影响语言的选择。

项目特点

根据不同的项目需求，最终选择最适合这个项目的语言。在初期尽量保证语言的统一性，因为人员可调配，建议初期不用过多考虑语言在处理某方面的优势。

技术健壮性

技术健壮性包括文档安全、技术安全、文档的健全程度、活跃度、成熟度、是不是能一直持续更新等。这些也都是我们选择某一种语言技术的关键因素。所以要选择某个语言，我们通常要考虑到今后是否持续更新，否则就和现在很多开源项目一样逐渐销声匿迹。未来你再遇见问题的时候，可能只有自己去维护，可自己能维护这个开源框架的话，错认为还不如自己写一套。

技术多样性

语言的选择的时候一定要考虑多样性，首先，语言多样性有利于团队持续发展和稳定，团队持续发展稳定了，公司才能持续发展和稳定；其次，语言多样性能带来更多的选择，利于实现产品合作；最后，语言多样性也是人才培养的一种方式，对整个行业有利。

当然，这不是一成不变的，如果有可能的话，我们应该保证语言的统一，这样的话在初期的时候，我们的人员是可以标配的，当有小项目的时候，分出小组，可灵活组合。关键还是可控的。CTO 要有这个意识：通过团队去控制语言，而不是通过语言去控制团队。

学习成本

出于人员培养的周期、学习的周期、团队配合的周期、人才流失的周期等成本考虑，我觉得在团队的日常建设中最好能做到平稳过渡，人员建设有梯度。低层输送学习进取型人才，中层输送高输出进阶型人才，高层输送管理业务骨干型人才，这样每个人发挥强项，互相依赖、互相配合，而且可以逐级引导。

在培养团队的时候，CTO 要注意高端输出型人才培养，这决定了团队在关键项目是否给力。对于 150 人到 200 人的团队，理想状态是中高端有大批的后备军，而且有几个人能够带领团队前行（一到两个人就足够了），这个团队就很稳。

设计的进化：回归本真

容器选型

我个人认为，容器的选择其实比语言的选择其实要容易一些，主要是当你选择一个很好的容器，性能就会有一种很大的提升。这种选择的背后其实就是成本、时间、质量这三个纬度的 PK。

例如，公司发展到一定规范的时候，质量要求越来越高，然后对于时间的要求也越来越高，时间固定，质量固定，唯一能做的是增加成本。你想想怎么加成本能搞定这个事，可以加班、加人手、也可以增加硬件成本。

未来某一天我们能否做到这一点：投了很少的时间和成本、质量却挺高，这其实就是技术创新了，这时候我们就能解决发展的痛点。通过创新方式去创造奇迹，比马跑得快的一定不是马车，所以要换角度去重新思考痛点。

笔者认为长远地看，好的架构是改出来，短期地看，架构是设计出来的。中长期来看架构是边设计边改出来的。

架构更多的是解决我们现有的痛点，就跟创业一样，我觉得做架构就是在做技术创业，架构设计的非常好，我们真正的能用多少东西呢？用的东西并不是特别多，所以往往设计出来的东西属于过度设计，从而导致过度开发，所以架构上，设计的成分固然重要，但长远看，其实架构是改出来的。

企业的发展是从无到有、从小到大的过程，而企业产品演化的方向同样也是变化的，而且有时间和成本的限制，因此架构在前期、中期、后期需要考虑的点都不一样，前期要的是快和节约成本，尽快面市；中期用户数长上来了，就要考虑安全性、扩展性、稳定性了。所以一个合格的架构师，在我看来，应当因地制宜地选择语言，选择合适的容器和合适的架构，如果能够把团队里的人员、技术、规划、时间、成本、效率，还有幸福度等资源统一协调好，以实现工作目标，我觉得这才是一个合格的架构师。这也是我为什么固执地认为架构是一种文化，而不是单纯的技术。

庞大的系统进行解耦

解耦主要用的逆向思维，这一点和写游戏外挂非常相似。那么，庞大的系统是如何进行解耦的，解耦是否有规律可循，我个人的理解是要具体情况具体分析，但肯定是有规律可循的。

第一步，“抽象 + 分层”是对解决方案（代理模式）的整体把握，按照业务拆。举例，有一个老系统，它在软件不开源，是什么我不知道，好在这个数据库我能看得见，为了实现扩展，我们做新系统要实现二者的交互，就要加一个抽象的代理层，相当于在这个系统之外再做一个系统，相当于外挂。

第二步，在模块内，熟悉系统，研究数据流。用逆向工程模拟交互接口，一步步拆分。就像我们做一个项目，应该是把一个项目需求全部细分成可持续的共同点，对于这个共同点进行技术评估，评估完以后进行排期。同样的原理，我们对原有的一个系统进行分析，分析完以后，你能逆向出数据表结构最好，好在成型的系统如果文档不全，命名至少是拼音加英文。

第三步，按照功能和数据流向逐一替代，前期设计与数据同步，数据问题需要写外挂去处理。思路和游戏外挂一样的，就是要用大量的逆向工程把系统全部拆出来。

第四步，对数据进行收集，用数学归纳法，要注意的是切分过程一定会有脏数据。针对脏数据，收集 bug。数学归纳法穷举问题，分析在每一个流向的时候呈现什么问题，然后有什么样的问题导致这样的情况，然后对它进行修复。

第五步，最后打破现在方案，根据对现有业务的需求，重新设计（按照业务需要设计，并非技术架构）。

接下来，我们用电商业务流程和架构举例。

主流电商业务流程

零售平台产品展现层
经销商管理
商品管理
渠道管理
业务管理
供应管理主流程
供应商注册
询报价管理
采购前
商品管理
合同管理
采购中
订单协同
VMI
对账
预测协同
厂商直送管理
采购后
供应商关系管理
供应商评估
评估统计分析
供应商协同
订单协同
VMI
预测协同
采销空间
供应商协同平台
采销罗盘
供应商罗盘
一级供应商
二级供应商
计划到采购主流程
战略计划
营销计划
商品计划
库存与产能计划
销售运营计划
需求计划
计划执行
执行生产
远期规划
1-3年规划
各业务部门的总体销售计划
计划调整
三级品类/品牌的销售计划
市场计划
商品分类
商品计划
选品计划
存货布局
库容计划
产能计划
供应商协同VMI
销售运营计划
需求管理
供应管理
供需平衡
需求预测
供应商协同预测
促销预测
确认一致的整体需求计划
智能定价
降价清仓计划
多层级补货计划
滞销库存分析
SKU成本模型
补货/滞销库存处理计划
采购订单
供应商协同订单协同
内配单
调拨单
退货/报废清单
降价销售清单
入库/出库
财务结算
应付
应收
ATP可承诺量
ATP (Memory Rendenov)
库存量分配
供应匹配
订单冲减
供应商主数据
历史销售与用户浏览数据
库存/已下达订单/在途/ASN
零售商品主数据
费用池
促销管理
订单履约主流程
浏览商品
订单承诺
库存检查
库存占用
订单分配
采购需求
调拨需求
内配需求
订单执行
用户
用户
图例
手工流程
已有功能
已有但需增强功能
第1期
第2期
第3期
数据库
大数据应用

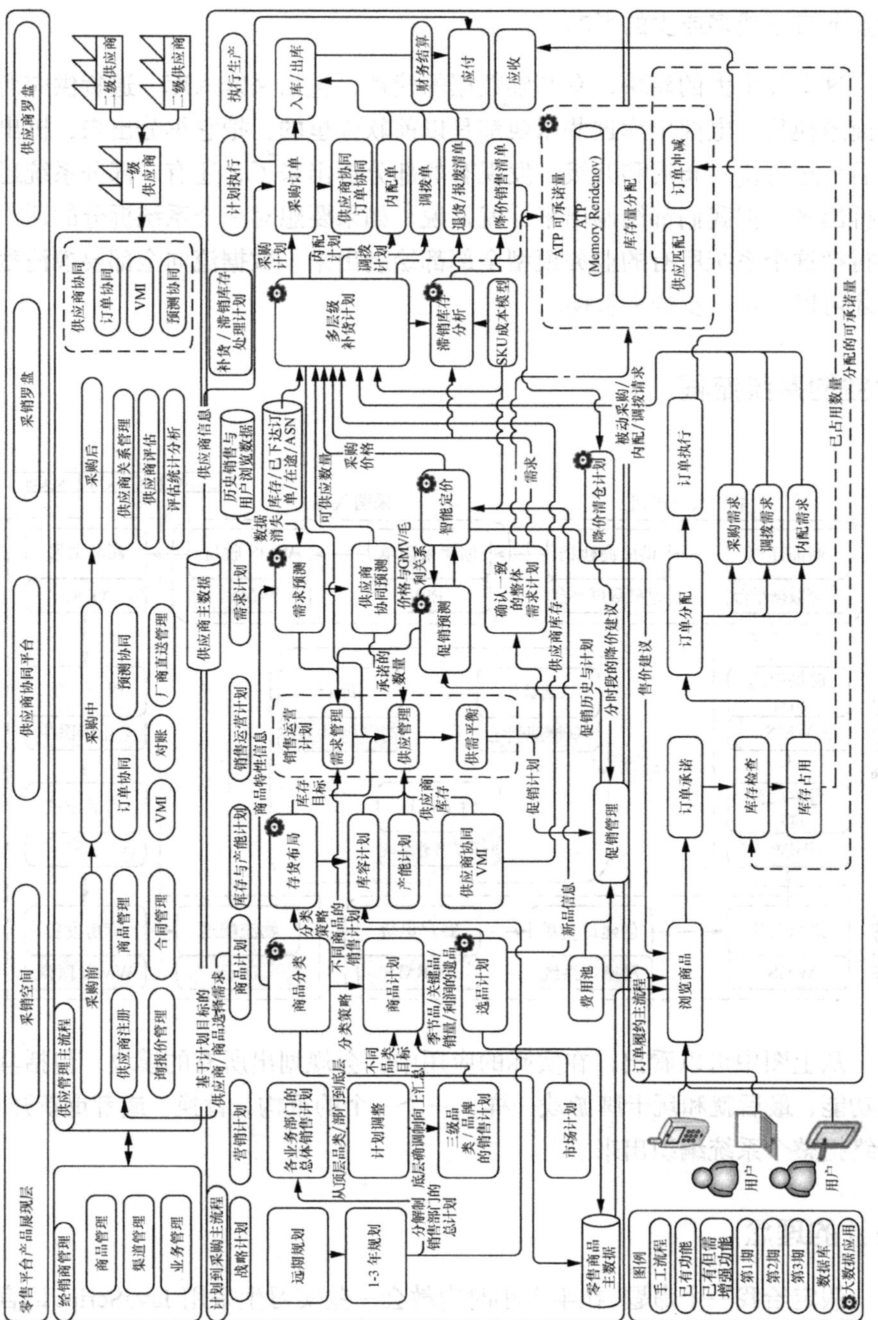

在主流电商平台中，若需精细化管理各个业务流程，一般会涉及上百个子系统，系统之间的交互接口更是不及其数。任何系统环节出现问题，都会对业务带来或多或少的影响。

这里几个大的模块，有基础数据的建档，包括采购入库、退货供应商、电商退换货、电商出库这些东西都是以前软件里的，把它拆分出来，拆出来以后再进行统一布局和升级。发现有的部分拆出来了，还有一部分系统还没有拆出来，但我们都绘制出来，就是说，如果要想对一个系统拆分的话，必须得把这个系统所有的业务模型全部都绘制出来，数据流向全部要摸清楚，你才可以一步一步的去替换。

企业的系统流程

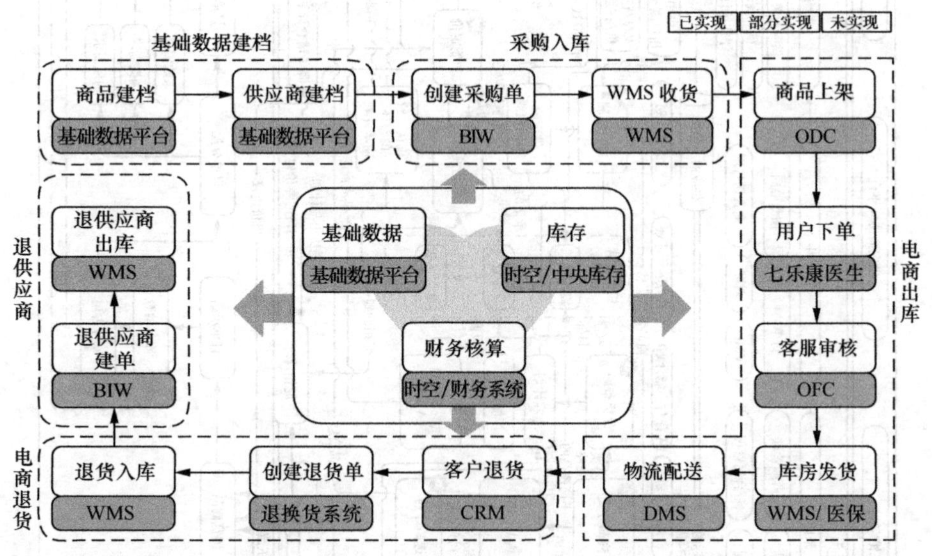

从上图中可以看出，在实际的应用中，会规划出所有的模块，包括具体的功能，最后就和玩卡牌游戏一样，一个一个的重构，替换，或者重新开发。最终把整个系统编织出来。

设计的理念

假定给我一个命题，在半个小时内教会一些实习生采用 JavaScript 语言进行目前的一些项目的开发，他们的能力只限于一些常规的基础知识，没有真正做过项目。

如果按照常规的方式，我只能说我没有办法，因为受限他们的理解，还有我对质量的要求，还有就是他们很多人根本没办法上手，如果一点点教，时间半个小时肯定不够。但是命题就是如此，我应该怎么才能做到呢？这里除了用创新的方式，别无它法。

这里我想引出一种技术框架，这种叫约定式开发。我们怎么能够让不太会写 JavaScript 的人，会写 JavaScript，并且写的好呢？

这时我们要有个理念，配置优于编码，也就是让一个不太会写代码的人，通过这种配置的方式可以让引擎自动去生成代码。试想编写完整规范的模块，并且书写风格优良简单，问题是我们如何把它传给别人，并且保持一致？如果我编写一个公用模块给大家用，编写规则引擎，别人只需要按照规则引擎的要求去写一些简单的配置，具体的实现代码是引擎自动生成的。这个时候，我们可以认为代码是自己生成的，我们只负责配置。但是问题来了，配置文件越来越多，要让让不太会写的人也能写出来，虽然降低了编码学习成本，但是至少还要学习写配置文件。这里笔者认为，少写代码可以减少复杂度，约定式开发就是一种很好的方式，配置优于编码，但是比配置更极致的方式是约定。这样我们就可以大量减少配置文件。

有关约定式开发，大家可以 http://os.51cto.com/art/201509/492650.htm 查看我在 WOT 峰会上的专题讲座。

懂点原理，会用鼠标，我认为就可以去编程，这是我认为的一种设计理念，也是一种架构思维，这种架构思维叫约定式开发，现在有很多前端技术，里面都有这样的一种设计思想。也许未来我们的生活，编程是人们的标配，就像司机这个职业，现在人人基本上都可以开车。也许未来我们能够通过说话，就在下达计算机指令，会有代理机器人对我们的指令进行分析，通过我们的话语进行编码。

【整理：张雪芳】

本来产品技术本部副总经理钱荣明：技术架构的迭代与锤炼

钱荣明，曾创办过猎头电商推推网，后就职于 IBM，2012 年加入本来生活，参与了本来生活整个体系的技术搭建，现任本来产品技术本部副总经理。

对于想做 CTO 的人，或者正在做 CTO 的人，或者做技术管理的人而言，技术的锤炼和知识的提升非常重要。此外，还有一道坎，那就是——决策。

CTO 在管理过程中时刻需要做决策，从管理层角度看问题做判断，一方面是由过去的经验辅助决策，另一方面则需要从公司整体出发，决策更有全局观。

重视双向沟通才能共赢

很多时候，技术管理者都会遭遇同样的问题，那就是领导做出某项决策，然后没有给技术人员留出足够的准备时间，这是典型的缺乏沟通意识。比如说经常有 CEO 一个电话就要求 CTO 某项目一个月上线，我老板也对我提出过这样的要求。

其实技术团队还会经常听到的话就是："这有很难吗？应该几天就可以完成吧？为什么这个这么慢啊，两天时间还搞不定吗"？这些话在创业初期不绝于耳，因为你不能要求每一位老板都懂技术，所以你只能妥协，通过团队的努力，尽可能快地实现领导下达的目标。

当时我和 CEO 沟通，或许我可以用一个月的时间做出一套系统，但是这套系统是否能让双方满意，是否能达到预期？我请他以后有新的想法，要提前和技术人员沟通，不要等到已经做出决定了再告诉技术人员，因为这样会让技术人员非常被动，也让项目实施徒增很多困难。当然，技术人员也需要多和领导沟通，需要了解对方的想法。

技术至上？NO!

企业技术体系的构建，绝对不要坚持“技术至上”原则。因为技术的构建离不开业务的发展，构建的目的也是为了更好地实现业务的升值。

还是用上文中与 CEO 的沟通作为例子，当时由于只有短短一个月的时间，我无奈之下做出了一个非常错误的决定：把现有 IT 系统拆分，拷贝了一套出来，在此基础上修改，重建了一条分支。这也意味着，本来生活有两套系统，各自有独立的服务器、独立的系统、独立的数据监测。

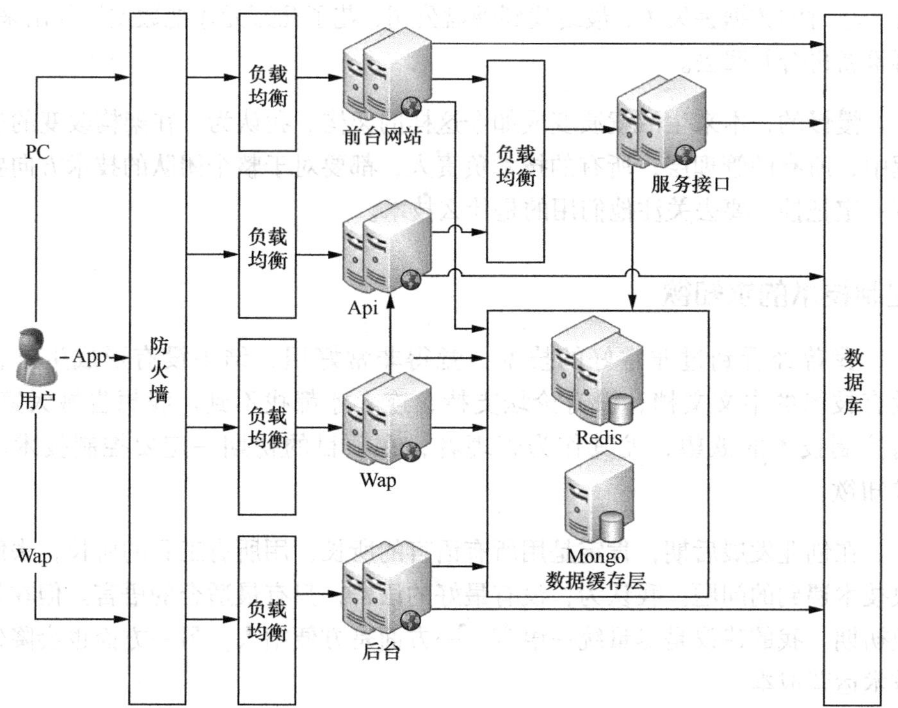

当时这个解决办法的确满足了业务的需求，但很快更多的问题暴露了出来：无论从财务层面、报告层面还是公司结构层面，都需要将这两套独立系统再度融合在一起。

通过这个惨痛的教训，我想告诉大家：不要追求技术至上，在变动技术架构之前，一定要和业务部门充分沟通，了解他们的需求，这样做出来的系统才能贴合实际需求，而非空中楼阁。如果架构师不了解业务，那么做出来的技术架构只能是理论，不会有任何作用。

要重视数据库

我想和大家分享我的一点经验，就是永远不要忽视数据库的重要性。我要求数据中心的管理人员，每个礼拜的固定时间要进机房巡检，是真的去人为地一台台巡检，并把这件事当做日常的工作之一。

第二点经验之谈是数据库怎么备份都不嫌多。这方面我也是吃亏长见识，本来生活的数据存储量不大，平均一个小时备份一次，当时出了一次意外，有一小时的数据丢失了，最终找到硬盘公司，花了几万元才把数据恢复出来，再重新再合并回去。

慢慢的，本来生活就演变成如今这样的架构。我认为，在架构改变的过程中，所有的管理层，所有的技术负责人，都要对于整个团队的技术方向要有一定把控，要去关注他们用的是什么技术。

控制技术的求知欲

我曾经看到过非常好的技术，觉得非常好用，结果没有形成生态，没有技术的中文文档，没有论坛支持，连人才都找不到。我想告诫大家，请控制技术的欲望，尤其作为管理者，在项目的初期一定要控制技术的求知欲。

在创业发展后期，肯定是用所有语言的所长，用所有工具的所长，去解决技术遇到的问题。我认为，没有最好的语言，只有最适合的语言。但在创业初期，我的建议是尽量统一语言，一方面是方便招人，另一方面也会降低技术运营成本。

现在我也在挖掘更多的能力，希望减少人力重复的工作，目的也是为了减少研发成本。这是一个非常现实的问题，因为在公司成本中，往往人力成本是最贵的。从领导角度考虑就会思索，能不能将几千万的工资降低，去做别的更有价值的事情。

将精力专注于更有价值的事上

在本来生活的初期阶段，我选择用服务商去为公司招人，做安全测试时，我也决定花钱请外面的公司对我们做渗透测试，之所以这么做，是因为我认为公司初期所有的资源都应该为业务铺路，这是我的做事原则。我们目前在做私有云，但是我不准备在这件事上花过多的精力，我要用最轻的方法做私有云，让专业的云厂商去实现我们的诉求。

在我看来，本来生活还属于创业期，在业务没有把技术做崩溃之前，一定要保证业务的前行。当然，盲目去支撑也不对。

千万不要选择外包服务

如何帮助业务做得更好？传统上看，工程代码耦合程度相当高，我认为工具性的内容可以通过外包服务实现，如旁支的检测、安全检查，但是系统层面的构建千万不要选择外包服务。

本来生活最初的系统是外包给供应商做的，可他们做了一件令我觉得不可思议的事情：为了把核心代码加入系统中，他们把所有的逻辑都写在了同一层里面，不管逻辑是否通顺，甚至也不管该不该写在其中，全部一股脑写进去，然后把这个包加密了。当我把源代码购买来解密了这个包之后，那一瞬间我就想把系统推翻重做！

这已经谈不上什么耦合关系了，俨然是打断骨头连着筋的状态，最后没有办法，我们自己一点点做解耦。

谈谈招人这件事

之前有人问我，在创业初期，如何解决招人的难题？

我的回答是，去北京各大学的论坛泡，看论坛中的学生，有没有符合要求的人。还可以让这些人推荐他们身边的好友，不管是毕业的、应届的、没毕业的，只要是人才，通通招进来。

坦白说，我创业初期的成员就是靠这个办法招来的，毕竟在公司初创时期，没有品牌效益，没有资金，前途和“钱途”都无法许诺，只能通过这样的方式去招人。

值得一提的是，通过我这样的方法招来的员工，职场经验如同一张白纸，他们没有见过世面，也并不知道该做什么。大部分人技术都停留在理论知识，写过一些小程序，并不了解什么是开发，什么是资产。这样的结果就是公司的系统质量令人堪忧。

后来，公司业务慢慢有了起色，IT 系统开始跟不上业务的节奏。在这样的情况下，我们只能逐步解耦做 SOA，先把框架搭建起来，然后一点点调整。通过这件事，我的经验是，即便是在初期，也要坚持自己的 IT 规划和思路，定期地对系统进行抽检，确保跟进业务路线，这是非常重要的事情。

印象最深的一次宕机

曾经有一件事让我印象非常深刻。有一天，有一台机器的容器挂了，我对技术人员说，你把机器重启一下吧！然后他就去了。结果没几秒钟，突然收到报警。我问那位同事，你做了什么？他反问，你不是让我重启服务器吗？

当时我简直要崩溃了，我只是让他把服务重启了，没想到他把服务器给重启了！幸亏运气好，重启服务器没有异常，如果重启失败，那意味着所有系统全部挂掉。

必须百分百确保系统可控

运维是企业中非常忙碌的一个职务。事实上，哪里有专门的运维人员？全是技术人员身兼百职。这样的结果往往是一团糟。

我们也是从这样的常态中走出来的。当时没有资金请人做运维，什么事情全是自己内部消化。后来技术团队慢慢用 JKS 做管理，然后线上自己搭建服务器，发布系统，最终实现多线条发布。当我们逐渐将发布系统控制好之后，我们决定成立专门的运维部门和测试部门。

当时也有很多同事不理解，我就和他们讲述了上文我所亲身遭遇的那个宕机事件。我告诉他们，当运维对于线上数据中心或者是云端的所有系统，不是全权把握的时候，终有一天你们会后悔，这就和我们后期把服务器重启是一个道理。当运维对数据中心哪怕存在一点点失控的细节，那都意味着漏洞的存在。

在正确的阶段
做正确的事

别把太多核心内容放在 App 里

苹果应用商店对重应用的审核非常严格，当时我们提交 App 之后，3 天就通过审核。在 2015 年，本来生活发布了 14 个升级版本，平均不到一个月就需要升级一次。为此我给苹果写了 10 封加急邮件。最后苹果公司给我发了一封邮件，提醒这样的行为非常不妥，建议本来生活先自查代码，以后再遇到这样频繁的升级，审核将无法通过。

为什么会出现这样的现象？原因就在于我们将太多核心的东西放在 App 中了。现在，本来生活不再采用这种做法，我们将粗颗粒度的代码写在 API 中，中间设立 ISC 框架进行多元调用，从而帮助 App 端实现更多的功能。有需求的开发者通过下单，将数据传输进来，我们在内部做拆分，做数据的聚合，然后再聚合下传、拆分，数据清晰，最后再聚合，再传过去。通过内部的优化，我们可以监控这些数据，实现更好地调用。

预先感知漏洞所在

我们经常遇到这样一个场景：业务部门的同事反馈用户投诉系统有 Bug，技术部门的同事收到投诉后，打开电话，检查系统，如果有问题，那就赶紧修改，尽快上线。

这个流程已经不能满足如今监控系统的需求了。监控系统的需求恰恰相反，要先于业务，先于客户先知道漏洞存在于何处。现实情况是，说起来容易做起来难，这需要把所有的业务调整成自动化的脚本，定期地自动运营。

对前端技术人员而言，这就是他们需要做的第二件事，在前端设立一些机制，每隔一段时间去自动化地进行全路径的测试，把点击、下单、注册这些流程全部都走一遍，每隔一段时间就重复操作一遍。作为一种预防机制，这也能发现一些问题。

像医生一样给系统听诊

谈及架构师，我认为架构师就是一个医生，医生首要职责是什么？看病。可以把业务当成病毒，业务会把病毒感染给系统，那么架构需要做的就是去开药方，换一个新的思路去解决问题。这是架构师要做的第一件事情。

那架构师要做的第二件事情就是着眼未来，像医生一样不仅要治病，更要预防患者再次生病。架构师包括所有的管理层，不能只看眼前，要看将来。我认为，所有系统的方向，在满足业务的同时，要稍微往前面走半年到一年的时间，对于创业公司和中小型公司，提前半年的架构已经很好了。

在架构 IT 系统时，我要求技术人员别只解决眼前的问题，要再往前推进一步。当时我要求仓库的系统能提供 500 万的货，能开出一万张票据。这对于当时实际业务情况而言，是有一定超前性的。

之所以有这样的要求，也是源于一次现实的教训。有一年，本来生活店庆，为了应对业务高峰，领导要求必须部署 60 台机器。这 60 台机器，仅仅是安装就需要 2 天的时间，当时，我带领 20 人的团队前往北京，搬机房，架机器，折腾了一天一夜终于完成了。从那以后，我就知道，系统必须要有冗余，架构的冗余、设备的冗余、技术的冗余，包括人力上都要稍微的冗余，而不是所有的技术人员都投入在业务上。我的方法是分配出 20%的人力，在技术架构上实现超前部署。

风控“四道关”，拒绝“羊毛党”

“薅羊毛”这个词大家都不陌生，甚至有人戏谑称大数据起源于黄牛党。为什么这么说？大家收到的诈骗短信，其实都是经过大数据分析的。黑色产业链购买了大家的电话号码、快递单号、个人信息，然后录入系统进行分析，根据每个人的情况发送相关内容的诈骗短信，内容非常精准。

那么如何抵御“羊毛党”的攻击呢？

首先要设立一套标准的风控体系，对于价格的波动、促销的波动、销量的波动，都有控制手段。本来生活是做食品的平台，“羊毛党”的目光都锁定在那些方便流通转卖的商品上，例如五粮液、品牌大米、油这几类。

其次，做好业务沟通与货物物流的工作。从异常行为中发现端倪，从而阻止“羊毛党”的攻击。

再次，建起第一道防线——注册。可以借鉴腾讯和阿里的系统，它分两个等级，其中第一个等级非常便宜，使用验证码就可以。通过验证码，做一些简单的人工判断、人工学习，例如通过页面拖动的时间、停顿、失误率来判断出这个注册对象是人还是机器。

像腾讯、阿里这样的公司，有一套完整的数据库，可以把网站注册用户的一些基本资料传给它，它会将用户分成三个等级：可信、可疑和严重。然后根据不同人的行为，做不同的风控体系，例如被归为可疑的用户，会在下单、充值、注册、加购物车、刷新各种地方给它设关卡，每个环节都把风控体系做好。

最后，客服体系也是风控的重要环节。我认为风控最后落地的关键不在技术，而是客服。本来生活之前的客服体系是可以根据订单来判断用户是否存在异常的。

技术是业务的追随者

我要求产品和技术定期的要去公司第一线工作。我曾经亲身体验过，当时团队的一位技术同事做了一个功能，他自己认为开发的非常好，可以大大提高仓库工作人员的效率。我去仓库干了一个礼拜，回来之后，针对他提的功能改了40多处。

追责也是技术人员必须考虑的一个因素。当客服接到用户投诉，技术要可以实现将一系列的用户行为记录在案，留存证据。其实以上这一切行为的根本目的就是要将产品与技术融入到一线，跟业务打成一片。

请记住，没有一家公司技术能满足业务需求。如果一家公司宣称技术能满足业务需求，我会认为这个公司前途惨淡。因为真的业务永远在发展，技术永远在追随着业务发展的脚步，技术人员如何更好地去帮助业务成长，是首要考虑的事情。上文提到去第一线工作一段时间，则是非常好的办法。

互动小课堂

提问：目前很多网站登录页面，都有第三方登录提示。对于这种绕过自己网站注册，使用第三方数据登录的方式，您如何看待？

钱荣明：对于这种和第三方合作的模式，我认为最重要的事就是要清晰自己的优势所在。对网站来说，数据库就是最大的优势。对技术人员而言，用数据说话也是最好的方法。例如，通过第三方登录了多少人、产生了多少数额的价值。

因为流量对于网站至关重要，所以对于联合登录这种模式，抓取用户信息是第一位的，可以通过手机验证的形式获取用户信息。

除此之外，对于在第三方做的各种促销活动，也需要用数据来说话，例如这些活动带来多少订单、人力成本是多少、复购率是多少。几个数据下来，领导层自然就明白什么活动更适合推广。这就是技术参与运营工作后，带来的新价值。

【整理：周雪】

饿了么兰建刚：饿了么网站架构设计及演进

兰建刚，前爱立信首席软件工程师，10 年以上高可用性、高并发系统架构设计经验。现任饿了么框架工具部负责人，负责饿了么中间件的设计及实施，通过中间件以及研发工具的辅助提升研发人员的工作效率，提升网站的稳定性及性能。

网站基础架构

网站在刚开始的时候是不需要 CTO 的，因为刚开始的时候，大概只是一个想法，一个产业的模型，快速地将它产生出来就可以。“快”是第一位的，不需要花太多精力在架构设计上。网站进入扩张期才需要 CTO，才需要对架构投入更多的精力来承载网站的爆发时的流量。饿了么成立已经 8 年，是中国专业的到家服务平台，现在日订单量突破 900 万。我们有了 CTO，我们也已经有了较为完善的网站架构。

可是我们要在一开始的时候，就使用能够更容易拓展 SOA 的框架或者现在很流行的框架吗？刚开始就使用 SOA，会有什么好处，开发上会慢多少？这个问题留待大家自己去寻找答案。

另外，我们用 SOA 的框架，好处到底是什么？SOA 解决了什么事情？解决两件事情，一个是分工协作，因为网站初期的时候，程序员可能就一到两个，又或者三到五个甚至十几个，但那会大家都在忙同一个事情上就可以了。每一个人之间的工作，其实大家都很清楚的，就是每天几个人围着一圈坐在桌前，我要做什么东西，然后通过吼的方式就能把所有的问题解决。一旦人员特别多的时候，这个方式显然是不行的，不可能一个人更新了代码需把其他人的所有代码重新上线一遍吧。

我们要考虑分工协作的问题，还有快速扩展，以前订单可能从一千到一万，虽然这个时候单量扩了十倍，但是总量并不是很高，对于一个网站的压力来说，其实并不是那么大。真的订单量从十万到一百万，从一百万到两百万的时候，可能也只是扩大了 10 倍，但是对整个网站的架构上来说是一个巨大的挑战。我们的背景就是 2014 年的 100 万突破现在 900 万，然后技术团队刚开始只有 30 几个人，现在已经超过了 900 人团队。这时候分工协作就是个巨大的挑战。服务的分分合合，团队的分分合合，这都需要一套框架体系来支撑，这也是 SOA 框架的一个作用。

看一下我们的现状，中间是我们整个架构的体系，右侧是和服务化相关的一些基础，包括基础的组件或者服务。

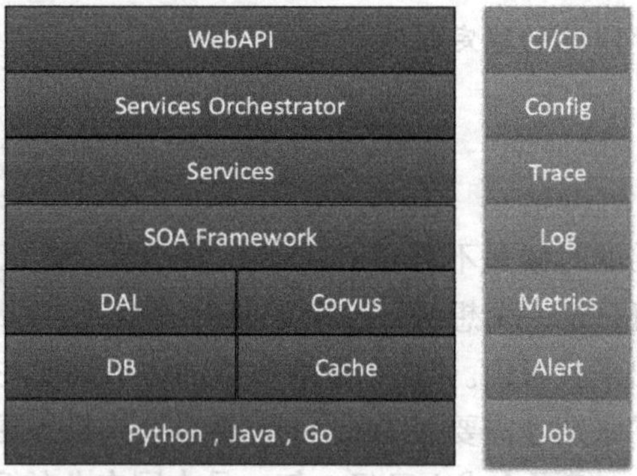

先说语言，我们原来的网站是在 PHP 上的，然后慢慢转型。我们的几个创始人都是大学生创业，那么理所当然，Python 就是一个很好的首选。到现在发现，其实 Python 也是很好的选择，但是我们为什么要扩展到 Java 和 Go 呢？因为 Python 很多人都会写，但是真正能把他做的很好的人，其实并不多。但是业务要发展，需要更多的开发人员。考虑到 Java 成熟的生态环境，以及新兴的 Go 生态，我们最终选择了 Python、Java、Go 多语言共存的一个生态。

WebAPI 主要做一些 HTTPS 卸载、限流，还有安全校验等一些通用的和业务逻辑无关的操作。

Service Orchestrator 是服务编排层，通过配置的方式实现内外网的协议转换、服务的聚合裁剪。

架构图右边是一些围绕这些服务化框架的辅助系统，比如说用于定期执行一个任务的 Job 系统。我们有将近快 1000 个服务，这些系统怎么监控，所以必须有一套监控系统。刚开始只有 30 几个人的时候，我们更擅长的是跑到机器上去搜一下 Log，那么 900 多人的时候，你不可能都到机器上去搜一遍

Log，就需要有个集中式的日志系统。其他的系统就不一一赘述了。

罗马不是一天建成的，基础架构是个演进的过程。我们精力有限，那先做什么呢？

服务拆分

当我们的网站变大了，原来的架构跟不上发展的节奏了。我们要做的第一件事情是什么？第一步是把大 Repo 拆成一个小 Repo，把大服务拆成小服务，把我们的集中的基础服务，拆分到不同的物理机器上去。光做这一件事情，我们整个项目做了一年多，也就是服务拆分用了一年多的时间才做完。这是一个比较漫长的过程。这个过程中，首先要对 API 做一个很好的定义。因为将来你要知道，一旦你的 API 上线之后，要再做一些修改，这个成本是相当大的，因为很多人会依赖于你的 API，很多的时候，你并不知道有谁依赖于你的 API，这是一个很大的问题。所以刚开始拆分的时候，其实要对 API 做很好的一种设计。然后再把一些基础服务抽象出来。很多原来的服务其实是耦合在原来的业务代码里面，比如说支付业务，业务很单一的时候，紧耦合的代码没有关系，但是扩展出越来越多业务都需要支付服务的时候，然后你每一个业务（比如说支付的功能）都要去做一个吗？

其实不需要的，所以我们要把这些基础服务抽象出来，比如说支付服务、短信服务、推送服务等，把它抽离出来。

拆服务看似很简单、没什么价值。但这恰恰是我们刚开始就要做的事情。其实在这个时期，前面所有的那些架构都可以往后拖，因为不做架构调整其实不会死人的，但是拆服务你不做的话，真的会死人的。现在我们每天线上发布一千多次，如果所的代码都在一个 Repo 里面，每发布一遍，所有代码重新部署，服务重新启动一遍，你想想这是多么恐怖的一件事情。所以刚开始的事情，肯定是要服务拆分，越早拆越好。服务拆分必定是一个漫长的过程，这实际上是一个很痛苦的过程，也是需要很多配套系统的系统工程。

发布系统

发布是最大的不稳定因素，很多公司对发布的时间窗口有严格的限定，比如说每周只有两天可以发布，周末是绝对不可以发布的；还有的公司是在业务的高峰期绝对不允许发布等。我们发现，发布的最大问题在于发布上去之后没有简单可执行的回退操作。回退操作到底是谁来执行，是发布人员就可以执行，还是需要专人来执行？如果是发布人员的话，发布人员并非 24 小时在线工作，出了问题找不到人怎么办？如果是有专人来执行回退，而又没有简单、统一的回退操作，那这个人需要熟悉发布人员的代码，这基本上不可行。

所以我们就需要有发布系统，发布系统定义了统一的回退操作，所有服务必须遵循发布系统的定义回退操作。在饿了么对接发布系统是对所有人的强制要求，所有的系统必须全部接入发布系统。发布系统的框架很重要，这个东西其实对于公司是很重要的一件事情，需要放到第一优先级的队列里面去考虑的。

服务框架

紧接着就是饿了么的服务框架，把一个大的 Repo 拆分成一个小的 Repo，把一个大的服务拆成一个小的服务，让我们的服务尽量独立出去，这需要一套分布式服务框架来支撑。分布式服务框架包含的服务注册、发现、负载均衡、路由、流控、熔断、降级等功能，这里就不一一展开了。前面已经提及，饿了么是多语言的生态，有 Python 的，也有 Java 的，我们的服务化框架对应也是多语言的。这对我们后来一些中间件的选型是有影响的，比如说 DAL 层。

DAL 数据访问层

当业务量越来越大的时候，数据库会变成一个瓶颈。前期可以通过提升硬件的方式来提升数据库的性能，比如升级到一个有更多 CPU 的机器，把硬盘改成 SSD 的或者更高级一点的，但硬件提升终归是有一个容量的限制的。而且很多做业务的小伙伴，写代码的时候，都直接操作数据库，发生过很多次服务一上线数据库就被打爆的情形。数据库被打爆掉了之后，除非等待数据库恢复，没有任何其他机会可以恢复业务。如果数据库里面数据是正常的，业务其实都可以补偿出来的。所以我们做 DAL 服务层的时候，第一件事情是限流，其他的东西还可以放一放。

然后做连接复用，我们 Python 框架用的多进程单线程加协程的模型。

多进程之间其实是不可以共享的一个连接的。比如一台机器上部署了十个Python进程，每个进程10个数据库连接。再扩展到十台机器上，就有1000个数据库连接。对数据库来说，连接是一个很昂贵的东西，我们DAL层要做一个连接复用。这个连接复用讲的不是服务本身的连接复用，而是说DAL层上的连接复用，就是服务有1000个连接到DAL层，经过连接复用后对数据库可能只是保持着十几个连接。一旦发现某个数据库请求是一个事务的话，那么DAL就帮你保留这个连接的对应关系。当这个事务结束之后，就把数据库的连接，放回到共用池里面去，供其他人使用。

然后做冒烟和熔断。数据库也可以熔断的。当数据库发生冒烟时，我们会杀掉一些数据库的请求，保证数据库不至于崩溃。

服务治理

服务框架之后，涉及服务治理的问题。服务治理其实是一个很大的概念。首先是埋点，你要埋很多很多的监控点。比如有一个请求，请求成功了或者失败了，请求的响应时间是多少，把所有的监控指标放到监控系统上面去。我们有一个很大的监控屏幕，上面有很多的监控指标。我们有一个小组，专门去看这个屏幕。72小时盯这个屏幕，如果有任何曲线波动了，就找人去解决。另外是报警系统，一个监控屏幕展示的东西总是有限的，只能放那些很重要的关键指标。这个时候就需要有报警系统。

罗马不是一天建成的，基础架构更是一个演进的过程。所有的事情都可以做，所有的事情都可以招人来做，但是我们的资源和我们的时间总是有限的。那么作为架构师和CTO来说，怎么在这种有限的资源下，产出更重要的东西。我们做了很多系统，觉得我们自己做的很棒了，但其实不是，我感觉我们又回到了石器时代，为什么？因为问题越来越多，需求也越来越多，总感觉你的系统里还缺点什么东西。团队越来越大，服务越来越多，想做的功能也一大堆。比如对于流控系统，现在我们还是需要用户去配一个并发数，那么这个并发数，是不是根本不需要用户去配？是不是可以基于我们服务本身的一个状态自动去控制并发数？然后是升级方式，SDK升级是个很痛苦的事情。比如说我们服务框架2.0发布的时候是去年12月份，到现在还有人用的是1.0的。是不是可以做到SDK的无损感升级，我们自己来控制升级的时间和节奏。

还有我们现在的监控只支持同一个服务上的汇聚，是不分集群、不分机器的，那么是不是以后的指标可以分集群的，分机器的？举一个最简单的例子，比如一个服务上有十台机器，那么可能只是某一个机器上出了问题。但是它所有的指标都会平均分摊到其他的九台机器上去。你只是看到了整个服务延时增加了，但有可能只是某一台机器拖慢了整个服务集群。但是我们现在还做不到更多维度的监控。

还有智能化的报警，这个报警，就是快、全、准，我们现在做到更快了，做到更全了，怎么才能做到更准？每天的报警量高峰时间一分钟一千多个报警发出去。所有的一千报警都是有用的吗？报警多了之后，就相当于没有报警。大家都疲劳了，就不去看了。我怎么能够把这个报警更准确地区分出来？还有更智能化的链路分析？以后是不是我们的监控不要放监控指标，而是放链路分析，这样就能够很清晰的知道，这个问题对应的是哪一个结点上出了问题。

这些问题涉及我们做事的一个原则：所有的东西是做到够用就行了，还是做到大而全？

照我们 CTO 的说法，饿了么是处于百废待兴的阶段，其实我们有很多东西要去做的。有些高级的功能是要做的，但是你是不是可以稍稍往后放一放，把最基本、最重要的东西做完了。如果遇到一个功能，不做它就活不下去了，等到真的要死了你才去做，那肯定是来不及的。我们是不是可以把这些更高级的功能放一放，去做一些未雨绸缪的工作，比如说灾备、比如说多活。

我们现在每天有 900 万的订单量，网站宕机对我们来说是无法容忍的。然而总有一些问题是你没有办法控制的，比如说我们所有的东西都在一个机房里面，机房断电了怎么办，机房的光纤被挖断了怎么办？总有一些问题没办法快速解决，比如一些很诡异的问题，短时间无法恢复，不管怎么重启、回退、新建都解决不了，这个时候怎么办呢？一个办法就是切备用机房，这就是我们正在做的灾备。但我们同时在展开多活的进程，为什么？因为灾备系统平时并不承载流量的，我们得花大量的代价来不断投入精力去测试灾备系统，保证灾备系统的可用性。另外一个，灾备的切换时间是以小时计算的。比如我们现在的北京机房出问题之后，如果我们要切灾备系统，可能要花一个小时才能切到灾备系统上去。

外卖业务是天然的适合多活的场景，因为一个订单的生命周期就发生在一个限定的地域范围。我们可以把北方的业务放在北京机房，然后南方业务放在南方的某一个机房，这就是饿了么的多活思路。

这就是饿了么整个网站的演进思想——东西够用就好，但是要能够未雨绸缪，做一定的超前规划。

【整理：齐琳】

学霸君高级技术总监苗广艺：学霸君在线答疑架构发展经历

苗广艺，在加入学霸君之前，先后担任央视网高级研发工程师、搜狐研究院副研究员、欢聚时代（YY 多玩）资深算法工程师、奇虎 360 资深算法工程师。早期工作经验以图像识别算法为主，研发过分布式存储内核，后投入深度学习技术研发。在业内最早将深度学习技术引入到拍照搜题领域，帮助学霸君 App 以技术优势快速占领市场。从头组建了直播答疑技术团队以及北京君君辅导事业部技术团队。目前在学霸君担任技术总监，负责学霸君 App 技术开发以及整个公司的基础技术研发。

我经历了学霸君在线答疑业务从设计、研发、上线、迭代、步步优化，直到稳定的整个过程，故可从一个技术负责人的角度来对这项业务的技术发展做一个全面的回顾。

个人经历与学霸君的业务相契合

在加入学霸君之前，我有过多年互联网公司工作经验，曾就职于央视网、搜狐、YY 和 360。在研究生期间，我就开始了图像与识别方面的研究，毕业后也主要从事这方面的工作，在 2013 年左右，深度学习技术在国内开始热起来，我也参与其中，将深度技术应用于人脸识别算法当中。接触了学霸君之后，我发现在教育行业，深度学习技术大有可为，因此我决定加入他们，并很快将深度学习技术应用到拍照搜题这个领域。

什么是学霸君？学霸君是一家教育行业的创业公司，主要面向 K12 的用户，也就是中学生和小学生。学霸君 App 最初的主要功能就是拍照搜题，学生可以拿起手机对着题拍照，框选出题目范围，进行搜索。搜索结果不仅有 ABCD 答案，还包含丰富全面解析，如题干、题目简析、推导过程、点评、题目考点相关介绍等。这个功能上线后，受到学生们的欢迎，因为学霸君 APP 的搜题准确度较高，APP 的用户量增大非常快。

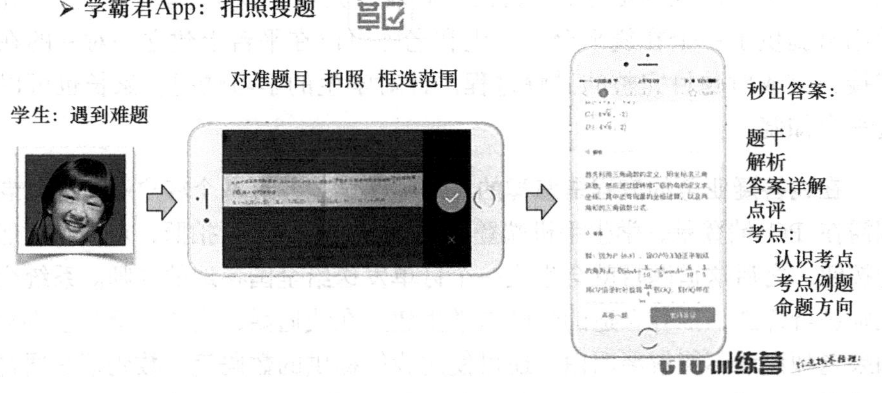

学霸君在只有拍照搜题这一个业务的时候，后端技术主要是题库的建设、搜索、OCR 识别（文字识别技术），产品注重体验及 APP 的开发。实时在线答疑业务等功能的出现，促使学霸君的技术快速发展，特别是后端技术。

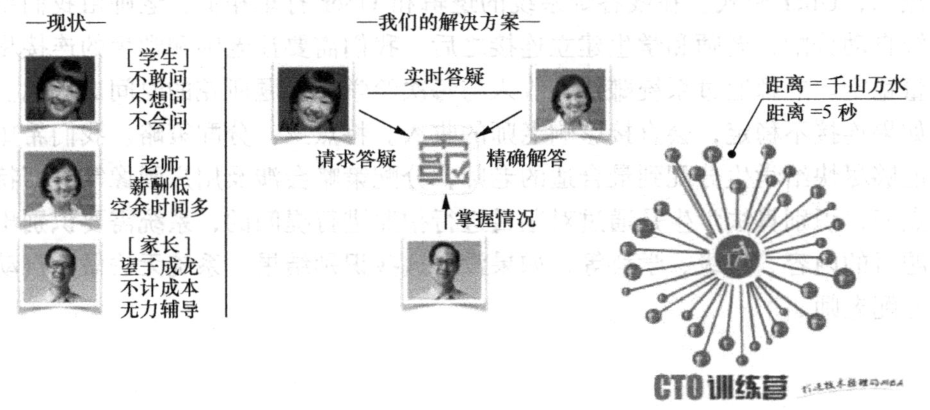

为何要做在线答疑这个方向呢？伴随用户量增长，只是给学生推送题目的答案，不能完全满足学生需求。学生更希望有老师的帮助。老师因为薪水偏低，空余时间相对较多，也希望为这些学生答疑解惑赚取外快。家长希望孩子可以成绩更好，但自己没有能力去辅导孩子。鉴于三方的状况，学霸君提供了一个在线平台，学生和老师可以在平台上建立一对一的在线连接，完成对题目完整的讲解过程。针对学生的学习情况，家长也可以通过平台知晓。

在线答疑业务的流程是怎样的？老师和学生各有一个客户端软件，老师端需在 PC 端登录，学生手机端登录。学生对难题进行拍照，点击呼叫老师的按钮，之后这道题目就会生成一个订单发送给全国各地的老师。系统会对老师进行筛选，推荐合适的老师与学生建立在线通话，由老师给学生讲解。如果老师说话不能解释明白，还可使用我们提供的数码笔。数码笔是通过蓝牙或者 USB 与 PC 建立一个连接，将老师在纸上写的内容实时传输到学生的手机屏幕上。针对学生的题目，系统还会给老师推荐题目的答案以及解题过程作为参考，这样做可以大大节省老师审题的时间。

在线答疑业务的重要特点。特点一，实时对话。通过语音和笔记让老师和学生进行实时沟通。系统需要做到不卡不断不延迟，音质尽量好。特点二，Uber 模式。在线答疑系统的逻辑和 Uber 打车相似，老师由我们系统自动分配，老师和学生建立连接之后，我们需要让老师和学生的连接尽量稳定。老师通过系统赚钱，收入与每次给学生讲题所花的时间成正比。如果连接不稳定，会直接影响老师的收入。特点三：分配策略。我们希望能够尽快给学生分配到最合适的老师，分配策略会涉及用户画像等方面特点四，识别算法学生是通过对题目进行拍照进行提问的，系统需要识别出题目的内容、年级、学科等，如果没有这些识别结果，系统无法做到自动分配老师。

特殊时期，特殊办法

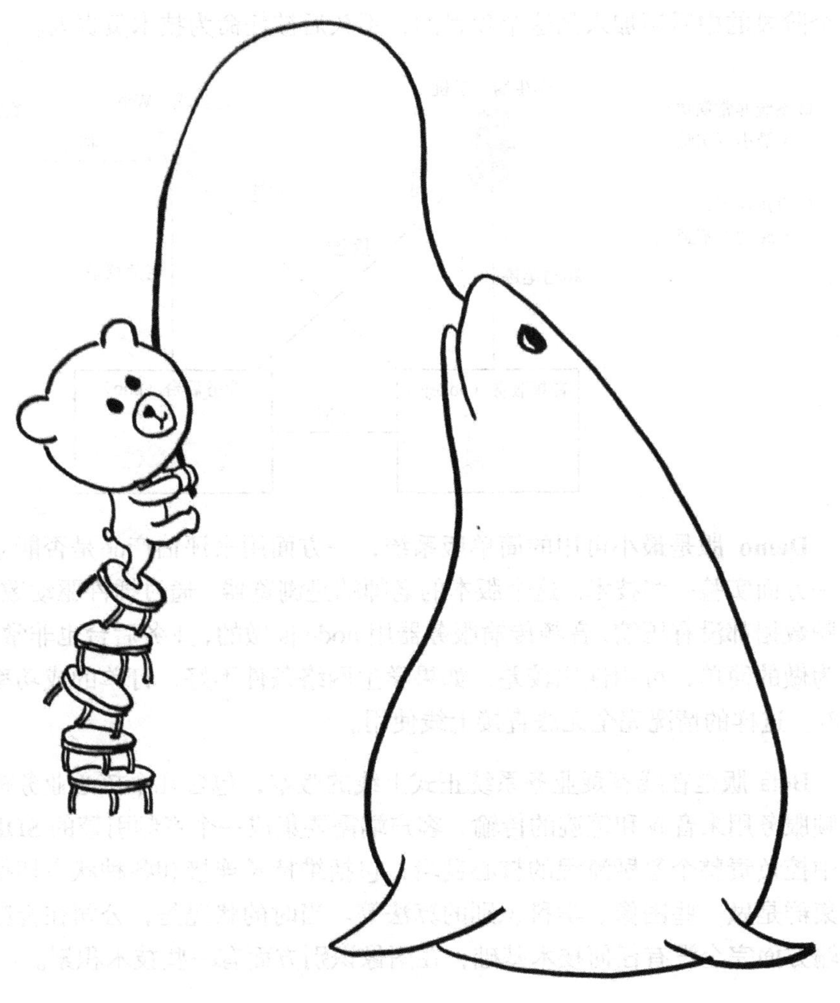

在线答疑业务系统的演变之路

在线答疑业务从备战到上线到稳定经历了三个阶段；最初我们开发了一个基于 web 客户端的简单的 demo 版本，来验证业务的可行性；然后正式立项，开始组建团队、攻关难点技术，完成了 beta 版本产品正式上线。上线后，又对系统进行了大量的优化，使得产品达到了很好的效果和体验。我是在第一个阶段的中后期加入到这个项目的，不久后被任命为技术负责人。

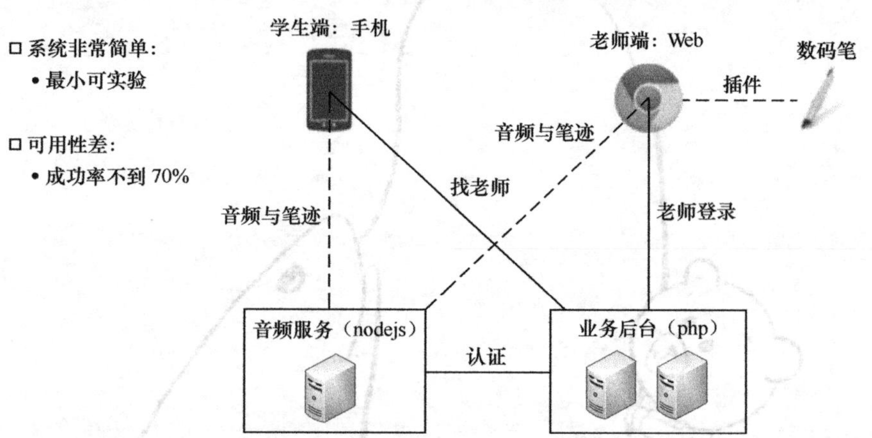

Demo 版是最小可用的简单版系统，一方面用来评估产品是否能立项，另一方面实验一些技术。这个版本的老师端是浏览器，通过插件驱动数码笔，音频数据都没有压缩，音频传输服务器用 node.js 做的，业务后台也非常简单。因为做的简单，可用性比较差，如果学生网络条件不好，订单的成功率不到 70%。这样的情况完全无法直接上线使用。

Beta 版是在线答疑业务系统正式上线的版本，包含几个核心业务模块。音频服务用来音频和笔迹的传输，客户端需要集成一个音频引擎的 SDK；答疑中控负责整个答疑流程的核心逻辑，包括维持长连接和各种状态切换；识别集群是做一些图像、学科识别的算法等。当时的状况是，公司在音频实时传输方面完全没有任何技术基础，在图像识别方面有一些技术积累。

实时音频传输技术有较大的技术难度，两个用户进行在线语音对话，整个对话流程会经过很多很复杂的技术环节，包括采集、预处理、压缩、打包、发送、传输、接收、缓冲、解码、后处理和播放等，这些环节会互相影响。

因此整个流程也会有很多不确定的因素，在真实场景中，还会遇到各种困难，如各种网络环境和复杂的适配。

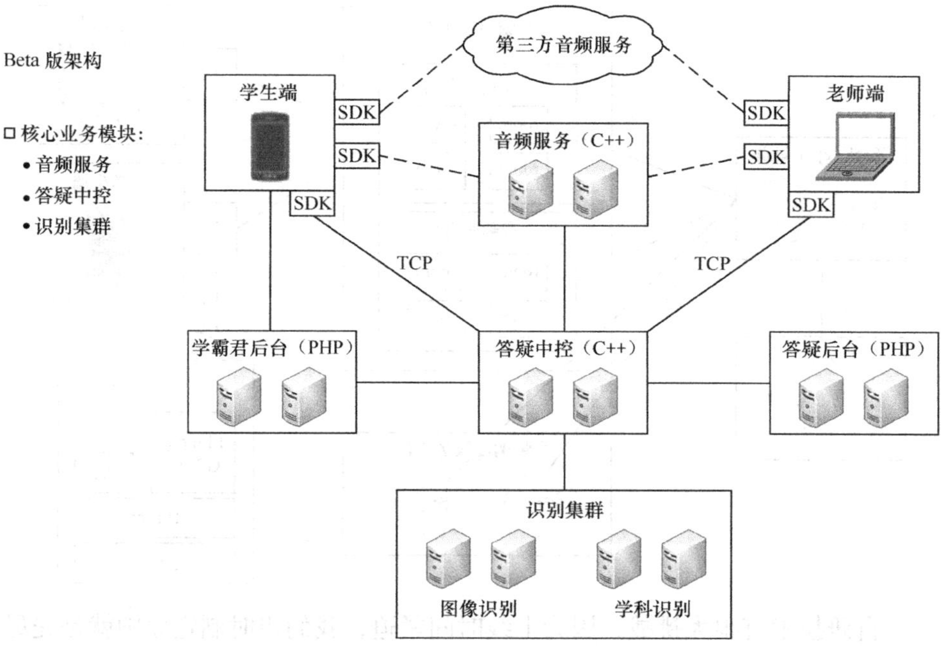

我们面临的第一个问题就是技术选型问题，这个决定了后面产品的效果以及开发的难度。在协议选择上，如果直接选择 RTMP 和 HLS，相对开发简单一些 ，但这些协议是基于 UDP 协议的封装，在实际应用场景中往往会经过多次 CDN 转发，至少有两秒钟的延迟，如网络不好还会有更多的延迟或者累积延迟。在线答疑业务的场景是老师和学生实时的对话，对延迟问题需求较高。PTP 协议虽然是专门为音视频传输而生，但比较老旧，不能完全满足我们的需求，如果使用的话需要要在它的基础上再封装一些协议。最后我们选择了自有协议，在 UDP 协议上进行封装。虽然在开发上有难度，但是其延迟可以做到特别低，灵活度比较高，可以自控。除了音频传输，我们的业务场景还需要传输笔记，可以考虑直接用视频传输音频和笔记，这样做虽然很灵活，但对网络和设备要求比较高，所以最终没有考虑。我们将笔记的原始数据压缩后直接传输到对方终端，然后实时画出来，这样笔记传输的数据就会非常小，可做到延迟特别低。另外，我们也可以直接用第三方技术，有的公司有相对成熟的 SDK 可以直接集成到我们产品中，但这样做会增加很多沟通成本，产品升级的速度会变慢，不掌握核心技术，无法完全根据我们的业务场景定制。长远考虑，最终我们选择自己研发一套我们自己的音频传输技术。

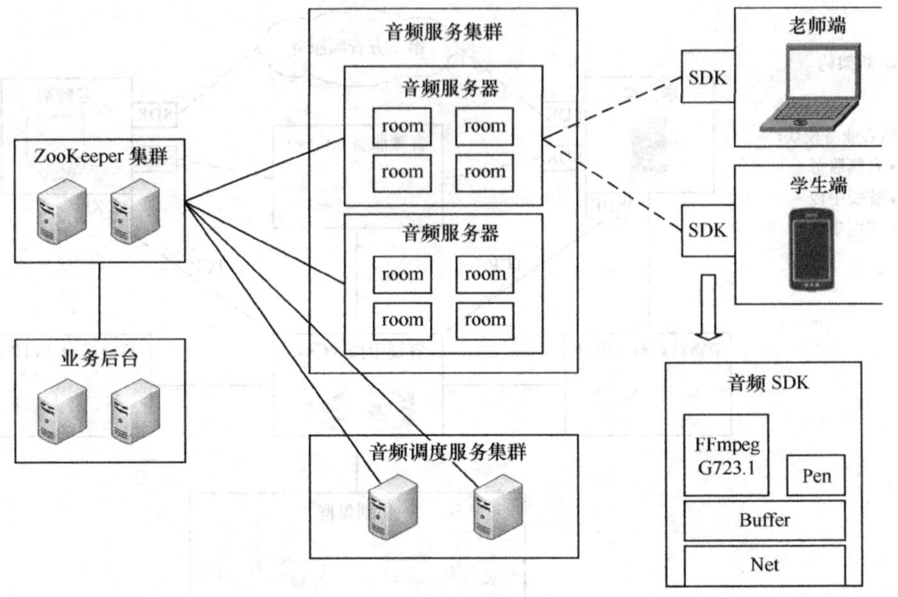

自研技术有很大挑战，因为上线时间紧迫，我们当时制定原则就是先尽量简单，快速做起来，做成一个可用的系统，然后再不断升级优化。我们用ZK集群管理所有服务器，其中音频服务器用于传输数据，每一个师生连接都会生成一个room，老师和学生进入同一个room内进行通话；调度服务器用于管理音频服务器资源以及room资源；老师和学生客户端都需要集成一个SDK，SDK上包含了采集数据、编解码、缓冲、网络传输等模块，把所有逻辑打包在一起，这样业务开发人员就不用关心这些技术细节了。Beta版的音频服务虽然没有做到尽量好，但及时赶上了业务上线的时间，为业务快速在市场推广争取了时间。以下是音频服务的一些技术选择：

- 采样：音频8k，笔记59帧
- 预处理：Webrtc中的audio_process模块
- 编解码：FFmpeg框架，G723.1，固定码率
- 打包：均匀切分成udp包，自增sn
- 缓存：固定缓冲长度

- 丢包处理：音频不管，笔记重传
- 传输：服务端中转，以 room 为单位
- 录音：服务端存储 udp 包，异步转码

再说一下识别集群。学生用手机拍照上传题目的图片后，图片在系统中会经历 OCR 识别、语法纠正、题目搜索和学科识别四个环节。OCR 识别，就是把图像上的文字识别成具体的一段文字。语法纠正，就是通过语法分析纠正那些识别错的字，尽量提高识别的准确率。识别出的文本会通过搜索服务来找到这个题目的答案。学科识别是通过文本分类识别出题目所对应的年级和学科，有了题目的年级学科等信息，系统可以自动地把题目分配给该年级该学科的老师。

整个识别集群里，最复杂的是 OCR 识别。印刷体文字识别看似简单，但在实际业务场景中却是非常难的，因为会面临大量的模糊、图片扭曲、照片低质量、复杂公式排版等问题，一般的 OCR 算法在这样的业务场景中基本不能用。

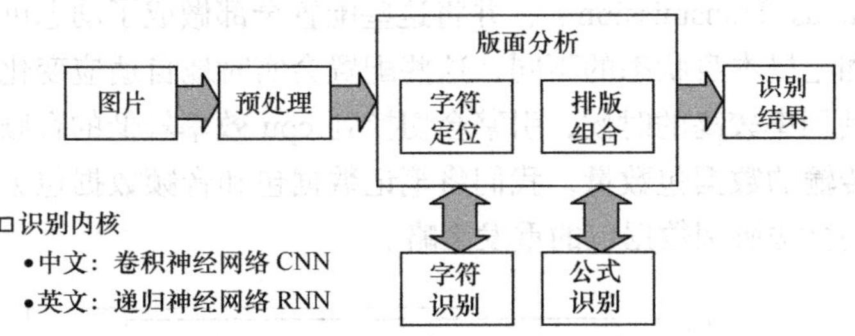

我们的 OCR 识别的算法的大体流程是这样，首先对图片进行预处理，如图片角度纠正，图片亮度均匀纠正等，然后进行版面分析，最终得到识别结果。版面分析是最复杂的部分，我们通过自研的二值化算法来定位文字的像素，并将像素转化成小碎块，然后进行排版组合，找到文本行的段落结构，顺便进行文本行扭曲矫正，这其中涉及大量的图像处理算法，重点是选择合适的高效的算法进行组合。版面分析的同时，还会用到字符识别。对于中文来说，一般会用卷积神经网络，也就是 CNN 算法。对于英文来说，一般会用递归神经网络，就是 RNN。我们用的是 RNN 中的一种经典网络 LSTM（长短记忆模型）。因为我们识别的是学生的题目，学生提问数学题的情况特别多，数学题中包含着大量的公式，公式识别需要做一些特殊处理，这也是所有识别中最难的部分，需要结合单字识别和公式版面分析综合来识别。

在线答疑业务系统的深度优化

Beta 版系统上线以后，随着用户量增大，各种各样的真实场景对系统的可用性提出了更大的挑战，加上产品需求不断增加，我们对整个系统进行了全面的升级。主要的升级有四个方面：音频通信（音质优化、延时降低、连接稳定等）、老师调度策略（更好策略、用户画像、供需调整等）、系统架构（架构优化，模块化，监控报警）、识别算法（更多科学、知识点分类、讲题模块等）。

音频服务遇到了不少问题，例如，有的学生会反馈说和分配的老师连接不上，系统不是高可用，有时音质差，系统对网络抖动敏感、卡顿、掉线、超时、安卓记性适配等。针对这些问题，我们主要做了三点：音频引擎升级、网络传输升级、云适配。

我们抛弃了 ffmpeg 框架，重新采用了 webrtc 的整体音频引擎，增加了多种采样率、动态码率、多种编码方式、FEC（Forward Error correction）、DTX（Discontinuous Transmission），并将这些配置全部做成了动态可变的，针对网络状况和主机本身状态的不同，这些配置会实时地自适应变化。比如，当主机 cpu 使用率较高的时候，引擎会切换到 cpu 效率较低的音频编码算法。为了减少传输的数据包数量，我们将笔记数据包和音频数据包进行了合并，通过自研的算法协调数据包的重发策略。

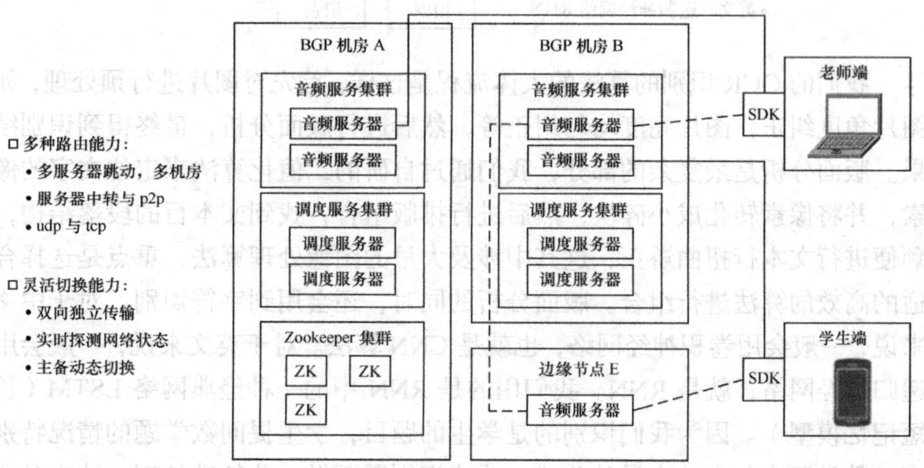

网络传输方面，我们没有使用 webrtc 的传输模块，而是重新写了一套传

输模块。整体架构如图，音频服务器负责传输音频数据，调度服务器负责协调资源，ZK 集群负责监控各服务的生死。选择 BGP 机房作为核心机房，ZK 集群必须全部部署在同一个核心机房，调度服务器可以部署在不同的核心机房，客户端通过调度服务器获取到可用的音频服务器，以及建议的传输路由。音频服务器可以部署在任何机房，音频传输的时候，也会经过一个或多个机房。调度服务器会提供多条路由，客户端和音频服务器都会不断地探测各条路由线路的网络状况，如果当前的传输路由网络不好，客户端会自动切换到网络状况最好的那条路由线路。值得一提的是，我们的传输架构是双向独立传输，也就是说，近端到远端的路由与远端到近端的路由可能是不一样的。为了进一步提高连接成功率，系统还支持 TCP 协议传输和 P2P 直连。

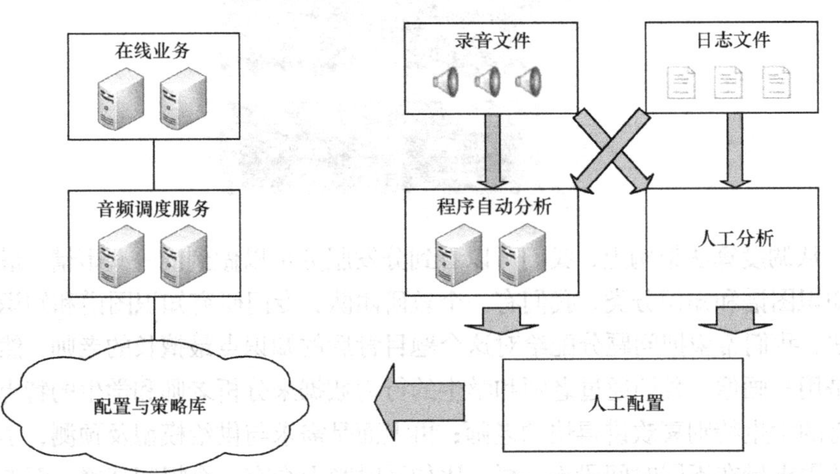

为了解决安卓机型的适配问题，我们采用了云适配的架构。根据线上的录音和日志数据，人工设置出最合适的配置参数和策略，将配置和策略写入数据库，供调度服务器选择。随着不断的动态调整，配置和策略达到了最优效果。我们最终完成了 4000 多种机型的适配。

分发服务拆分

关于老师调度的问题，一开始老师的分配是随机的，随着产品的发展，随机分配不满足需要。加上调度逻辑都放在答疑中控服务里，导致中控服务里的逻辑特别多，代码越来越臃肿。针对上面问题，我们从答疑中控中把调度逻辑拆出来单独放在一个分发服务里，通过消息队列解耦。拆完之后产品和运营的需求就很快得到释放，调度策略的升级速度大大加速。分发服务后接模型和策略库，模型和策略库决定分发服务的各种调度策略。

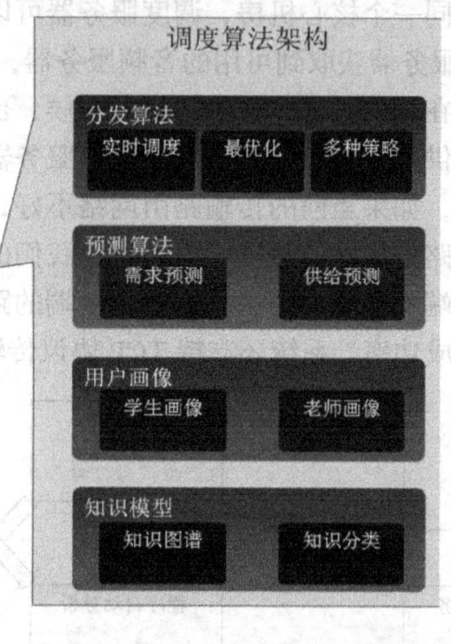

从调度算法架构上，我们可以看到分发服务可以做到的一些事情。最下面是知识图谱和知识分类，我们有一个教研团队，专门研究知识图谱和知识分类方法，我们希望把问题分配给对这个题目背后的知识点最擅长的老师；然后上面是用户画像，我们通过老师和学生的行为数据来分析老师和学生的特点，比如有的学生特别喜欢讲得快的老师；再上面是需求与供给模型及预测，学生提问的需求量在不同时间段不一样，比如平时晚上会有一个提问高峰，而老师的供给量也有一个规律，我们的系统可以预估供给与需求的情况并进行调节，比如老师不够用的时间段提前给某些老师发消息；最上面是分发算法，根据下面几层提供的各种能力，通过多种策略实现实时调度和最优化。

整个业务逻辑是由答疑中控来控制的， 由于当时上线时间紧，我们正好有一个 C++的异步网络框架，就用 C++开发了业务中控。但 C++做这个业务中控并不是特别合适，如 C++语言开发起来相对慢、容易出 Bug、网络库复杂等。加上当时为了赶进度，代码质量不是很高，以及整体架构并不是很好，我们决定重构业务中控，并升级整体架构。在架构调整之前，中控服务既要做基础服务（如 TCP 连接、消息重传等），又要做业务逻辑。我们把基础服务和业务逻辑拆开，拆出一个单独的消息网关服务，专门负责长连接，通过消息队列与业务服务通信。这样一来，消息网关服务可以将长连接做得更加可靠以及高可用，而业务服务可以只关心业务逻辑，整体架构更加合理。在架构调整的时候，我们采用了 GO 语言来开发，因为 GO 语言对网络和并发支持得更好，并且支持内存回收，使得开发效率更高。

答疑中控业务流程比较复杂，答疑中控需要维持老师、学生、服务器三者的状态一致，有很多异常情况需要处理。我们在重构中控业务逻辑的时候，引入了状态机的概念。我们用状态图详细地描述出整个答疑过程中老师、学生、服务器三者的所有的状态情况、状态的转化条件、状态的转化动作。有了状态图的文档作为指导，产品经理和开发人员沟通起来也顺利很多，技术开发出 bug 的概率也大大降低。

除了核心业务升级，我们还做了其他一些补充，如日志与监控。监控分为物理监控（zabbix+grafana）、接口监控（自研后台）、业务监控（ELK，自研后台）。日志收集基本上是用 ELK，主要是服务端日志，客户端 debug 用的日志也可以上传服务端再同步到 ELK。

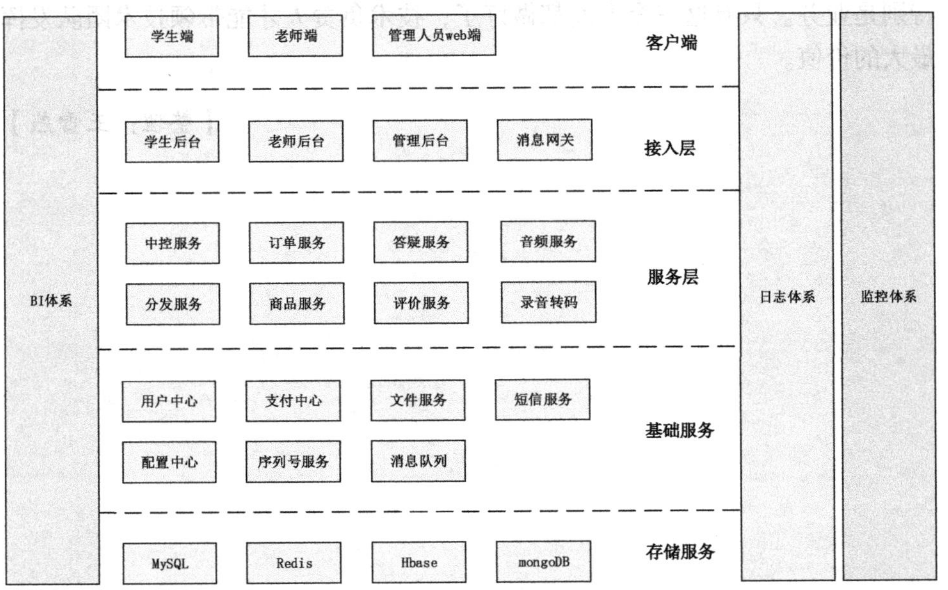

除了上述的重点优化模块，我们还对整体服务做了很多拆分，最终形成了一个整体有序的业务架构。最上面的是客户端，然后是接入层，包括长连接和接口服务等，然后是主要的业务服务层，下面是一些公司公共的基础服

务，最下面是存储服务。同时贯穿整个架构的有BI体系、日志体系和监控体系。这些工作都是随着在线答疑业务不断升级而完成的，最终在线答疑业务取得了很好的用户体验，我们的技术团队也成长了很多。

技术思考

最后，我想说的是一点点关于技术的思考、就一个技术负责人很容易过分关注技术本身，比如团队的技术如何选型？后端是不是要做服务化？各业务是不是要做统一的监控？是一步到位还是要小步快走？到底什么样的技术才是最牛逼的？等等我认为最重要的反而是在业务上，因为所有的技术都是基于业务而存在的。如果抛开业务只谈技术，不能创造任何的价值。特别是一个技术总监或CTO，他的脑子里最先考虑的应该是业务。他需要明确公司的战略和业务方向，未来半年到一年业务会变成什么样子，然后再把业务发展分解为技术的打发和节奏，最后量化到各个技术团队或成员。

技术、管理、业务，是一个技术负责人都应该擅长的东西，缺一不可，特别是业务。只有这三个方面都做好了，技术负责人才能带领技术团队发挥最大的价值。

【整理：王雪燕】

第五篇

CTO 与 CXO 的相处之道

没有点周边软技能，怎么能与其他部门愉快协作。

扫码查看活动视频

花虾金融 CEO 段念：CTO 的向上管理：做一个可扩展的 CTO

段念，花虾金融 CEO，前宜人贷 CTO，前豆瓣工程副总裁，带领技术团队开发出了多款“个性鲜明”的产品与服务，在宜人贷用户量和业务量快速增长的过程中，通过合理的业务优先与技术决策，在业务发展的过程中保证了系统稳定性、安全性，真正做到了“将科技转化为生产力”。现加盟华夏信财，出任副总裁兼花虾金融 CEO。

扩展性这个名词大家都不陌生，但是我要讲的这个扩展性不仅仅是技术层面的扩展性。就我自己的经历和经验来说，我觉得作为 CTO 管理一个团队的时候，考量的不应该是纯技术的，这意味着什么呢？除了技术外，还需要关注团队？关注业务？其实作为 CTO 来讲，我觉得这个角色还是挺微妙的，如果一个 CTO 不只是把自己目标定义在技术本身上，做一些事情的时候可能会发现特别容易出现事倍功半的状况。

所以从这点来说，我想要跟大家分享的就不仅仅是技术的维度，而是怎么样在一个组织里做 CTO，帮助组织更好的工作。

我对 CTO 的理解

在我前面所在的几家企业中，我主要作为技术管理者来承担决策，我给自己定义了三个方面的职责。第一个是“效率管理者”。对于我管理的团队来讲，我最关心的就是效率。谷歌有个部门叫 EP，工程效率。我觉得当你的组织和团队有一定规模的时候，作为一个 CTO，你很可能只能把自己的注意力放在效率上，因为关心细节和具体的技术决策，不应该是你的主要工作。当然大的技术方向决策你需要管，但是大多数时候你要更关心每个团队是否提升其效率。

第二个是“问题关注者”。问题关注者不一定是解决者，我关心的大多数问题，并不一定由我自己解决。之所以这么说，有两个原因：第一，你的团队成员需要通过解决问题来成长，如果所有问题都是你来解决，他失去了成长机会。第二，很多时候团队成员解决问题的方法比我能想到的要更好，这是关键。如果我作为一个 CTO，告诉他们这么解决，我给的方案不见得是最好的方案，但是他们肯定会遵照我的话执行，效果不好那就是我的事了。所以在这种状况下来讲，我关注问题，但是我不一定直接解决问题。

第三个是很强的沟通能力。“人在江湖飘，哪能不挨刀”，撕这件事情是免不了的。作为 CTO，除了管人、管事还有很重要的一条，向上管理，其实大多数都会用到“撕”的手段。为什么这么说呢？举例来说，我相信大家都见过这样的公司：业务部门说什么我们就干什么，越做越没有地位，到后面是业务让干什么就干什么。要避免这种情况，就需要合理的“撕”。

我觉得对互联网公司来说，如果很多事情要进入排期，大概率是出了问题，所以要避免这样的事情就得跟老板撕，跟老板撕完跟其他部门撕。

我对 CTO 的技术管理的理解

对于管理，我个人理解就是这几个方面，接下来我围绕制度文化、管人、管事、向上管理这四个方面做一些分享。第一个，制度和文化，“文化”这个词在很多的公司和团队来讲都很强调，企业文化、团队文化等。我有个看法，所有贴在墙上的东西都不叫文化。文化这个词我个人怎么理解呢？从英文的“文化（Culture）”这个词的词源来讲，是有一个自然形成的含义在里边，而中国的文化（“以文化之”）更多的是有一个到达规范性的过程，不太一样。在企业内，我觉得文化说得直白一点可以叫做“潜规则”，不可能公司发生的所有事情都有制度来约定，但是发生了一件事情，都会有个相对的倾向性：遇到事情的人会倾向于怎么处理这件事情。所以就文化来讲，我觉得它是一个潜规则，就是大家习惯的、认同的方式。很多不在制度里的东西是通过文化来解决的。为什么不用制度解决呢？因为制度很多时候跟不上。

管人和管事大家每天在做。管人，我会从招聘、激励方面去做。管事是拒绝所有不该做的事情。各位如果在自己团队里稍微做个统计，把你团队最近做三个月或者半年做的所有的事情先统计出来，再看看产生的结果，你就会惊讶的发现，你有 80%的精力打了水漂。

什么是扩展性

回到主题，到底什么叫做扩展性？我把“扩展性”定义为可以随着业务的发展变化进行适应性的内容，团队技能、团队的工作方式、技术关键点上的积累与提前布局，你可以从这三个方面考虑，但不一定在任何时候都用同样的方法。对于技术管理者来说，可能有的团队大一点，有的团队小一点，有的相对来讲比较稳定，处于不同状况的公司，业务发展和未来业务发展的预期可能很不一样。比如说创业早期的团队，我现在唯一关心的就是怎么活下去，这个时候谈什么架构的优化、技术的领先性都是空谈，关键是你赶紧用最快速度活下去。

首先，团队的技能什么意思呢？团队是有自己的技能的，这个是不可否认的事实，技术是不断变化的，你很难保证一个团队几年前和几年后的方式仍然适用。你要提前准备，以适应这样的变化。

第二个是团队的工作方式。小团队、大团队需要不同的工作方式，有些公司业务是纯粹的以产品为中心，比如说互联网公司，大部分贴着为用户提供工具和用户体验来走，这个情况下你的团队很可能需要有比较强的数据驱动和快速试错的能力，但是有些公司可能在某个阶段是完全的业务和运营驱动的，比如说很多垂直电商都是这样，这个时候你可能最需要的是根据运营快速变化。当然还有一类是技术驱动的业务模式，这种公司在中国挺少的，你可能要建立一个以技术为中心，能够快速把新技术运用到你团队里的能力，这个对于不同业务方式来讲是有不同的工作方式，也会有不同侧重。

第三个是布局，无论如何对每一家公司来讲都有自己独到的技术的关键点，不一定是高深的技术，也可能是经验，比如说做浏览器的UC，UC最大的优势是踩了一遍坑，这也是相对的技术优势。比如对宜人贷来讲，你的关键点，积累在哪里？布局在哪里？对于互联网金融的P2P行业来讲，合理地平衡金融技术与互联网技术是核心。

如何准备扩展性

那么怎么样准备扩展性呢？第一点，我个人认为技术和业务的关系。首先技术是什么？或者技术在一个组织里有什么作用？我对技术的看法是这样的，技术是用于支撑业务的，注意是“支撑”，不是“支持”。在宜人贷的技术团队里，我一直以来跟所有的工程师反复讲的是你一定要知道技术是什么，技术在这个组织里是支撑业务的，所以你技术最好的出口是业务的表现，只有你的业务有良好表现，才能说明技术在这个过程中发挥了价值。这个反过来推，意味着你做事的风格，也就是说你不要追求什么东西是技术的最大挑战，而是什么东西能最大的实现业务价值？

关于扩展性，要高度弹性的系统，一般来讲作为一个小团队不可能付出这样的成本，而且运维成本也非常高。第二个，对于大公司来讲，两年三年后的发展在当下不可预期，即便你是一个弹性的设计。就拿宜人贷来讲，如果在三年前或两年前来看 P2P，唯一能看到的空间就是做个人信贷、企业信贷，可是现在呢？线上的极速贷，消费金融，供应链金融，那玩法完全不一样，后面的玩法就更多了，资产类、资金类的，无论你多厉害，在当初设计架构的时候都不可能让架构适应所有的玩法。

团队与技能的扩展性

接下来我们看团队和技能的扩展性。作为管理者来讲，可以通过招聘、绩效几件事情来提升团队的扩展性。

从招聘这件事情来讲扩展性，首先你需要找到扩展性的员工，但是必须说每一个组织都有不同文化，大家不要都用同样标准来招人。我只说我的标准，我的标准是两个，第一个，拿两个人的钱给一个人，我愿意给高工资。第二个，这个人一定要在招他的时候就确定有可以激励他的方式，也就是说这个人招进来之后，我可以确定我怎么激励他。能激励他的意思是我能够找到一个点，让他愿意 90%、100%甚至 120%的投入进来，如果不能激励他，我绝对不会招。

说到面试，我来讲讲我面试的经验。我面试的时候，第一个考察解决能力的问题。第二，你要向我表明你有好的学习能力，你怎么判断他到底有没有好的学习能力呢？我的办法就是，你最近学了什么东西，你不要讲名字，你讲细节。除了技术层面，还有一点，我会考察他的意愿。你到底为什么愿意做这个事情？这个过程中我会尝试不同方式，比如说看看你对技术的兴趣有多浓厚，当你面试了这个人，他对话题感兴趣你会看到他进入到一种两眼放光的状态，如果我跟他聊一个小时，始终没看到他两眼放光，那么我没有办法提供你感兴趣的东西，那就算了。所以这个过程中，这是我面试的第一个经验。

再来说说绩效，绩效的目的有两个，第一个，就是我告诉你我希望你怎么做。换句话说，A和B能力也差不多，工作投入也差不多，在两个项目里，可能A的运气好，项目干得好，B项目不怎么样，A显然会比B好，那B会觉得不公平，我的投入和能力都和他差不多，项目干得不好又不是我的错，为什么我不如他？我会告诉他，对，就是不公平，但是合理。

也就是说我关心的绩效是指每个人要尽一切的可能帮助你所在的团队达到更好的效能和产出。我们做绩效的时候是怎么操作的呢？我在豆瓣和宜人贷都是这样做的，首先做绩效之前画五条线，上面这条线是超出，在上面是强烈超出，中间一条是符合，下面是不符合、偶尔符合。那怎么用呢？关键是为不同级别的人设定一个相对一致的预期产出，然后根据实际产出与预期产出进行比较，根据结果（超出、符合，还是不符合等）将团队成员分布在不同的线上 。

我们说团队中好的和不好的，拿到最高评价的不一定是产出最高的，这个产出一定要和他所在的级别的预期产出进行比较，你的其他成员是要有成长空间的。所以我们的第一件事情，同级别的比较。第二个，拿不同团队做比较。大家先把某一个人拿下来，往上面贴，你认为这个人放在哪里。理论上来讲，你所有绩效标准都是对应的，每个级别有自己的期望要求，可是实际操作的时候你会发现每个级别的要求是很难精确的去抠的，所以什么叫符合，是很难用书面的标准去衡量，那为什么我每次要拿团队一起做呢？有两个原因，第一个，我信奉一个原则，透明是最好的方式。所以在这个情况下，透明首先给所有人压力。第二个，因为你的这些符合超出或强烈超出的标准都没法书面定义，所以必须要在各位沟通的过程中达成一致，这个标准是很难用书面建立的标准，所以当不同的领导者在一起参加这样的活动的时候，一次到两次之后，基本上大家的标准就趋同了。

就这个状况来讲，这是我自己用的一个绩效的方式。当然这个方式我再三强调，它不公平。对单次的绩效结果来说，如果考虑项目，个体差异性，那根本就没有公平可言。所以，你就不要讲公平的事情，我的原则就是告诉你世界上根本没有公平，但是我会用透明的方式保证公正和公开。

那么为什么我会倾向于用这样的方式解决问题？主要原因是这种方式提供了很好的弹性。这个过程中，生产力这件事情、产出这件事情是可以扩展的，或者说你团队发展的不同阶段可以定义成不同的东西，会有各自的变化，是更偏向于业务、稳定性、生产效率？你可以自己来做，但是框架整个来讲是没有问题的。

学会管理预期

向上管理

向上管理主要是管理期望，说出来就是三件事，第一不要指望不懂技术的老板/合伙人和你有一样的认识，第二是坚决地说“不行”好过把宝押在不可能达成的目标上，第三是时刻让业务决策者明白团队的能力水准是非常必要的。

这样三点如果做到，我觉得管理的工作会轻松很多，很多时候，事情不行不是沟通能力不行，而是期望不对，这个是我觉得关于期望的比较好的方式。说白了，把自己当成老板的合作伙伴，而不是纯粹的执行角色。

最后一个，向上管理同样也有管理扩展性，因为你也要说服你的老板，为你的团队做更大的投入，做一些有预见性的事情，那作为 CTO 来讲，你首先要保证对于业务有足够认知，这点挺关键的，因为很多技术出身的同事对技术的关注度远远大于业务的关注度。如果作为公司的技术负责人，对业务发展的准确预测是非常必要的，所以我不管加入任何一个团队，第一要了解业务本身。第二，领先一步，不要领先太多，因为所有的领先都是钱堆起来的。第三，扩展性的关注意味着对人才、组织机构、IT 系统的扩展性的关注。

互动小课堂

提问：刚才你讲到沟通没那么重要，您是一个比较外向的人，那对于很多社交能力弱的做技术的人，这些社交性会不会成为一个障碍？

段念：好问题。不过，我刚才讲的不是“沟通不重要”，而是说“不要把没有通过沟通达成目的简单地归纳为沟通能力有问题”。要说社交的话，我个人并不是个热心的社交参与者，是这样的，你觉得我是一个外向的人，但其实我可能并不是一个外向的人，从 MBTI 的测试结果来看，我是个内驱的人，更多的来自自己的认可，我也不喜欢一大群人热闹。所以，在这个情况来讲，我不觉得社交是一个问题，你不喜欢不意味着你做不了，我的职业要求我做，我就做了。

第二，沟通中比较重要的是“站在对方的角度”，要说动别人，需要给别人以利益，也就是影响力中说的“互利互惠”。这个能力我觉得比社交能力关键。另一方面就是表达能力，表达能力是可以训练出来的。例如，你可能会觉得我站在这里口若悬河，是因为我外向，喜欢社交。其实这只是因为我的表达能力比较好，而不是其他的。拿我的 PPT 举例，我的 PPT 会非常简单，但同一个 PPT 我讲两次可能会不一样，我会随时去调整，表达不是站在自己的角度讲，是站在听众的角度讲。

提问：我想问一下你刚才提到技术管理者，第一个要做效率的关注者，你有没有一些工具去衡量工作当中的效率，还是凭直觉来说？第二个问题，因为一个团队如果太大的话，你可能会切分成小的团队，然后这种小团队的管理风格怎么能让它保证跟你想期望的管理风格一样？有什么方法可以做到？

段念：第一个来讲，效率的问题，我不倾向于把效率做成完全数量化的东西，我对于量化来讲，应该适可而止，所以我一般看什么？第一个，从结果里看，看你的产品的交付周期，比如说互联网的产品，速度是一个挺重要的指标，所以在这一点来讲，我会希望你的迭代周期越短越好，这是我对项目的理解。第二个，产品的质量怎么样？第三个，我会有横向的比较，哪个团队在项目上怎么样。这个很难用明确的数据量化，所以我认为管理者一定要有好的判断力，至少我能明确一个判断结果，这个我还是能靠自己的经验判断出来。这是我个人看法。

当然，我也会有一些判断方式，比如说刚才说到的加班，如果一个团队一天到晚加班肯定有问题，大家都把加班当成常规工作肯定有问题。

第二，当团队大了我不可能认识每个人，200 多工程师我应该也就认识不超过 60 个，所以在这个状况下，如果你发现一个团队你每次去大家都特别安静，都在敲键盘，这个团队我觉得可能有问题。一个高效的团队会有很多交流，当然不是闲聊，今天去哪里吃饭、明天去哪里玩儿，而是在讨论方案、在讨论设计，每次去都只看到他们敲键盘肯定是有问题的。

一旦我觉得团队可能有问题，我不是很确定的时候，我可能会跟他们坐在一起一段时间，这是我的一种方式。

另一个问题，我怎么确保大的团队小的团队都一样？最终拿产出说话。第一，我会和每个和我汇报的对象都有个定期的一对一的沟通，直接汇报给我的人通常都是 10 个人以上，每两个星期到一个月会有个一对一的沟通，平常和我沟通多的人会一个月一次，沟通少的人一般两周一次。沟通的过程我会有个大概的模板，包括三个事情。第一，你整个团队业绩的完成情况到现在怎么样？目标完成情况怎么样？第二，这段时间绩效最好的是谁？最差的是谁？什么原因？第三，你个人有没有什么你觉得我应该知道的？基本上这样三个问题，半个小时到一个小时，基本能了解个大概。

其中我提到的最后一个问题，“还有没有什么你觉得我应该知道”？这个还挺好用的。以前我总问“还有没有什么其他的事情？”答案一般是“没有”。“有没有什么需要我来帮你解决的”？也没有。而“有没有什么你认为我应该知道的其他事情”这个问题效果最好。

提问：你提到如果在我们团队当中出现了频繁的项目排期就不是好的现象。能进一步谈谈吗？

段念：对，我前面加了一个定语，是在互联网公司，如果技术团队的定位是纯粹的实现者（像是传统企业的 IT 团队），整个团队是个资源池，团队的任务就是实现已经清晰明确的需求，我觉得这个角度讲，排期是个合理的方式，相当于把资源排满的方式。但是为什么我觉得互联网公司里出现频繁的排期不那么合理呢？我觉得互联网公司的技术团队，正常情况下不应该仅仅是用于实现功能的“资源”，只对完成功能而不对业务结果负责。互联网公司一般需要快速尝试，试错，需要有比排期灵活性更高的方式，保证重要的事情（包括尝试）能够优先被满足。那种排期排到半年以后的做法，在需要快速反应的公司里是个灾难。

【整理：祁宏宇】

原唱吧高级技术总监黄全能：产品与技术的协奏曲

黄全能，Trustdata 技术副总裁，2005 年从清华大学毕业后加入爱立信，五年后加入一个美国硅谷云计算公司担任商业智能组负责人。2012 年加入唱吧，负责线上研发部门，在唱吧技术团队从 0 到 1 的过程中，他以小而精的团队管理理念，运用精英化、非预期性奖金的管理方法，使技术团队以强大的内聚力而著称。2016 年加入 Leapp 教育科技担任 CTO，目前带领技术团队帮助业务快速成长。

产品和技术天生是一对冤家。因为当你的产品团队给技术施加压力足够大，或者技术这边特别希望干涉产品团队的时候，这两者的关系就会变得比较剑拔弩张，但是两者平时又处于互助共存的状态。本文将带大家了解产品和技术的那种理不清的关系，以及如何更好地处理来提高团队整体的工作效率。

一、技术与产品关系的方法论

技术和产品什么样的关系？**首先肯定是合作关系**。产品作为一个设计师，拿出原型图，与技术进行功能需求的细节沟通，然后技术把它进行实现。另一方面，产品和技术，一个是消费者，一个生产者，这就存在一个**对立的关系**。这在大部分公司都会遇到，两者之间有时候在需求上会取得一个平衡。还有一种是**暧昧关系**，产品和技术表现为亦敌亦友，比如市场活动、广告这些小的需求，产品有时候会帮技术去承担一部分，这个时候产品和技术是相互掩护、相互帮助，关系比较暧昧。

本次，我准备给大家讲一些产品和技术的方法论。在这些方法论最后，我会抛出自己的观点，技术跟产品到底保持怎样的共同协助的关系才会相对健康一些。

1. 关系方法论之一：技术应该理解产品方向

我觉得技术要做几件事情，第一就是技术应该理解产品方向。**为什么技术需要理解产品方向？因为产品方向对员工的士气非常重要**。下面拿执行力最强的一个组织单元军队来举例，在你的印象中，军队的高层领导命令部下要去攻打某个地方，他的部下就往前冲吗？不是的，真实情况是高层领导在命令下达的同时，会告诉他的部下，我们打那个地方的目标是什么，向哪个方向防御，向哪个方向进攻，向哪个方向做准备，有可能会经过哪些地方，可能会撤到哪儿。这些指令不光是高级将领去指导部下作战的一些备用方案，其实更多是告诉他一个目标，让他们了解拿下这个地方之后要怎么做。这就是为什么在打仗之前，要做一个全体动员。同样，对于产品，就要求他在项目启动前，告诉技术这个项目的发展方向和做这件事情的意义，从目标层次上达成一致。

如果产品不告诉员工方向的时候，他会觉得这个事情根本就看不出来意义在哪儿，你没有跟我做任何沟通。技术理解产品方向，首先在士气上就特别重要。

第二，**在代码的架构设计上**，技术需要和产品协商好功能是否有全面实现的必要性，数据库、接口和架构是不是要快速迭代并做好功能预留，后续是否涉及重构。这里建议技术直接问产品，你下一步到底想把这个功能做成什么样子，是一个大众化的，还是只是一个试点小众的，你的入口有没有可能扩展到外面，导致自己服务的压力上升很多，还是说你这个产品可能会跟别的产品捆绑在一起，我的接口是不是要做一些预留，你可能会用到几家的服务，还是说一家就可以了，像这些问题都非常重要，如果不去问的话，下一个迭代中，大家就会累死。

第三个好处是说技术储备。其实很多时候产品不敢匆忙上线，是因为我知道我的技术可能现在这个阶段做不了。我知道你们承受不了再上一个数量级的服务，我知道你们的搜索技术还没做好，你们的技术储备还没做好。这个时候产品永远不敢上，但是技术如果不理解产品方向的话，他们也会说产品还没提需求，我为什么要做它，我有更多的时间，可以去做点现在的新功能或者功能优化，而不是投入更多到项目的发展上去。

2. 关系方法论之二：技术应该理解产品细节

技术部门经理的一些责任，就是**去跟产品沟通方向**，去给自己的技术往前去规划一个路线，这个非常重要。

方向理解完了之后，第二个就是产品细节。其实好的产品跟技术的一些交互，应该用一个完整的文档把这个细节写得很清晰，我知道有些创业公司，尤其是在早期的创业公司，细节并没有那么细。但是作为技术，在一些小的细节上需要很好的把控，原因有以下三点：第一个是架构的选择，再一个是产品的质量，第三个就是产品的 bug。从技术层面上进行维护有几种好处：首先是按模块去划分，在产品线呆得比较久，所以对业务的熟悉程度很可能在产品之上。其次，因为好多办法是互用的，所以技术可能会比产品更清晰或者更容易找到哪个地方是两边都会用到的，然后提醒产品自动更新是有问题的，从而在逻辑方面对产品会有帮助。

说完了前面两点，我们技术一定要去关注产品，直接去挑战产品的一些思路、设计，包括为什么要这么做。这个时候就特别容易剑拔弩张，有时候产品会觉得我是产品经理，还是你是产品经理；这个产品需求，我为什么要跟你解释这么清楚。在这种情况下，如何避免两方交火，就要求双方相互要做一些理解，其中一部分，就是技术要理解产品的一些困难。

3. 关系方法论之三：技术应该理解产品困难和鞭策产品进步

产品和技术最不一样的地方在于产品有很大的主观性，技术没必要非得让产品找出一个理由证明这个需求是一定要做的，在这个方面，技术要容忍产品的一些主观性。即便有些公司可能会做一些 AB 测试，但是 AB 测试的时间成本也不低。还有很多功能，真的是很难做评估的，就算从数字上做了试验，你也很难看到有任何变化。

除了主观性之外，还有一个是试错性，就是产品有时候自己也不知道我主观想象的功能到底好不好，你真的要去挑战他，他也没有办法辩护，所以他们很可能真的是需要一些情况去试错。

然后又回到我们技术应该有的责任感上来。我觉得技术要鞭策产品进步。可能在有些公司，产品经理内部团队之间会去进行一种相互的批评和建议，通过团队之间去成长。但是有些公司的产品，首先是每个按功能划分，每个的领域是不一样的，所以其实他们之间的成长性和挑战性没有那么大，如果产品本身不是很自省的话，他们的进步会弱些。这个时候，技术可以在这方面进行一些补充。

我们要认识到产品哪些方面是可以去挑战的。第一就是主观性产品容易加入太多，他们会不断地加这种试错，但是资源有限，也存在用户成本和机会成本。在这种情况下，技术一定要告诉产品，需求实现是一个平衡，不能无限地主观，不能无限地试错。

还有一点就是，粗糙的设计会影响产品质量，这一点一定要跟产品经理讲清楚。因为粗糙的产品设计会严重影响代码的质量。第一个是可能出现复杂的状态机，多处调用，你可能每添加一个状态，它将呈现指数级的增长，测试也难，代码会出 bug。第二个就是会引入 Hack 代码，出现不能理解的地方，当未来进行改版，后面的技术将看不懂代码。还有就是会有不必要的服务器压力。

4. 关系方法论之四：技术应该监控产品问题

技术一般会对产品效果进行监控，因为技术跟一线用户贴得很紧，他们会在运营群里面，去看后台的用户反馈，结合自己的运营和用户体验，给出产品方向调整的建议。所以技术基本上全员都会参与产品的一些需求讨论，这是非常值得鼓励的。

产品分为方向、战略、具体功能，最后才到 UE。对于 2B 的公司来说，UE 不是产品的主要部分，主要部分是做一个能够承载业务的产品。2B 行业的产品思维严谨，他可能不需要关注太多的交互和取舍，只要把逻辑做好，然后该有的功能都具备就可以了。

在技术帮助产品层面，有几个方向可以考虑。第一是收集一些数据，在唱吧，每个技术都会去想他自己做的这一块有哪一部分的统计数据需要收集，就算产品没有说这些需求，技术也要考虑哪个地方需要做统计，理清里面的各种数据，把它收集起来，同时去找一些干扰项去做对比。

在招聘技术人员的时候，我们希望起码有 1/3 或者一半的技术人员有产品意识，包括他的一些架构思维。对于比较小的互联网公司，我们希望看到大家每个人都是以一种创业的心态来做事，其实公司氛围可能跟老板的创业基因有关。对于技术自身的管理问题，第一是你要选对老板，第二是作为中层或者公司创始人之一，你要去跟老板说清楚员工激励的重要性，包括所属领域有多大，老板愿意多大程度上发挥他们的创新性，老板对自己的信心和对员工的信心有多大。还有就是事情完成时的成就感，会有多少人受益，获得多大的认可。

二、技术与产品关系的处理策略

1. 关系策略论之一：建立技术和产品之间的信任

技术和产品相互之间要 PK，怎么办？要怎么去培养一个产品经理，让他能够发挥出自己的能力？怎样不让那种很弱的产品经理拖累大家。这里有几个策略：第一，你要让产品经理去试错，产品完成后，我们看产品经理出来的应用情况去打分，并按照重要性去评估风险。如果你不愿意为这个功能背书，你就放弃这个机会；如果你愿意，你就赌这一次，最后产品上进行 3～6 次迭代，我们来看这个产品经理的能力如何。

技术也是一样，产品想试错是可以。我们就来赌，我们按照你的技术方案走，最后看你的评价能力怎样。最后的理想结果是构建每一个产品经理、每一个技术人员他自己对产品的理解，慢慢树立他在团队中的威信。所以，我是觉得一开始不要打压产品经理特别狠，要给他们一个机会，让他们用事实说话，去建立自己的一个威信。

这其实牵涉一个 OKR 的问题，就是结果导向。产品要告诉技术大概的实现目标，我们去衡量你这个结果大概达到什么程度，所以不会把中间的一些小的数据拿出来去衡量产品，更多是看产品的迭代之后会是怎样的一个情况。这是我的方法论，如何去评价产品，可能在大部分公司，产品经理跟技术之间没有这么融洽的话，还是产品团队内部会去做一些评价，产品 A 去评价产品 B，产品 B 评价产品 C，相互之间互评。这种情况比较适合技术和产品衔接特别紧密的团队。

有产品观的技术是什么样的？技术必须满足至少三点。**第一是大局观。**技术不光要关注自己的技术领域是否实现了，他还要知道公司想往什么方向发展，产品往哪个方向发展。

其次是有逻辑性。逻辑性在于发现产品的 bug，就是我知道哪个地方是有问题的，包括产品怎么做，甚至产品设计的一些不好的地方之类的，他都能够去了解。像测试为开发的质量负责一样，开发也会为产品的质量负一部分责任，这个相互去支撑，其实能够使这个产品的成功率变得更高。

主动就更不用说了，一个有大局观的人，他必须要主动。**最后一个加分项是审美**，就是你自己对这个产品本身有没有感知。技术追求代码架构的干净、完整和扩展，他在产品上会有同样的产品观，他希望产品的一个功能跟别人不要咬合得那么紧，他希望产品在买点上、在未来是有扩展性的，这种技术提出来的产品建议往往非常好。

2. 关系策略论之二：打造具有产品观的技术团队

需求方在招聘中需要注意哪些点呢？首先，工资的定位一定要适中，不能过低，这是肯定的。当公司把工资开到百分之七八十的时候，可以淘汰掉一部分只追求钱的工程师。那些真正对这个产品感兴趣，希望推动做事的工程师，他们会愿意牺牲一点点的个人利益，去加入公司，但是进来的工资会稍微卡得低一点点，不会开到最高。

其次是技术对产品的理解。我面试的时候，一般会去问他当前产品研发中遇到的一些问题，你觉得现在公司做得怎么样，你觉得问题会出现在哪些方面。其实我最开始的目的是想知道，作为一个技术，他认为他为产品做得不太好的地方负多大的责任，这会增加他的责任感。这种认识的清晰度有助于他后面去做设计，去做架构，甚至整个对公司的贡献，所以我直接会问他对产品的理解。

另外，你们也可以去问他有没有**主动去做的一些事情**，比如有没有在功能之外准备一些备选，哪怕做一些工具也好，这种事情是特别难能可贵的。

再一个就是责任的判断，当问题出现的时候，你去问他这个责任到底是技术的，还是产品的，或者是哪个层次出现的。这个时候既体现了他的一种责任感，也体现了他的一种逻辑性，就是你怎么判断这个功能责任的归属。比如产品和技术经常遇到的 bug 复现问题，理想的状态是，技术会跟测试一起想办法寻找里面可能让它复现的地方，即便是那种不可复现的 bug 也不能扔在那儿，一定要有责任感。

然后就是冲突的解决。技术经常碰到产品老改需求，有时会设置封版期，比如半个月不让改需求了，不过也可能会出现这种情况：如果那个需求不改的话，会影响产品上线的效果，这个时候，该加的需求还得添加，项目需要延期还得延期。

技术团队和产品在产品观上如果获得很好的融合，技术会关注产品的发展，愿意主动沟通和做事，毕竟大家的责任感和价值观是一致的。

3. 关系策略论之三：建立健康的工作流程和反馈机制

我们每个公司都有很多内部的会和外部的会，不一定是针对一个议题的，也可能是一个简单的、小规模的碰头会。比如产品内部会有一些产品需求讨论会、功能审核会、竞品分析会以及运营策略会。技术那边可能会对业务需求进行分解，进行概要设计、代码审核、上线审核这些环节。

两个部门中间这一块是产品加技术。每个公司的情况不太一样，可能大部分都会有一些需求讨论会，有的也会有需求宣讲会，需求宣讲会后，需求还是可以讨论的。那么，后续会进行一个需求答疑会。从开会频次上看，需求讨论会和产品分析会可能会少一点，因为需求讨论会是讨论需求到底要不要上，产品会跟技术一起参加讨论。产品分析会是产品做得好不好，上线之后会有技术来参与一起听。

这里的产品分析会很重要，它是一个衔接和一个反馈。为什么我们的技术愿意去思考这些产品的功能，最终帮助产品去做完善，因为一定要通过最后这个产品分析会来完成一个闭环。你光有需求讨论会，需求讨论完了，开发功能确定以后，后面的实现效果没有人关注，技术的主观能动性一定会降低很多，所以必须要有产品的分析会，把技术拉上，产品告诉技术这个功能做到什么程度了，这时不光技术能帮忙一起想有哪些能做的，而且可以帮助产品一起去排除潜在的问题。这不是说问题是技术实现不好导致的，更重要的是让技术知道我们看重技术的主观能动性，而且技术能看到这个产品方向的未来，他们也能准备下一个版本要不要去做优化，并提前做一些准备，所以这一点非常重要。如果没有这一点的话，强烈建议你们把它加上，但是前提是要保护好产品，不要让产品下线。

还有一些技术反馈产品需求的通道，一般公司会设置需求池，可以查看谁提出了什么观点、描述、时间，这就要求产品要周期性地对这些需求进行盘点，说明这个需求为什么不上线或者我们可以上线，什么时候上线，上线之后会是什么样子。建立需求池的好处是建立产品和技术双方正式的沟通渠道，技术可以跟产品进行意见反馈；另外一方面，对产品也是一个自我训练，同时技术会感觉受到重视。这个需求池做完了之后，我们产品如果不需要迭代的话，会直接变到我们的技术需求层里去，技术会找最近一个版本直接修改。

另外一个产品反馈技术需求的通道，就是技术委员会。通过设置页面，专门去让所有的部门提需求，技术委员会定期在里面说明哪些需求要做，哪些需求不做，现在做是为了什么，哪些功能未来是可以做的，并给出一个大概实现的时间点。技术委员会的作用一方面是为未来的技术发展寻找方向，然后去隔离一部分要做的资源，去做一部分的招聘。另外一方面是培养技术的一些自发意识，让你知道哪些项目是可以做的，甚至当团队做完一个项目，出现空档期的时候，技术委员会拎出些项目来做，让大家的工作更饱满。

反馈机制还有两个渠道，刚刚提到的产品总结会是一个，就是产品把产品思路交给技术，然后那些对产品感兴趣的技术能够评价产品。同时技术传授技术基础的通道是技术公开课。很多技术讲座会分成两个部分，前一部分会讲大面上大家都在做的技术实现方法，然后针对自有产品的特点，不光告诉产品哪些功能是技术做不了的，还会告诉产品哪些功能是我们技术能做到的。

三、技术与产品的结晶

这块内容是技术和产品部门领导非常关注的主题，就是技术和产品如何达到最大程度的工作配合，以及以往有哪些成功经验可以分享。

1. 技术与产品的人员配比

之前统计的技术和产品比较健康的比例应该是在 1:1 和 3:1 之间，3:1 稍微有点难，2:1 可能会是比较正常的公司。但如果你这个公司特别依赖产品，比如说做社交的公司，产品经理可能有一部分的需求就直接被忽略了，他可能每个星期有一半的产品过了，一半没过，这种情况下技术与产品的人员配比可能会变成 1:2，这是比较正常的。这个配比有助于技术和产品团队去决定你们公司技术和产品应该招聘多少人。

理论值一般是技术团队按照经验值去找产品询问，今年要上线哪些新品，需要产品大致评估工作量。一个典型的产品团队应该有多大，会决定一个技术团队有多大。

2. 技术与产品的交流方式

技术和产品的交流方式，基本上包括 Wiki、邮件、文档库和协作平台。

有些可能就是直接到 Wiki 上面去提需求了。有些是 Wiki 上或者文档里面，用文档去提需求，然后再发一个邮件做提醒。有些公司可能前卫一点，做协作平台，会有一个类似于 Give Help 之类的应用去更新。

互动小课堂

问题：创业型的小技术团队怎么去选人和育人？

黄全能：如果你们公司已经形成了自己的文化，其实你们去育人会好很多。前期这个人刚进来的时候，你就要进行一轮文化洗礼。唱吧鼓励技术去看用户反馈，你没有去看，我会来找你，然后告诉你为什么我们鼓励这么做。

我觉得进人为先，培养为后，大概有 30%～70%是人是可以培养的。一个人能否把他培育好，取决于他自己内心，他如果觉得我愿意改变，他就能改变，他如果觉得改变不了，怎么都改变不了。所以招聘第一，培养第二。

问题：唱吧是一个很好的 APP 客户端，你们在运营的过程中，在架构上有没有一些好的思维，有哪些好的理念运用到移动架构上？

黄全能：我们在运营上做得蛮复杂，我们有多个上传员，对接好几个第三方，包括我们自己有三台服务器。这里面会有一个很复杂的策略。我们先去招聘他，然后确定时间，然后再去看我上传到哪儿，失败了之后再转到哪儿，然后再进行累加。所以我们的用户，大概会随机到哪个地方，这个概率会有多大，你在哪个省，还会保留一个历史记录。我们大概花了小半年的时间去做这个产品，这一套体系是我们比较自豪的。我们当时的失败率大概从 7%～8%，直接降到 2%～3%，甚至到 1%。

问题：您能介绍下唱吧从创业初期到现在，组织架构的演变过程吗？

黄全能：刚开始，唱吧是一个非常小的公司，只有一个技术老大，带着一个 iOS 程序员、两个安卓程序员和两个服务器维护人员做开发。一直到现在，团队超过 20 个人，几个团队加在一起的时候，就开始出现层级了。

一开始我们还只是 iOS 程序员、安卓程序员，再加上服务器维护，慢慢的，我们意识到算法非常重要，所以我们把算法也独立出来了。

【整理：孙淑娟】

饿了么徐盎：饿了么技术运营经历

徐盎，饿了么技术运营部、风控管理部高级总监。他擅长精益运维、精细化风控，通过与公司其他团队协作、推动并完善运维信息化、标准化、服务化的建设，逐步实现自动化运维及交付，数据可视化，进而做到低成本的保障系统稳定；通过数据与规则适配，以及产品设计、人工审计、风控平台建设使每一元补贴用在公司既定目标的实现上。

引子

对于一个产品或者平台的建设，一般需要经历三个阶段，第一个阶段是把想法变成产品，开发出来一个可用的产品；第二个阶段是快速获取用户，把产品放到市场中让更多的用户使用，形成口碑；第三个阶段是业务扩张。从 2015 年到现在，饿了么平台不仅做外卖，还有蜂鸟、早餐和未来餐厅，还有很多其他的一些平台，正处在第三个阶段。

业务发展、平台扩张

在快速获取用户和业务平台扩张阶段，我们碰到的最大问题是人和工序。饿了么的产品线除了外卖平台的在线交易，还有蜂鸟即时配送、有供应链，接下来还会有更多产品线加入。

业务复杂、发展快

这时遇到的情况是业务复杂、发展快。首先，从规模上来看，实现了从 1 到 N 的增长。举几个数据，2014 年时，公司的日订单是 100 万，在 2016 年 12 月份是 900 万。蜂鸟用了一年的时间，把蜂鸟配送产业的配送伙伴人数从无提升到 180 万人。饿了么服务器的节点数，从 2015 年 1 月份的 300 多，增加到现在的 1 万多。

从技术的角度来看，在整个发展阶段中，我们遇到的最大挑战是事故，因为整个外卖的产品链条非常长，从用户下单到最后配送到达，时间大概是 30 分钟左右，这对时效性的要求非常强。如果业务流程的任何一个环节中断，都会影响到用户就餐。

发展经历目录

本次分享将主要围绕事故来展开，我把内容分成两部分经历与心得。第一部分经历又分为三个阶段：精细化分工、保稳定（容量和变更）和增效。第二部分心得，是我对运维服务理解的心得。

技术运营视角

运维职责是尽最大的努力协同更多的人来达成保稳定目标。我把技术运营划分为两个阶段 运维保障、运维服务。

现在处在运维服务的阶段，技术运营团队作为乙方，把开发出来的产品，开发测试后的服务，做维护，保障稳定，调优性能，提高资源的利用率。

经历的阶段

那么，作为公司的 CTO，在业务快速扩张阶段，需要做哪些事情呢?

首先，第一阶段，精细化分工。

通过精细化分工促进并行提速，让专业的人利用专业的知识、最有效的工作方式提高工作效率及代码吞吐量，建立沟通渠道加速决策、信息流通保稳定。

第二阶段，保稳定期。头号敌人是容量问题。

第三阶段，增效。通过工具、资源、架构改造，提高效率。

专业分工，领域拆分

精细化分工分为三部分内容，第一部分是做数据库拆分和代码解耦。2015

年 1 月，饿了么的订单数量增长非常快，出现连续几周中每天大概有百分之几到百分之十几的涨幅。在这种情况下，技术做的事情集中在数据库的拆分，先纵向拆分，不得已才做横向拆分，为了更快地服务业务的扩张，又夹杂了一些对代码解耦的工作。所谓代码解耦是把原来的代码系统想象成一个泥球，把它逐渐拆分成很多块，现在是有十多个业务模块，每一模块里面都有专门的团队来维护，内部又会划分域。饿了么是数据库、代码拆分并行在做的。然后启动了强制接入新发布系统和单实例、单运用，也就是物理拆分。整个工作大概用了一年的时间才完成。

精细化分工的第二部分是组建水平团队，例如大数据是水平团队，业务线是竖向团队，划分之后，从整个业务的发展走势图上升曲线非常陡来看，推断我们在技术上并没有防碍业务的快速发展，也就是技术的吞吐量、新产品研发效率是健康的。

期间我们还做了几件事，监控方面有 Metric、Log、Trace、基础设施四个部分。组建 Noc 团队，主要的职责是做应急响应，当发现有问题的时候，及时把信息通过 Oncall 通报给大家。大扫除的概念是什么呢？就是我们对历史的事故进行分析之后，大概做出技术总结，把我们经常犯的一些错误，列成一些可做的规程，给所在部门的骨干进行宣传。另外，对开源组件进行了治理。

事故

在整个的代码解耦和精细化分工的过程当中，我们碰到了很多问题，介绍两类比较典型的事故：

1. 超时。后端服务慢，引发连锁反应，导致前端服务雪崩。

在 2015 年 6 月份，我们出现了 5 次 P2 级以上的事故 （P2：是指业务可用率小于 50%、超过 30 分钟以上的事故）。

用户的请求耗时依赖 RPC 调用路径上服务的响应时间。当其中某个节点变慢，整个集群都不可用，一般救急措施是要按照调用链从前往后按顺序停服务，然后在从后往前启动服务。

当这类问题发生的时候，如果没有熔断机制，前端的服务因依赖关系造成雪崩，而且服务是不能自己恢复的。加了熔断机制之后，这个问题得到了解决。当后端问题节点重启或者是网络抖动恢复后，前端服务也会自己恢复。

2. 连续三天商户需要不断重试才能接单，与 Redis 治理有关。

如交换机出 Bug 导致网络抖动，它影响最大的就是 Redis，在网络抖动期间积压的请求会建立太多 Redis 连接，链接过多会导致 Redis 响应延迟从 1ms 飙升到 300ms。由于 Redis 请求慢导致服务的处理速度被拖慢，而外部请求仍在积压，最后引起雪崩。

刚开始出现故障的时候，因 Zabbix 的监控周期长，监控不到。我们用了三天的时间进行压测复现，排查出来故障点。

事后，我们打造了一种新的基础设施监控工具，实现方式是每 10 秒把/proc 目录下的所有指标收集起来，基本能做到 3 分钟内定位问题。

为什么丢包的重传会严重影响 Redis 的性能，因为一个 HTTP 引擎到后端的话就有可能产生几十个甚至上百次的 Redis 请求，其中有一次被命中重试，对服务的影响是致命的。

大扫除

在 2015 年年底的时候，公司架构师跟每一个小伙伴进行沟通，要对各类问题进行大扫除。

第一个是 SOA 的服务治理，这里主要强调的是领域划分，高内聚低耦合。

第二个是对公共组件的治理。这里我们的数据库 Redis 由两个专业的团队来组成，一个是 DA，一个是 DBA。DA 治理的主要方案是收集各个产业伙伴的信息，规划容量，治理开发的使用姿势，把经验固化到研发流程里。

第三个业务指标的梳理，包括对 TPS 的概念设定（状态轮转后再根据返回状态打点）、状态的停滞时间和状态的堆积深度，这个堆积深度主要是后端一些服务的状态轮转。

第四个是对超时链的合理设定和重试机制。

第五个是外部依赖及开关。为什么强调外部依赖呢？外部依赖可以分为两类，一类是我们公司跟其他公司的合作，例如调用其他公司的支付接口。还有一种依赖是团队之间的依赖，目的是不要相信任何人的服务，Bug 随时都会发生。

第五个是关键路径。为什么要设置关键路径呢？一个是熔断，一个是降级。当非关键路径出现问题的时候，直接把它降掉就行了，不要影响关键路径。另外一个好处是接下来做补偿的时候，可以有针对性去做。

第六个是日志。我们在日志上发生的事故也很多，把案例逐个做了宣讲。

最后一条是正在实现中的制定盲演习目标。这在2015年底的时候只是一个猜想，也就是八九百个技术工程师之间的代码交互本身是一个复杂系统，业务又是一个非常长的业务链，关键路径涉及的服务超过100个，简单的功能测试是可以的，但是容量大的时候，将很难定位他们之间存在的问题，比如A团队和B团队之间的代码耦合验收。我们想到的解决方案就是盲演习。

盲演习除了在业务方可以做验收之外，还可以做基础设施。我们曾经做过一个测试，把一个 Redis 实例上的包量，按照百分之一的丢包率计算，导致整个全站的业务都宕机。整个Redis集群有12台，有几百个实例，其中一个实例有问题，就造成这么大的影响。通过盲演习我们正在寻求单个节点宕机的影响最小化的解决方案。

新业务事故

连续两周蜂鸟配送出现各类事故。

原因是：消息不断的批量重试导致RMQ堆积，UDP句柄耗尽，熔断判定使用姿势不对。 可以看出，新业务在快速交付过程中，代码质量、外部组建的使用姿势是事故高危隐患点。

Mysql

SQL慢查询，从每周的2～3起，降低到近期很少出现。后面组件治理会分享我们是怎么做到的。

RMQ

在饿了么，RMQ 的使用场景非常多，有 Python，也有 Java。2016 年年初的时候，我们虽然做了一个技术、配置的梳理，还是留有很多的场景是我们没有想到的，主要涉及的问题有如下几个。也正是下面几个没想到的点，给我们带来了较大的损失。

第一个是分区，就是我们在做割接的时候，核心交换是升级换设备。当设备网络割接完了，虽然我们在 RMQ 集群里面的配置是可以自恢复的，但是仍然还是有很多集群没有做到自恢复。在分区的时候，我们又碰到一个非常低级的错误，就是我们在做恢复的时候，恢复操作不合理。例如一个集群有五台机器，其中一台机器宕掉了，我们直接就把这台机器踢出去了，造成剩下的四台机器可供使用。

特意预留了一个冷备 RMQ 集群，把现网所有的配置都部署到那一个冷备集群里面去。线上 20 多个 RMQ 集群中，如有一个宕掉的时候，可以及时切过来。

第二个是队列堵塞。主要要追查消费能力，因为业务飙升，消费能力不够，极容易导致队列堵塞。

第三个是使用场景。举例来说，在发送、接收消息的时候，如果每发一个消息，每收一个消息，都重建一次链接或重建 Queue。这种重建会导致 RMQ 内部的一个 Event 机制。当请求增长到一定程度的时候，就会直接影响 RMQ 的吞吐量，RMQ 的容量会掉到是原来的十分之一。

容量

在业务快速扩张阶段，影响系统稳定性最大的敌人是容量。因不同语言判定容量的方式不同，饿了么 1000 多个服务组成的复杂系统，业务场景快速变换，服务变更频繁等因素，导致容量问题困扰了近一年的时间。最后采用的是定期线上全链路压测的方法，发动了一次百人战役，历时一个多月，整改了近 200 个隐患点，基本解决了容量问题。

秒杀事故

517 秒杀大促准备阶段，思路是想用日常服务的集群来对抗秒杀，活动前把整个的容量提高了两倍多，但当流量洪峰到来的时候，洪峰直接把前端 Nginx 的网络拥塞了。

反思下来，出现问题的原因是秒杀场景的经验少，对活动带来洪峰数据的预估过低，URL 的限流未区分优先级等。

由于秒杀活动给用户带来的优惠力度，当日订单量飙涨。秒杀开始后的那几秒钟，瞬时并发请求是平常的 50 倍。

改进措施是专门针对秒杀搭建了一套系统，主要做了分级保护、建立用户端缓存、泳道、云集群和竞争缓存等。

老大难：故障定位、恢复效率

故障定位慢的最主要原因是我们整个系统的信息量太大，当一个问题出现的时候，主导这个事故定位的同事拿到的信息非常多，比如拿到三个信息，他很难决定到底是什么故障，需要如何检测出来。我们当前的做法是进行碎片化、地毯式的大扫荡来排障。什么是地毯式的大扫荡呢？就是把足够多的信息先拿到，进行分工，要求涉及每个人都来查看。内容涉及外卖、商户、支付和物流，然后还有基础业务和网络监控，外网的一些流量，还有服务器的一些负担等。所以，我们的现状非常耗费时间。

这时，技术工程师的有序自证就变得非常重要，当前能做到的是每一个人能看到当前负责的服务是不是有问题。还需要做的就是提供工具，比如交换机的丢包、服务器的丢包。通过一些工具，让技术工程师及时发现问题，但是这个过程是需要时间的。另外一个是在自证的时候，一定要仔细地检查。作为团队中的一个成员，每一个技术工程师负责相应的板块，但一旦因为个人疏忽或是自检不足造成一些失误，要自己“刷锅”。当然，一根筷子易断一把筷子不易折。故障定位后，提升恢复效率解决问题才是关键。

应急演习很重要。应急演习直接关系到我们恢复的效率，当一个集群出问题的时候，我们能不能快速的恢复。

使用姿势：组件治理

组件治理首先是服务化自己的资源、容量。第二个是设限流，做降级。第三个主要是限制开发的一些姿势。

这三点做完之后，接下来我们是做自动化相关的一些工作，主要是信息、标准化和编排。再一个是前置指标 KPI，就是当一些组件刚使用起来时，我们要做一些量化的考虑。把这几条做到以后，我们基本上能避免出现大的故障问题。

对于使用姿势的治理，对稳定的收益最大。这里特别介绍几个关键点：首先，必须要有对组件精通的伙伴，看过源码了解社区里碰到的所有的坑，还要深入业务开发一线，了解业务场景，初步判定组件在业务中的使用场景。然后，知识传递，通过各种渠道把标准化、开发规范、集群化、开发使用姿势等知识点传递到位。再有，尽快把经验或红线固化到资源申请、架构评审等流程、工具里。

运营心得

本文大部分围绕事故来讲。每一次事故的出现都不是偶然的，很多问题是可以通过正确的使用姿势、提前做容量预估、灰度等方法规避的。如果说我们只是就事论事把这一件事情解决的话，事故往往在另外一个时间点还会出现。

这就要求我们以思考的方式去做事，比如做事故复盘、事故报道审核，还有验收小组等。我们通过在各个阶段，多次把一个事故涉及的关键点提出来，不断地进行总结并制定可行的操作规范。

问题的解决往往需要思维模式的转变，需要伙伴们多想想怎么从日常重要紧急的事务里抽离出时间思考。

第二个是要敢于折腾。折腾是什么概念呢？就是要不断的演习、捣乱，我们维护的系统，自己要非常的熟悉，这样在定位和解决故障的时候，就会非常精准。

另外一个是灯下黑的问题，特别是基础设施这块。我们当时也很头疼，查一个问题在基础设施上花费的时间就是十多分钟到一个小时。后来有一个小伙伴改变思路，做出了一套系统，帮助我们非常好地解决了这个大问题。所以敢于思考，勤于尝试是我们非常重要的一个心得。

互动小课堂

问题：Redis 接收不到环境的请求，它不断变慢的原因是什么？

徐盎：不一定是连接的时候，传输的任何时候也有可能出现变慢的问题，一定要等环境请求重新传过来的时候才能解决。

问题：是不是在并发量很大的情况下，才会出现 Redis 不断变慢？

徐盎：针对这个情况，我们在前端业务上做了一个调整，在打开一个开关时做了规避。如果是在没有压力的情况下做测试，你发现不了这个变慢的问题。只有当压测的数据量比较大的时候，才会出现变慢现象。

问题：这里存在什么更好的监测方法吗？

徐盎：这牵扯到容量上的一个问题，当你的服务在系统足够复杂的时候，有一个节点容量是瓶颈，这个瓶颈你很难发现，就算你把所有的监控点都布到了，如果它的数据量没有达到的话，你还是监控不到。我们想出的方案是全联路压制，在低谷期的时候，也采用全联路压制。也可以配合技术在上线前的压测一起来做，然后把这些数据统筹起来进行分析。

问题：饿了么的 RMQ 出现了这么多的事故，有没有考虑使用其他的消息组件？为什么一定要用这个呢？

徐盎：我们把 RMQ 当作一个内部的应对方法，之前所有出现的问题最后都有可能绕过。因为我们还没有了解整个 RMQ 里面的一些运作，直接使用其他工具的话，有可能还会出现类似的问题。

因为 RMQ 的运作机制没有那么复杂，关键是我们的使用方法，我们可以把 RMQ 所有的使用场景都理清楚，把资源池理清楚，同时把应用演练也给做好。

【整理：孙淑娟】

360 商业产品首席架构师刘鹏：如何构建好一个好的商业产品团队

刘鹏，360 商业产品首席架构师，负责 360 商业化变现的产品和技术。曾任微软亚洲研究院研究员、雅虎北京研究院高级科学家（负责全球搜索广告、受众定向广告、个性化内容等项目）、MediaV 首席科学家（负责算法和数据平台）以及搜狐集团研究院负责人。

关于 CTO，我的看法是一个小公司或者是一个业务明确的公司，或者一个业务单一的公司，核心的工作是技术的把控能力。如果是一个综合业务型的公司，不断有新的业务产生，CTO 应该加强中央式的技术控制。在大型企业中，CTO 更多的是把握公司的先进的技术方向，把握公司所有的产品技术架构，做集中式的管理决策。

核心目标

在搭建技术团队的时候，我的观点是，做技术管理跟做一般的人员管理完全是两码事。

如果你不了解这个业务和这个业务本质或产品技术特点，没有架构能力，那么你想在这个单点上去完成技术管理是很困难的。首先，你怎么分配任务？你怎么把工作合理地分配下去？让各个团队的工作量差不多，同时他们又不至于去做无用功？只有具备基本架构能力，你的团队管理才谈得上走上正轨。

有些老板认为只要给出目标，然后不断地去压团队，就能把目标给压出来呢？我很遗憾告诉大家，技术团队是压不出来了，你如果给大家的分工不明确，或者不合理，就靠给大家一个目标，不断地去问为什么没有完成，结果一定很失望。

其次，目标完成了怎么去分配成果？就是分钱的时候怎么办？如果你不能理解技术上的困难，仅仅以谁的产出多来评价，而且你本身不了解他们在这种创新过程中遇到的难度和实际做了哪些事情，完全以结果来评价的话，你最后会发现，谁干得越多，谁想的越远，谁的评价越吃亏。

所以，从这两点来看，我认为不存在一个不懂技术架构就能把技术管理好的机会。我们知道亚马逊创始人 Jeff Bezos 说过一句话，一个最好的团队用两个披萨可以喂饱。我对这句话深信不疑，但是在今天的技术管理方向上，很多人忘了这一点。比如说在中国创业公司，技术人员的规模普遍要超过美国同等的创业公司，而且还超过很多，但是不见得它的产出就高。比如说一些国内互联网巨头的广告团队有多少人？人数都是在三位数，甚至有的超过了四位数。但真的有必要吗？我觉得大家要好好考虑这个问题。原来我带的一个团队成员，现在在管理公司负责产品，我们也沟通了这件事情，他最大的苦恼是这么多产品经理到底让他们干什么。所以，我觉得讨论技术管理还要回归到事情的本质，你在打造一个技术团队的时候，能不能自己想清楚？如果你自己想不清楚，没有办法用两个披萨以内的团队把它解决了，那我建议你再想一想。不能说我们还没有想清楚就搞起来，然后不断地加人，不断地加人，最后的效率是很低的。尤其像商业产品，重逻辑的产品，不客气地说如果你的团队到了 400 人以上，一切东西都是失控的，它已经没有办法很灵动地去实现哪些创新了。

因此，这是所有人都要思考的，在打造一个团队之前，作为技术 Leader，你要想清楚你的产品团队在相当长的一个时期之内应该是可以被两个披萨喂饱的。如果你想不清楚这一点，很遗憾，是你自己还不合格。在团队成长的过程中，你一定会不断地去加人，而且越加越坏。

核心产品

商业产品的特点是本质上要比用户产品好做，因为它重逻辑，重数据。有一本书叫《增长黑客》，里面对用户产品的一个论点是，用数据驱动去优化和打造一个用户产品，我个人并不是完全认同。但是，对于商业产品来说非常的理性，就应该这么做。

第一步是理解产品范畴，所有的互联网公司都有商业产品，都有变现、数据和 CRM。在建立团队之前，你要搞清楚产品范畴，比如说在一般的商业产品中商业模式的探索，商业模式在哪？怎么把钱挣到？怎么在产品里把它孵化出来？这是商业产品最最难的任务。但是，在产品范畴里，最常见的是流量和数据的变现。

另外，如果你有多项商业产品，例如广告产品、游戏联运、CRM 等，这些产品之间的内在逻辑是什么？怎样统一建设和运营一个整体的商业产品体系？这些都应该是商业产品负责人在一开始就应该有认识的。如果开始就没有想过它们的内在联系，总有一天你会碰到很大的麻烦。它们之间的利益冲突和它们之间的有机配合关系要一开始就想清楚。所以，第一步是理解产品范畴。

第二步是找到核心产品。无论你的产品范畴多大，总有一个核心的产品。在你的脑海里，只要有一个逻辑的蓝图，就可以一块一块往上拼。对于商业产品体系，核心的产品任务就两个：流量变现和数据变现。

流量变现就是自有流量 RPM 水平的提升。数据变现就是搭建数据体系，用数据去提高流量变现的结果，使得收入在流量的基础上进一步的增加。这是两个基本的任务，你要把它想清楚。想清楚以后，产品就要围绕核心任务展开了。但是，你的脑子随时要知道一个全貌，让这个全貌能及时的往核心上面去拼。我们在把这些问题想清楚以后，会发现商业产品设立的一些基本原则。

商业产品一般是面向商业客户而不是一般用户的产品，最典型的是广告产品。商业产品与用户产品有什么区别呢？首先，它有隐性的产品存在。用户产品大多数的工作是在做收集需求、写 PRD、设计原型，然后去优化用户体验。商业产品很大的工作是在做背后看不见的策略，比如说用户的标签应该怎么做？跟别人的数据对接和交换模式是怎样的？排序应该是怎么样的？直观上看不见的产品会占一大部分。要把这个任务想清楚了，开始就要有这个认识，否则发力就发错了，因为这是商业产品最核心的东西，它关键不在于前台的用户体验，还要有整体观。

利用数据

在商业产品的运营上强调的用数据让运营和产品形成闭环，就是指导大家利用数据的策略。

《增长黑客》这本书里有一个例子，是说 Facebook 是怎么用数据优化这个页面的布局，比如Facebook的首页要做一个改版，然后它把新版做上去，通过实验框架切一部分流量出来，比较这两个哪一个结果好。这个方法论商业产品里非常成熟，每一件事都是这么做的。但是对用户产品，我个人觉得不对。Facebook的首页近三年以来一直都没有改动，你觉得这个结果对吗？用户产品本质服务的是终端用户，这个终端用户选择用户产品的时候是感性的，换句话说他不是一个理性思维的状态。

大家知不知道Zynga这家公司，这是前两年很火的做社交游戏的公司，曾经在Facebook里前五名的游戏都是Zynga做的。这家公司的绝活是什么？为什么能比别人做得好？实际上它就是数据运营做得好，所有的东西都是数据驱动，所有的产品经理不断地做AB Test。结果突然有一天，这家公司发生了严重的沉沦。原因就是靠数据是发现不了创新和突破的，真正新的模式出来是要靠想象力的。

所以，我个人不同意用户产品的运营要完全盯着数据走，对一个普通的产品经理，这可能是一个正确的策略，我都拿数据给老板看，这个数据不行就不上，每一次决策都是理性的。但是，对于整个产品的发展来说，它一定会走向一个死胡同，如果你不能跳出这Local Optimum，全部用数据来优化，你不可能优化出伟大的新产品。

但是，商业产品不一样。拿广告来说，我们的目标千年不变，就是系统的利润。商业产品本身是理性的，跟用户产品有本质的区别，所以你就要抓住这一点，在整个产品体系里面体现出重数据、重策略的状态。

找对人

产品团队其实很简单，但是人要找对了。

第一，它的灵魂是一定要有数据思维的人，而不是有设计感和强用户体验能力的人。举个例子，Google的GA并不好用，但为什么这么多人在用？很简单，你用它就能挣钱，只要能挣钱，就算再难用别人也会用。所以，数据是优先于用户体验和设计的，你要找到这样的人来塑造你的产品。

当然，商业产品还有一点是最好有技术背景，没有技术背景的在深入理解策略的时候会有很大的困难。比如说我们排序要讲Second Price，检索的时候点击率模型应该用 Feature。如果对技术完全不能理解，这样的产品很难在商业产品上做好，容易飘着飘着就飘到优化用户体验上去了。只有找到这样的人，产品团队才能快速地建立起来。

具体的产品有两大类，一类平台型，另一类策略型。平台型的当然是说所有对外接口，包括登录、投放广告、看报表，也有一些像 SDK、API 这种。策略型的是收集和分析数据，并且确定策略的方向。有很多特别生动的例子，比如像 Facebook 广告平台的 OCPM 功能，这两年做得很成功，这样的策略产品才是真正起到核心驱动做的。所以只要找到人，对一个中等规模的广告产品来说，两到三个产品经理是完全够用的，多了以后反而更发散了，大家不能聚焦。

第二，开发。广告系统为什么很难做？它基本上是所有互联网应用中并发数最高的，比如创业公司做一个广告平台，DSP 接的流量要接多少？一天一百亿次，这都是起步。但是用户产品什么时候能做到一天一百亿？几乎不太可能。所以，广告系统看起来很难。但是，实际上我想告诉大家，非常的简单。技术团队依然要深入理解问题的本质，才能用比较小的团队，比较低的成本快速地搭建起来。比如一个广告产品的系统，非常庞大，非常复杂，有很多的模块，涉及大量的算法、检索、数据流转和离线的分布式计算、在线的分布式计算等。首先，结合任务，在你脑子里要有个全貌，在产品上你要知道你的 Scale，在技术上你要把图画得非常清楚，然后再把它分解下去。然后，根据业务去删减，去抓住关键任务，这样整个任务分工和工程进程都会大大地加快。

除了脑子里有全貌，还要知道关键特征，要结合业务了解系统的关键特征是什么。有几个关键的特征必须把它摸清楚。首先，它的要求是高并发、低延迟，这是很难做的。高并发一天一百亿，延迟也得低，因为每一次广告，100 毫秒，这是硬限制。比如你的算法很复杂，处理一秒就可以解读出一些东西。比如你在上一个算法的时候，如果这个算法很复杂，那么它带来的效果好也用不上，因为在线计算时间如果是超过 100 毫秒，那么在很多的广告系统中，它是没有用的。其次，系统中最具有挑战的一点是，数据处理的规模极大，广告推荐的是对用户环境和信息三元组上的处理，本质就特别困难。像搜索，它是一个二元组，Search Keyword 和 Document 是一个二元组。而这是个三元组，而且用户的维度又特别大，所以你会发现系统的难点和重点是在数据处理，效果提升也靠这个。

第三是必须要有这个意识，数据处理的速度是远远优先于精度的。比如我建一个模型，精度提高1%，但是多花了两个小时跑它，值不值呢？对于广告业务来说是不值的，因为我们在对用户的性情做建模，给他投入相关的内容，你快速反馈他的兴趣，快速地用起来。比如他刚刚搜了一双鞋，那在你的系统里面知道他要买鞋，在分钟级的时间内就能够把这个信息捕捉到，然后用起来。例如我能够非常清楚的算出他要买耐克鞋，但系统明天才让我知道，这时他的鞋都买完了。产品和技术不分家就是这样，大家要深入到产品的场景中才能在技术上决策。所以，你在广告系统里看到的算法，除了像点击率模型和个别的环节之外，大多数情况下都不复杂。因为要牺牲精度换取速度，速度远远比精度要多一些。

第四，领域的特点。有很多技术容易有一种技术上的道德的优越感，总要做得尽善尽美。这恰恰在我们这个系统里是不行的，比如广告 1 000 次的请求过来，有一次算错了也没有关系，甚至有10次算错了都没有太大了关系。如果一开始就知道 1 000 次你能错一次，你设计出来的就是卡到这个一致性来做，会发现成本会降得极低。

我认为技术决策最困难的一点不在于提高性能，而在于控制成本。就像你的任务本身有特别明确的把握，这个一致性的要求点到底是在哪里？它是千分之一，你绝不要给它做成十万分之一。那用不上，而且你的成本一下就上去了。再比如说数据日志处理，一万条日志丢个两三条一点关系都没有。在日志处理和建模这样足够大的场景里，大体上对就可以了，它使得吞吐率和成本降得很低很低。这些充分说明要了解系统的全貌，作为技术的Leader，你要能画得出来，绝不能跟着Team一块学。特别是对强逻辑性的商业产品，如果这样的话，就很难长出一个好的系统。

第五，要充分利用开源的技术。对一个新业务来说，你的价值是什么？你要搞清楚公司存在的价值。公司存在的价值是解决社区里或者市场里的新问题。对过去已经被别人解决了并且解决的尽善尽美的问题，如果你不能利用社区的现有成果，而是所有的事情都按照自己最优的方式去做，那么不管你做得好还是坏，其实都偏离了主战场。所以，很多人来问我这个问题，就是为什么觉得广告系统几个人就可以了。实际上，真的是几个人就可以了，特别的简单。

当然，用开源软件也有顾虑，确实良莠不齐。我个人认为大型互联网公司和开源公司还是可以信赖的，比如像 Google、雅虎、Facebook，他们本身首先有 Reputation 的问题，另外你不要指望现在做这个日志传输工具能比 Facebook 的 Scribe 做得好，这是因为你上哪儿去找一个测试环境。人家压测的测试，经过每秒 10TB 的数据压测，你上哪儿找？没有经过那一个测试环境，你说我代码写得好，那根本不可能啊。

我们的原则是什么？只关注核心的业务逻辑。对于广告来说，核心的业务逻辑是检索和排序，就是这点。所有的外围的东西，像我们画的图，基本上都可以用开源的架构搭起来。这样，你所有的资源只要做投放，一个是数据处理的算法，还有就是投放的地方。我算了一下，再复杂的广告系统，五六个人是完全可以的。当然，前提是彻底拥抱开源，不要犹豫，因为你不是做中间件的公司，你是做业务的、做广告的公司。

还有一点要特别提醒大家，任何以逻辑性和数据性为关键指标的产品，大家都会忘掉实验框架。实验框架就是怎么样建一个非常完善的框架，让我可以分流量做测试，这些其实都有成熟的解决方案，通过 Google 的 Paper 大家都能够知道。在执行过程中，任何一个不太重要或者不紧密的任务，如果第一天把它实现了，你会发现在以后所有的时间内整个生产效率会都是加倍的。有经验的 Leader，凡是以数据驱动为主的，实验框架是最最关键的一个。

第六，对于技术团队来讲，相关的产品经验很重要，团队的技术灵魂人物，必须要懂产品，而且深入理解业务。这样的一个架构师，能够把全貌图画出来，对产品特别的清晰，这才是最关键的。

重视运营

运营是容易被大家忽视的。运营有两个热度，首先运营对整个全貌的一个决策能力，其次，要把数据漏斗建立起来。

运营最怕什么？如果运营人员看一个整体，看一个收入，和别人比怎么挣五块钱，怎么挣三块钱，天天盯着收入，这就没有意义，那就会不知道哪一个环节有问题。

所以商业产品的运营团队，我觉得数据漏斗优化能力是最关键的，当然如果具有产品思维就更好了。如果结论都出来，靠运营商的手段来解决会变得越来越累。还有 MVP，对商业产品来说，MVP 的实际的落地者就是运营人员。有一个策略，没有开发之前怎么办呢？运营会先拿手工的策略来试一试，结果好再去开发。所以，MVP 是一线的实践，非常重要。

最后，作为一个技术 Leader，不管是 CTO，还是技术总监，如果开始没有想清楚用两个披萨喂饱一个团队的原则，老想着哪天我的团队变成 300 人、500 人、2000 人……那绝对是错误的。团队的管理者必须要想清楚，怎么样用两个披萨就把这事做好了，想清楚这一点，后面所有的事情就都会顺利了。

【整理：于雪】

CTO也要读懂财务报表

创客 CFO 创始人王玥：CTO 的财务课

王玥，创客 CFO 项目创始人。天职国际会计师事务所合伙人，副主任会计师。北京注册会计师协会上市公司审计专家委员会委员、北注协注册管理委员会委员、北注协专家型管理人才。具有丰富的上市公司、新三板公司、大型企业集团审计和咨询经验。

创业者必须要理解财务，因为财务把握着公司资金的命脉，还要能读懂财务报表，学会避开财税的坑，并且认识资本市场。

财务是什么

财务不仅仅是大家传统理解中的记账、报税，财务在整个公司的经营管理和资本运作过程中，起着非常至关重要的作用。一个财务的解决方案，可能直接影响到公司重大事项的进程。

公司经营就是做这三件事

公司的经营通常指的是什么内容呢？通俗来说，所有的公司都只做三件事。

一是经营活动。公司员工去销售、采购、生产、研发，这都属于公司的经营活动。

二是投资活动。公司购买固定资产、对外收买股权，然后处置资产、处置股权，这些都属于此类。

三是筹资活动。主要是指募集资金，主要分为股权融资和债务融资，对象包括向股东募资、向银行借款、发行债券等，同时还包括股东的分红、支付利息等行为。

综上所述，整个财务报表的体制的建立，都是以企业的这三件事为基础。以后大家去看这些财务报表，就需要先有一个概念，看这些财务报表属于企业经营活动还是投资活动，还是筹资活动。

比肩四大发明：三张报表

所有的公司编财报最主要的依据，就是 3 张财务报表：资产负债表、利润表和现金流量表。

这三张财务报表简直可比肩中国古代的四大发明，它可以让所有的公司在同一个语言体系进行交流，所有跟公司经济活动相关的决策，如公司运营的管理、融资、投资等，都建立在这三张财务报表基础上。

我举一个例子来说明这三张财务报表的重要性。当我和很多 CEO 交流的时候，我问他，你们公司今年赚了多少钱？有的 CEO 会告诉我，他今年赚了一千万元。那么这句“我赚了一千万元”该如何解读？

有的人会认为这代表一千万元的营业额，有的人会认为这代表赚到一千万元的净利润，有的人只认为这代表收到了一千万元的现金。显而易见，每个人的解读都不同，它可能代表非常多的含义。

那么如何避免理解的分歧？只有采用统一的语言和标准。财务报表解决的就是企业经营过程中统一语言的问题。当大家表示公司账上有多少资产，赚了多少利润，一年产生了多少收入时，全部都被归纳在一个具有可比性的统一的报表中，这就是财务报表最主要的作用之一。目前世界上大部分国家都使用国际财务报告准则 IFRS。中国会计准则与国际会计准则的差异非常少，已经实现了全面趋同。

当大家采用同一个会计准则，就保证了评判全世界大部分公司的经营状况时，有一个相对统一的标准来评断。

但这里需要单独说明的是，美国会计准则 US GAAP 与国际会计准则目前还存在着一定的差异。

读懂财务报表

财务报表是记账后呈现出来的结果，也是对公司经营业务结果的直接反映，会计中有一个恒等式：资产=负债+所有者权益。资产负债表是反映在某一个时间点企业的财务状况，包括资产、负债、所有者权益的金额。根据资产负债表计算出的资产负债率通常是评价公司偿债能力最重要的依据，也是CEO 要随时关注的。所有者权益是指企业资产扣除负债后由所有者享有的剩余权益，从财务的角度公司经营的目的就是股东权益最大化。

从经营的角度讲，实现股东权益的增加主要就是增加净利润。利润表是反映企业在一定会计期间经营成果的报表，是一个动态的报表，反映的是企业创造利润的能力，利润表是由收入-成本-费用-税金=净利润的公式得出的，净利润即税后利润，是企业经营的最终成果。衡量企业经济效益，资产负债表与利润表密切相关，利润表中期间数据的变动影响资产负债表中时点数据的变动。现金流量表是反应一个企业在一段时间内现金的流入与流出的情况，虽然同利润表一样都是表示在某一期间内的流入流出，但是利润表反映的是根据一定规则来确定的收入与支出，而现金流量表反应的是现金的收支。

对于初创公司来说，关注现金流量比关注利润要更可靠。

企业的晴雨表：现金流量表

现金流量表对企业非常重要。目前市场上很多企业倒闭了，不是因为公司经营不好，往往是现金流出了问题，换而言之，公司账上依然有非常多的资产，例如房地产公司，20 层楼房还没有开发完，地价已经涨了好多倍。从资产角度看，这家房地产公司很有潜力，但当它盖到 10 层楼的时候，没有钱再去付供应商的货款，没有钱再去付施工方的货款。那么即使地价已经翻了好几倍，远远可以覆盖它未来投入的成本，但是这个公司依然倒闭了。这就是因为现金流出问题了。

如果经营活动的现金流量年额是正数，那代表公司流动资金管理较好，也说明公司比较健康。

如果出现了负数怎么办？那么公司需要持续发展，就必然会通过筹资活动补充，通俗一点，就是找股东拿钱或者找人借钱。现在市场上很多早期创业的公司，持续亏损，不停地增资扩股，这些“烧钱”的行为，烧的都是股东的钱，这类企业最后拼的就是筹资的能力。

如果公司信誉比较好，比如是一些大企业，那还可以通过银行借贷或者发行债券等手段，让现金流量变成正的，保障公司现金处于比较健康的状态。

处处是坑的应收账款

应收账款，顾名思义就是客户欠公司的钱。会计事务所最害怕审计的科目就是应收账款。因为客户往往口头上承认欠款，但在财务走审计程序时，需要客户进行书面确认欠款时，客户通常不愿意这么做。

我还是用 CEO 赚了一千万的例子来解释。一家公司赚了 1000 万元可能是销售收入 1 亿元，成本 9000 万元，赚了 1000 万元。经常遇到的问题是，已经向客户销售了 9000 万元的产品，但是客户没有一次性支付 1 亿元，而是先支付了 5000 万元，欠了 5000 万元没有支付。从现金流的角度来看，公司实际上还倒贴出了 4000 万元。至于这 4000 万元什么时候能回款，是大家始终提心吊胆的一件事。

很多企业，尤其是施工类企业，就是被这一点拖垮的。公司每年利润表都特别好看，赚了很多钱，可惜都是应收账款，全是纸上谈兵。

有时候遇到客户倒闭了，这个应收账款就变成坏账，无法收回。因此我建议，如果每个月财务给你提交财务报表，应收账款这一部分需要格外关注。如果金额特别大，那么最好将应收账款分不同的账龄，例如欠款 30 天的、60 天的、半年的和一年的。如果发现应收账款巨大，其实这就说明公司已经产生了巨大的财务危机。

财务规范的重要性

我曾经遇到一个真实的案例，非常有借鉴价值。有一家广告公司，一年净利润大概有三千万元。财务流程非常不规范，原始单据丢失的特别多，财务数据难以统计。最后一家上市公司想收购它，却碍于财务问题无法进行。最后这家公司花了 3 个月的时间，把一些流水、单据匹配上，又补了一些税，才把当年的账目规范了，变成可以用的、规范的财务报表。两年后，这家广告公司的老板想独立在新三板上市，结果又因为财务问题卡壳。因为新三板需要完整的两年一期的、规范的财务报表。最后没有办法，只有再延迟一年上市。

我的建议是，大家在经营过程中，从一开始就要尽量保证财务的规范，原始的单据、财务报表都要保留。这样以后别人帮你理账，也有一定基础。俗话说巧妇难为无米之炊，如果连基础都没有，那就无从谈起了。

股权激励要留足提前量

CTO 经常会遇到股权激励带来的问题。这几年因为股权激励这件事，导致很多公司无法上市。股权激励也叫做股份支付，简单来说，企业在融资时会有一个估值，这个估值往往比较高，例如当时股值是一股十元钱，但可能给员工就是一股一块钱，那么这九块钱的差价，从会计术语来讲就叫做股份支付。这部分要记入到当期的管理费用，减少融资的净利润。

众所周知，无论是创业板还是主板，对净利润都有要求。然而很多公司在做财务报表时，都忽略了股份支付对于财务的影响，因为它没有现金流的流出，完全是通过计算来记录这块成本。

很多高科技企业，就因为股份支付这个细节，忽略掉了这也是一项非常重要的成本支出。如果在上市申报那年，在申报前将股权落实到员工个人名下，有的企业在这部分上的支出高达几千万元甚至上亿元，很容易造成当年巨额亏损，等于这个业绩不能连续计算了，整个上市的事都要推倒重来。

我认为，更科学的做法是提前做一些筹划，例如提早发放股权支付，或者通过期权等手段解决财务上的问题。

CTO 要有预算管理的意识

作为领导层，一定要对整个公司的经营有把控，例如营销的经费预算是多少，产品生产量有多大，预计销售周期有多长，这些都需要进行提前预计。之前有一家公司拿到五百万元投资，用于生产产品花了二百多万元，营销费用又花了两百万元，然后加上人员工资，不到半年，五百万元就花完了。然而销售并没有达到预期，公司资金链很快就出现了非常严重的问题。

这就是项目管理的问题，尤其是对预算的管理，我认为 CTO 更要注意这方面。我相信大家的研发能力、技术能力都非常强，但 CTO 毕竟要管理团队，团队里每一个人工作状态如何，能给公司创立多少的价值，项目的管理能节省多少成本，这些都是 CTO 需要考虑的，而不能仅仅考虑技术方面的问题。

避开财税的坑

综合上面的叙述，我总结了常见的财税问题，以便让创业者更一目了然的规避这些问题。

1. 欠缺规范性：一定要打好基础管理，规范财税。

2. 业务模式筹划不足：进行税收筹划，以及对合同签署的筹划等。

3. 股权激励规划不足：提前规划股权激励便可以使 IPO 进程不受影响。

4. 不要非法避税：非法避税等于违法行为，一旦被举报就会有税务稽查引发公司重大风险。

5. 两套账的问题：很多初创企业都存在两套账的问题，企业应该及早规范，避免影响和资本市场的对接。

6. 收支管理问题：公司日常的收支管理一定要清晰，为后期规范性提供基础。

7. 账户管理问题：需要严格区分公司资金与个人资金的使用。

8. 财务团队搭建问题：需要把握节奏，早期可采取财务外包但建议找一些具备；A+轮以后投资人更重视财务，需要专人对接。

9. 税企关系问题：保持与税务局、专管员的沟通，相互尊重。

10. 税收优惠问题：争取税收优惠政策，如高新企业、工业园区政策，寻求专业指导扣除研发费用、以前年度亏损等。

11. 项目管理问题：每个项目需要单独归集成本进行统计，财务核算中也按照分项目核算。

12. 财务预算问题：重视财务预算，决策不至于失去理性，主要是做好收入、支出以及融资的预算。

认识资本市场

中国已经初步建立了多层次的资本市场结构，交易场所包括主板、中小板和创业板，场外市场包括全国性场外市场和区域性场外市场。随着企业的成长，所选择的融资方式也有着很大的不同。

企业发展到一定的阶段，其实要拼技术、要拼运营，还要拼资本运作。要学会融资，当企业发展到一定阶段，规模不够大的时候，这个是必修课。

直接融资包括两类，一类是发行债券，如发企业债、公司债，另一类是资产证券化，如短融化、中票、资产知识证券等这些方式。这两年我们看到直接融资一直在增加，中国直接融资占比约 10%～20%，体量还非常小。在美国这些发达的国家，占比通常超过 50%以上。

从企业的生命周期上说，初创企业的融资一般选择天使投资、私募创业投资和新三板挂牌；中型企业可以选择创业板上市、中小板上市；较为成熟的公司选择主板上市、增发、转债、优先股、权证融资以及企业并购重组或行业整合融资。

【整理：周雪】

第六篇

向 CEO 的华丽转身

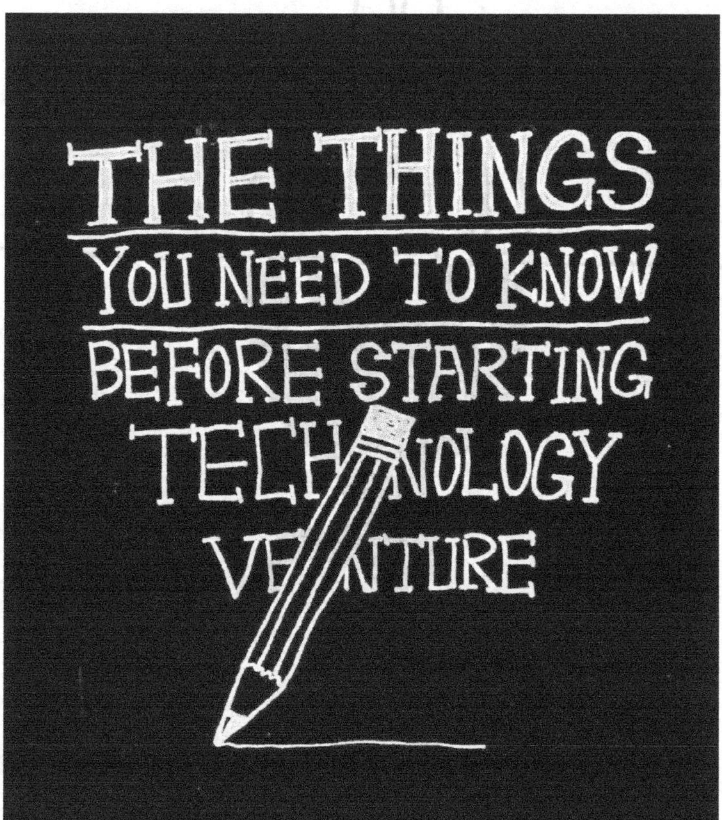

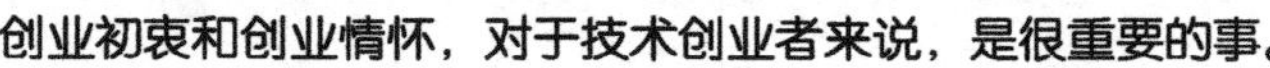

创业初衷和创业情怀，对于技术创业者来说，是很重要的事。

扫码观看活动视频

切换视角看创新

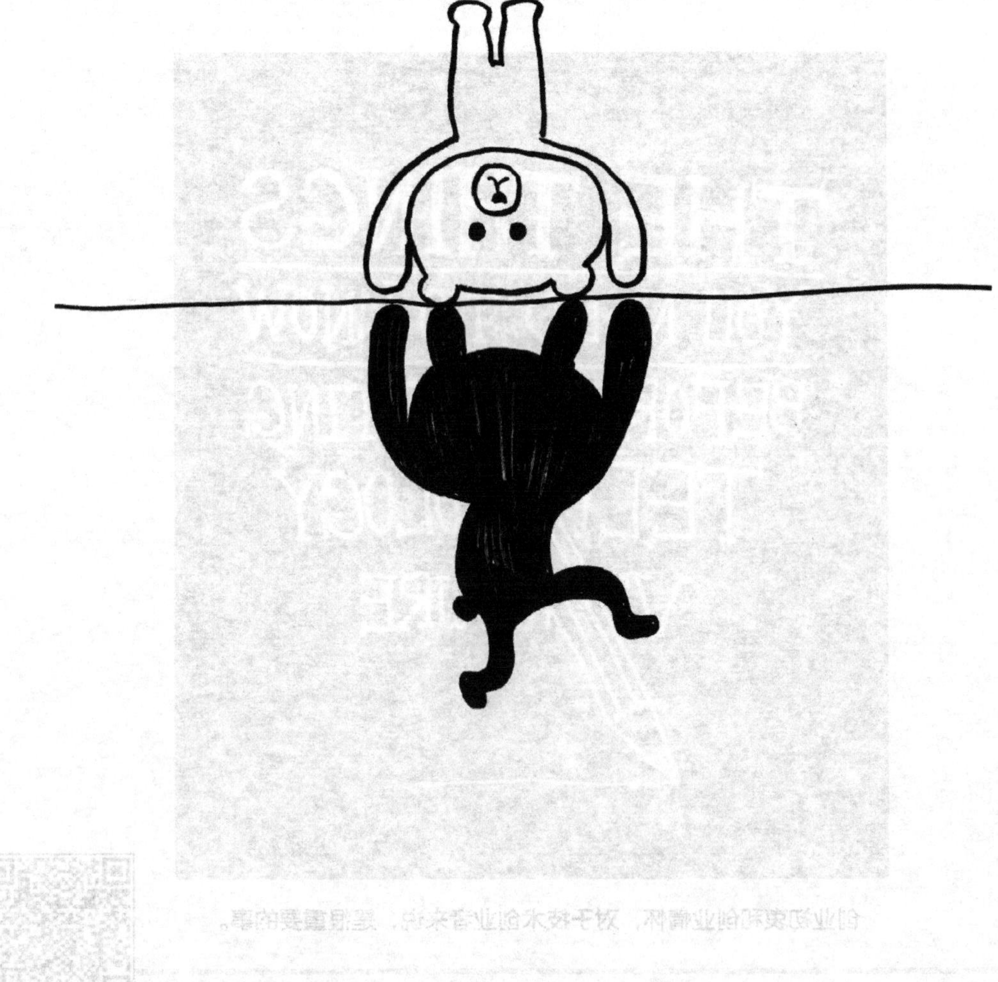

将门 CTO 沈强：技术创业的准备

沈强，将门联合创始人兼 CTO。创业之前，他是微软创投加速器的创始团队成员及 CTO，主要负责微软创投加速器在中国的技术策略与方向，加速器在三年内呈现了清晰的“以技术创新引领创业”为主的特色。在 126 家被孵企业中，超过 70%是企业级的服务创新。他还曾在诺基亚公司担任中国互联网服务首席架构师，负责诺基亚在中国地区移动互联网服务总体架构的战略规划与实施。在他的职业经历中，他所创建的业务累计服务于近 5 亿用户。

从自己深度扶持创业项目，到 2016 年 1 月自己变成了一个创业者。所以我是想从不同角度的变迁，从技术出身的人经历不同的角度，来跟大家分享，技术人员在创业之前，要做什么样的准备，想清楚什么样的事情。

2016 年对于技术创业者来说是一个很好的时间点，在过去的十多年，以 BAT 为代表的中国最成功的创业者，早期的发展不完全是技术去驱动的，直到近几年火热的互联网金融，O2O 创业等，更多的都是商业方面的创新，在技术上并没有太多的门槛，创业成功与否更多在于怎么样去做市场、去做运营，怎么样去做资源的整合，在商业模式上去做一些创新。而今天来看的话，我觉得是进入了一个新的时间点，技术创业者有机会通过技术去创造核心竞争力，成为所在商业里的主导性的价值。

我以自己的经历深深感受到了这个趋势，过去几年在微软创投加速器做的时候，我深度扶持了 120 多家企业，覆盖了移动互联网、企业级服务，主题涵盖大数据、智能设备、物联网、人工智能等不同的技术领域。

事实证明，技术驱动这件事情是靠谱的，因为我们看到这些企业，无论是他们的业务增长还是持续获得融资的能力，还是很强的。我们看到了这些企业一个个从刚开始两三个人的小团队，在平均 18 个月的时间内，总估值达到 380

亿元人民币，其中90%以上的企业获得不同阶段的融资。在业务方面，这些企业覆盖了5亿消费者和100万企业客户，业务成长态势十分迅猛。这些数据告诉我们，对技术创业的未来应该有更多的信心，现在是技术创业者的好时代，透过技术创造更美好的世界不应该只是梦想，而是可以成为认真切实的选择。

创业前要考虑的几件事

有激情、有信心固然很好，但是创业不能是没有理性思考的冲动，在走上创业这条路之前，我觉得有关键的几件事情需要想清楚。

第一件事情，问初心。我们得想清楚，**我们创业的目的是干什么**，我们是为什么出来做创业。在企业里面，很多的技术创业者走上创业之路的动因，是感觉碰触到了一个天花板，比如他看到这个行业的未来，看到的比较远，但是企业的执行能力不足或者机制不够有效，或者也许是团队的问题、组织机构的问题等，不能够去满足自己的需求，所以他会希望能够通过自己的力量，把这个公司或者这个行业，带到一个新的高度。其实这种人他们还是很孤独的，因为他们看的东西比较远，但是他们想做的事情不一定能够得到很多内部人的认同和支持，所以他们选择自己踏上创业的道路。

事实上，踏上这一条路，最大的考验是，想起未来会非常激动，可是要达到未来期许却需要很长时间，所以这条路实际上是一个很长的长跑过程。那在这样一个长跑过程当中，我觉得对人来讲，是一个极其巨大的历练。你可能需要永远不停地救火，尤其是在早期创业的时候，你人手不够，客户的关系搞不好，产品开发的人手不够，可能你招来的人技能水平也不够好，一会儿出了个安全事故，一会儿系统又宕掉了等。可能更严重的是，几个核心的开发人员出现了情绪上的波动，有某一两个人被人挖走了。无论是技术的问题，是资金上的问题，还是人员变动上的问题，会使你很长时间处于精疲力竭的情况，要处理的事很多。

而且还有一点，在这样的一个煎熬的创业的过程当中，你自己虽然经常处在一个比较崩溃的边缘，但是当你面对自己内部员工的时候，当你面对外部客户的时候，当你面对投资者的时候，你必须要十分的坚强。你还是要让他们看到很光明的未来，你自己心都要碎掉的时候，你要给大家鼓励，要给大家打气，所以其实是很考验人的。而最后的这一点，为什么要去承受这样的一些痛楚？因为上了这一条路以后，就有一个永远放不下的责任，这个责任一方面是有对团队的责任，也有对投资者的责任，还有对客户的责任。当别人都不能够解决问题的时候，我们作为创业者，作为这个创始人来讲只能勇敢地承担这些事情。所以创业这件事，真的是很心酸。我们需要问一下自己，我真的为这样的修炼做好准备了吗？

大量的技术人员创业是因为相信技术能够驱动价值才开始创业的，这种初心非常重要，能够使我们决定自己能够走多久，在我们难做的时候支撑我们；其次当我们想清楚自己做什么后，就要考虑第二件事，**我们做的创业的事到底是怎么一回事**。

理清事与势

想清楚这第二件事，需要理清我们要做的事与我们所处的势。

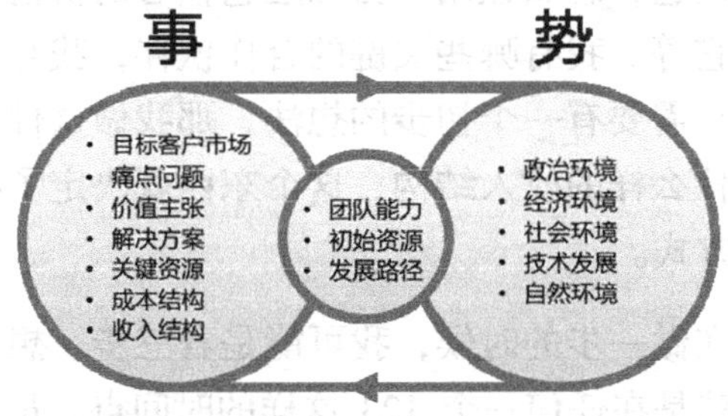

第一层面，事。我们要弄清楚，自己创业要做的这个事本身，目标客户市场在哪，用户群体什么样，用什么来驱动用户，用户特点是什么，他们为什么要使用我们的产品，产品的核心特点在什么地方，我们的解决方案是否能够完整的解决其问题，这一系列的问题都需要多方位考量。目标客户是我看来最重要、最需要想清楚的事情。因为我们自己刚开始创业的时候，往往不会这样正向去想，不会先考虑市场。

比如做浏览器，怎么样去把它做的更好，我们看现在市场上很成功的浏览器，有一些什么浏览器？UC 是一个好的业务。海豚曾经也是比较有名气，但是现在发展的情况怎么样呢？他们的浏览器做的好不好？我觉得这个毋庸置疑，大家还是认可他们的。

今天我们来对比这些浏览器，大家很早进入这个市场的时候，他们做的好，但是我们从第三方的角度，能不能帮助他们来定义出来，遨游打的市场是哪个市场，海豚打的市场是哪个市场，UC 最早打的是什么市场。今天我们可以做这样一个模拟的演练，就是我们自己去创业的时候，也要这样思考。

我有这样的技术，我去满足谁的需求，那么跟他相关的，自然会有一个要解决的核心痛点。找到他的核心痛点，你就要设计一整套的价值主张，这里面很重要的一点是，我们去设计价值主张的时候，需要场景化的思考能力。大家都会场景化的开发，但是我觉得场景和价值主张，是紧密的关联在一起的，因为我们过去作为技术人员，大多数来做开发是讲我的功能计划表是什么样。但是当我们来做创业，我们给客户解决问题的时候，往往不是以功能为边界，而是客户在特定的场景下要和市场结合紧密。

当然，有了价值主张以后，就要想技术上用什么样的解决方案去做，做成这件事需要怎么样的关键资源。这些关键资源，可能是我做好了一个浏览器，怎么让用户知道它？怎么让用户去知道它核心的价值在哪里？怎么样去找一些渠道来规划它等。我有哪些关键的合作伙伴，我是做预装，还是跟别人做换量？早期还是需要有一个初步的想法，那我做这件事情，会有什么样的成本结构，会有什么样的收入结构，这个东西就决定了我后面的现金流将会是一种什么样的方式。

当我踏踏实实在做一步的时候，我可能是看三步、想两步，然后稳稳的走好当前这一步。就是在任何一个 123 这样的时间点，虽然这个路径一直都是在变化的，但是我要一直看到前方的路在哪里。

第二个势，就是大势，十分重要。以上说的都是落到微观上面的，但是我们做一件事情，能不能获得巨大的成功大势很重要。能不能获得小成，是看第一层面的事，能不能大成，看的是这个大势。古人说“君子善假于势”，我们所处的商业的环境、经济的环境、社会的环境、技术发展的环境、自然的环境，就是最大的“势”。“时势造英雄”，每一个成功的创业者无不是顺应了时代的发展，借助整个时代蓄积的势能来推动业务发展。小成靠人，大成靠势，对于创业是千真万确的。

比如，我们整个国家的环境，它的智能终端的普及情况是什么样的，带宽情况是什么样的，资费水平是怎么样。今天看移动互联网，就会来看 5G 什么时候兴起，5G的价格资费和4G的价格资费会有什么样的变化？因为带宽高了，密度更高了，在这里能不能涌现出新的创业机遇？除了技术环境，社会环境、经营环境的判研也很重要。比如在中国未来的十年时间里面，有几个趋势，我觉得是特别重要的。

第一个是，我们经济结构的转型，是由我们过去资源要素驱动的经济转向为创新驱动的经济，现在是国家在做的双创工程，各种各样的猛推。实际上不是单方面的政府需要，即使政府不强力的推，中国的经济会往这个方向走。这也是我自己为什么出来创业的原因，因为我深深的相信，未来的十年，技术创新对中国经济的推动作用，会是核心的作用力。

那么这个大势，同时也会影响到刚才讲的互联网+各个产业里面去。不一定叫互联网技术，我们可以把它叫做数字技术和信息技术，Digital 和 Information 这两块会融合到所有的传统行业里面去。人工智能会改变我们未来做很多事情的方式，比如我们的金融、征信，甚至我们的理财等。类似于这样的技术，今天还是星星点点，在信息化应用的行业、金融行业、电信行业里面开始采用，那事实上针对大势而言的话，它会延续到过去我们特别传统的业务，比如农林牧渔的各个行业。事实上，我们现在也看到了，像农业里面越来越多地用大数据来做农业的金融；我们看到气象的变化对于农作物的影响，最后延伸出来我可能把它变成了一些远期的效应，影响农产品期货交易等。

这个势，我们每一个创业者都需要理解。而这两者是一个互相循环、迭代的过程，你在势里面发现了这些判断，反过来影响所做的事情，又应该怎么样去做一些调整和变化。而在调整和变化的过程当中，我们需要不停地思考，我的这个团队，要做的这个事和大势之间有什么差距，我自己的团队能力是什么样有什么欠缺，我需要补齐哪方面的能力。我去选择一个方向的时候，我有什么样的初始资源，是能够去做这件事情的。还有一点就是很关键的，就是这个发展的路径。

刚才讲三步态势，是为了让我们自己能够更好的审时度势，在迅速变化的环境中，制定计划的抗风险的能力能够更强一点点，并且在早期就做好适应时势变化的心理准备。

跨越坑坎，升级成长

还有一点创业者需要想清楚的重要的事是，我们今天做的事，未来能成长到多大？比如，我们大家都知道创业者的初期，一般来讲都是产品驱动的，我们做一个好的产品，然后有没有机会把它变成一个平台，然后把平台变成生态？这是一种演进的路径，很宏观的，对每一家企业来讲这个路径是不太一样，所以平台的含义也不一样，生态的含义也不一样，或者我从一个业务出发开始，后面有没有可能延伸到其他的业务，为什么有可能延伸到其他的业务？因为我做了一些什么事情，掌握了一些什么资源，在其他的业务里面有哪些独特的价值，能够站的住，这些都是需要考量的。

从投资者的角度上来看，即便你今天做的这个事很漂亮，如果看不到一个很好的业务延展性，那么实际上他在投资时就不会给你特别高的溢价。作为技术创业者，我们迈过的这些槛比较多，尤其是越专业的技术人员，越容易在思维模式上，从我能做什么的角度，我喜欢做什么的角度出发。

技术创业要跨越的坎

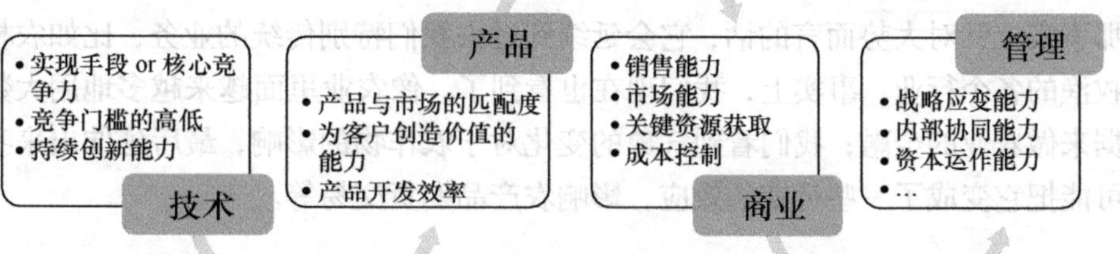

第一，技术创新而言，竞争也还是很激烈的，一招鲜吃遍天，这件事情往往是不太可能存在的。如果你认定自己优势是在技术上面，其实很需要考虑，当你今天的这一招用完了之后，你能不能规划出下一招，还有什么地方可以创新，也就是要有一个持续创新的能力。比如，我有一个很高性能的球面图形的拼接算法，别人都做不到十次拼接，17 个画面，我把它放在一起，别人都要大量的运算，我掌握一个很牛逼的算法，我能够快速地做拼接计算，所以我自己进入了这个 VR 领域。我做了一个摄像机，我能够从一个设备开始，这都是一个很好的点，但是其实很可能今天你做的这个事情，立即会被颠覆掉，因为你不知道某一天某一刻会不会就突然开源了他的球面拼接的算法，他开源了以后你怎么办，你的核心竞争力能不能持续地保留下去，还是，只是拿你的技术来换一点点时间？

第二，有了技术以外还要关注产品，因为它毕竟是交付给我们的用户、具备核心价值的一个交付物。那就回到我们刚才讲的，需要去规划的，要去考虑我们产品和市场的匹配程度，我们是不是真正的了解自己的用户和客户，客户是给我们付钱的人，用户是使用我们产品的人，在 2C 的场合中，两者往往是一样的，但是在 2B 场合里面，客户和用户往往是分开的，可能买单的是企业的 IT 部门、市场部门，但是真正去用我们产品的是下面的每一个具体的用户。那我们有没有解决付钱购买者的问题，有没有解决用户的问题，这就是产品市场的匹配度。在这里面，包括产品的价值，包括产品的开发的效率，这也是我们要迈过的一个槛。

第三，当我们有技术、产品后，离创业最终的结果，还差商业。这一环节中，2C 和 2B 的能力要求是很不一样的。对于 2C 来讲的话，我们有了这个产品，很重要的是你要做运营，你要去做这个市场。而对于 2B 的创业来讲，往往最难突破的一个门槛是销售，因为 2B 的客户相对来讲个性化会比较强一点，而且销售的成本、销售的周期也都会比较长一点，尤其是涉及到组织决策的时候。越是面向大型的企业客户，销售的周期就越长，创业团队就需要一方面使自己的团队能力增强，另一方面是要加强开拓合作伙伴的能力，包括市场关键资源、获取成本控制等。等这些都奠定起来了以后，再往下去走，再规模化发展一点。

管理会是我们的第四大要跨越的门槛。面对不断变化的竞争环境也好，技术的变化也罢，都需要我们不停地调整战略。对于 2B 来讲，我们的战略能力是相当关键的，那这个战略当然是一整套的组合，我怎么样不停地去调整自己的市场策略？然后我的销售策略、合作伙伴的策略，能不能管好自己内部的团队？尤其是，我的团队后面到了超过一百人以后，对创业者的要求，其实上了一个更高的台阶。有的人是适合在前面做事，不适合到后面带大的团队的。还有一个是资本运作的能力。其实，资本会是一个加速器，但是实际上也是一个双刃剑，我们怎么样最有效地去运用资本加速自己的发展？所有这些槛，从技术创业者的角度出发，需要我们在出发之前，去做深入的思考。

融资

第三个需要想清楚的事情就是融资计划。融资最重要的问题是什么时候进行融资？一般建议，在做融资的时候，要给自己做好 12 个月到 18 个月的储备期。那么，每一轮融资至少要提前六个月开始跑，这是相对来讲比较可靠的一种做法。然后随着每一轮融资进来，当然你的股权会被稀释，除了因为外来的投资进来需要做稀释的话，我觉得每个创业者还需要去考虑好的一个问题，就是说要在适当的时间，要去设置员工的期权池。员工的期权池也会稀释股份。这里有两种做法：一种是说连同大家等份额的稀释，也就是说投资者一起加入到我的股份稀释的过程。另一种是稀释自己创始团队的股份，这个很大情况下是说你跟你的投资人在投资之前是需要做一些沟通的，未来会有的员工期权池的设置，是否会影响到他的已经投入的所占的股权占比。有一些投资人其实很难谈的，在这种情况下，你就只能稀释自己创始团队的股份。

另外，就是机构投资者都会有清算优先权。基本上就是我们在接受一笔投资的时候，你看到的不仅仅是现在这个钱怎么进来，而且这个条款会去说明，后面在分钱的时候，大家是按照什么样的方法来清算？也许是因为发生并购或者退出导致要清算，也可能因为你上市，或者说我们的投资整个周期到了，我需要把这个股份给变现，有可能是你没有上市，也没有被并购，而你的管理层需要做回购。这就会在这个条款里面说明这个钱怎么分，一般是按照堆栈的秩序，后进来的投资者先拿走钱。

所以我们在融资的时候，还有一种策略，就是用可转债去做融资。一般来讲天使轮不会有可转债的方式，一般是到了A轮、B轮会有一些可转债的方式。比如说你现在缺一笔钱，对不对，那我们在这个价格上面谈不拢，没问题，我先把钱给到你，先当成债，比如说我给你五百万，那五百万也有一个最低的债息。我们约定一个债息的水平，同时我们再约定你在下一轮市场公允价格的时候，比如说你在下一轮融资的时候，我有权来决定，这个债是不是转成股份。那么一般在转成股份的时候，因为后面有了大家认可的定价基准，我们以那个定价基准一定的公式，比如说以那个定价基准的八五折、九折或者什么样的水平，把我的这个债转成股。

那我们去融资的时候，融多少？其实最重要的有几个要素：最核心的问题是我需要多少。因为并不是融的越多越好，融多了，对你的股权稀释肯定就稀释的多，你的掌控力下降。如果我们自己认为是未来高速发展，有期望前景的公司，我们肯定会珍惜自己的每一个百分点，甚至百分之一、百分之零点一的股份都会很珍惜，所以核心还是自己做好业务计划。

何时融，刚才也提到了，至少做好六个月提前量的准备。可以在最初的时候投几家来练手，一开始时列出你最想要的投资者是谁，第二位是谁，练手的时候不要拿目标投资者来练，先找到感觉然后在去见最想见的投资者。但是有一点，千万不要把过程拖的特别长，在找到感觉以后，尽量密集地去见你的投资者。

这里面会有几点好处，第一，你在相同的条件下，能够有一个比较。第二，也能够形成一定的竞争。第三，你自己的心理压力会小一点点。很多创业者，他们往往能够在一个月的时间里面，见到十五、二十家的投资者，其实这也是比较常见的情况。

作为技术创业者，我们也希望后面能够有一些机会，通过我们做的这些服务能够帮助到大家。这也是我们一直在做的事情。

【整理：齐琳】

吆喝科技 CEO 王晔：技术创业者的故事

王晔，吆喝科技创始人，清华大学毕业后进入耶鲁大学深造。他曾在 Google 总部负责搜索广告产品的创新和研发，发表过多篇和计算机相关的科学论文，也拥有多项国际专利，担任过 IEEE 移动计算、GLOBECOM 互联网协议与车辆技术评论家专家。2014 年 10 月，王晔创建了北京吆喝科技有限公司，用数据帮助企业优化产品与广告。

创业初衷

我的个人发展路线是从比较不接地气，比较学术，慢慢走到了非常接地气、非常实在，换句话说就是越来越 low 了，或者说是越来越真实一种路线。我觉得这种体验是非常好的，并且非常值得，对于一个有技术背景的人来说，这将会是很有意义的一条路线。怎么说呢？我是从一个完全学术的人，逐步走到实践的产业，最后再到自己去创业，真正面临市场的一个过程。在清华和读耶鲁博士的时候，解决问题的思路总是觉得这个世界上最难的是一些技术问题，很需要解决一些突破性的技术。解决这些问题之后我们才能真正创造贡献，然后才能有价值。

其实有些很艰难的技术问题，比如特斯拉解决的直流电问题，解决之后，什么价值也创造不了。但是有一些技术问题，可能是永久存在的。比如谷歌解决的问题——搜索。也许将来我们不用电脑，也不用手机了，我们甚至也不一定非要用机器人或者穿戴设备，但是搜索这种技术问题是永远存在的，我们要去收集和整理大量的信息。而且这些信息不断地变化、更新、迭代，而且有优劣之分，有一些信息是坏的、不好的，有一些是好的，但是如何从中去快速地检索和找到对你最有用的信息，这个问题是非常具有商业价值的。

我当时在谷歌做的事情，就是不断去优化并改进谷歌的广告系统，从而让谷歌给用户展示的广告对用户更加有用。我在谷歌主要都做些什么呢？就是想办法在广告上面做一些调整，然后让用户能够多点，诱惑他们多点，然后让谷歌赚更多的钱。怎么能赚更多的钱，这个是最接地气的一个问题。那么怎么做呢？很多时候就要用到后来我创业所用到的一个东西——就是 A/B 测试这件事情。

创业方向

没错，A/B 测试可以帮助我们的客户，帮助我们自己，或者帮助像谷歌这样的企业，能够更有效地、更好地赚更多的钱，这是我们解决的问题。就是使用这个技术产品，它能够被我们的客户很方便地使用，然后让客户很容易地挣更多的钱，就是这么简单一个事情。

在我要去创业做这件事情的时候，首先要想的是情怀。情怀这件事情确实是一个非常有价值的东西。在我们技术人的成长经历中，我们天生就有一种所谓出淤泥而不染，或者说是有一些操守、傲气的东西在。我们觉得只想解决一些很有价值的问题，我们只想做一些很有意义的事情。

情怀一定要有，它在你遇到巨大的困难、巨大的挫折的时候，比如公司陷入一种要破产的境地，你的业务遇到了一个竞争对手等等，情怀能够帮助你聚拢人气，能够帮助你克服困难，大家愿意为它做出一些短暂的牺牲，这个时候你的力量就会特别强大。1682 年，有一个科学家，他观测到有一个很巨大的拖尾的彗星划过夜空。他翻阅了历史的书，很少的书，找到 1531 年和 1607 年的天文记载，仅通过这样一些很有限的数据，他就做出了一个大胆的预测。他认为 76 年之后，这个彗星还会回来。那这个天文学家大家都知道，叫哈雷，这是著名的哈雷彗星。这就是数据的价值。我们也希望能够把这样的东西带给大家，再 low 一点，做到更实际一点。创业从情怀出发，却要做非常实际的事，并且要做足创业准备，比如研究市场、挖掘痛点、了解竞争、招募团队。创始人要明确目标，目的是要卖止痛膏而不是兴奋剂。以吆喝科技为例，做 AB 测试是因为有商业价值而且适合技术人去做，适合技术的就可以尽快实现产品和提升产品，并且可以更好地调整产品。AB 测试是现在市场的需求，可以更好地为用户带来效益，这就是止痛膏。

贩卖技术 还是情怀

谷歌每个月会做几百个不同的 A/B 测试。比如说我在谷歌做广告的时候，我会尝试什么呢？上一个新的广告产品、图片广告或者社交广告。这就可以通过 A/B 测试把它当做一个闭环的，只有很少的一部分用户，1%的用户会看到这个新的广告产品。和你那些没有看到产品的、旧的广告，进行对比一下，A 版和 B 版到底哪个更好，哪个用户可能点击更多。就是这么一个简单的想法，在谷歌还有很多的实验。比如说细小到文案上的一些变化，第一个字母大写，还有颜色的变化、图片的变化，甚至说广告位靠左一个像素，就会带来点击率的不同。A/B 测试会告诉你，你把广告位左移一个像素，你的营收会增长，你会多赚钱。你要是左移两个像素，你就会亏钱。没有人知道为什么？但是有 A/B 测试这样的技术手段告诉你这个事实。通过这样的方法，谷歌可以精确地控制自己的营销的增长。我可以控制这个季度大概营收增长多少，甚至可以精确的控制自己的股价。

所以我们从中找到了商业价值，找到了潜在的需求之后，我们就可以去做创业的事情了。

现在回到国内我们去做业务，我们已经有很多客户。像滴滴、像墨迹天气、海豚浏览器等，还有像小恩爱，大家可能不熟悉。小恩爱最早用我们 A/B 测试的时候，可能只有一千万的用户，现在它有八千万的用户。用了这个技术之后，有很多细节问题得到了一个很好的解决，从而给用户更好的体验，每个月有上千万的营收的流水，非常棒。

墨迹天气也是，我们做了很多实验。在它的页面展示上，让用户看到天气的时候会更愿意分享给大家，告诉你的家人和朋友这个今天应该多穿一点，或者今天天气特别好。

用墨迹天气这个案例来说一下我们做的这个事情的价值，更重要的是让大家明白的是，我们的技术是怎么帮助提升商业价值的。他们试着把这个分享按钮做了几个不同的版本，对比原始版本，看哪个更好。

比如它的原始版本是空心圆这样的一个分享，这个版本就是一个实心圆。这个版本是一个像微博的分享，这是它自己的一个设计。那么它就做了一个 A/B 测试，把这 4 个方案通过我们的平台，同时上线 4 组不同的用户，方案 1 是对照组，其他三个是实验组。对比对照组的话，你会看到，第三个方案的字体的设计很好，它可以带来超过 18%的分享率的提升，而且它会有一个 95%

置信区间是从11.9%~23.6%。

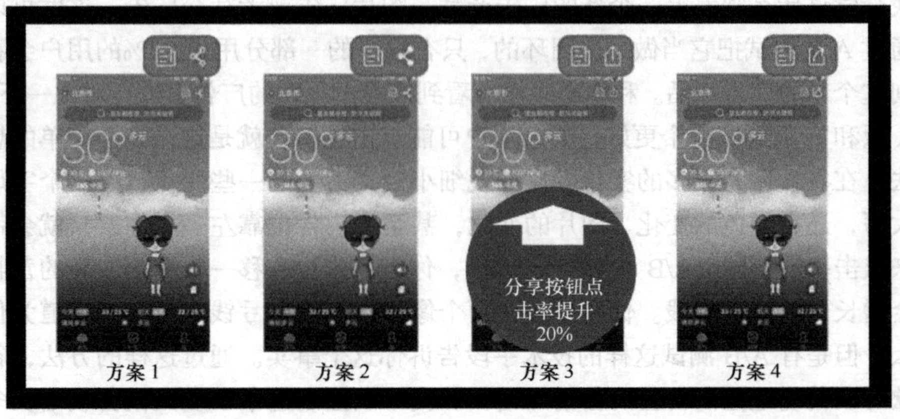

这个是我们技术解决的问题，没有这个技术，如果你只是做一个简单的统计，没有后面的这套流量分割，统计分析的算法其实就是相当于实验组和对照组两个随机模型的数学样本的采样。采样的样本，再反过来倒推这两个模型的参数有没有质的变化。没有这个技术的话，我们只看数字，你会觉得这个方案4对比原始方案也有3%的增加。但是实际上一个东西比另一个东西多3%，你只是一个采样。你并不能说它一定比它好。这个置信区间是从-3%~+8%，意思是什么意思呢？如果我把方案4上线了，它依然有一定的概率会分享率下降。但是方案3就不一样，它有+11.9%~23.6%。就是说它有至少95%的概率可以提升11.9%以上的分享率。这样墨迹天气就可以用它来决策了。如果我们每一个决策都能够这样去进行，我们就可以保证持续不断地提升和增长。

创业准备

研究市场。在创业准备阶段，尤其是针对技术人，有一个缺点，就是对市场的理解是很片面的，所以在创业之前，我们需要去研究市场，研究市场包括几个方面。第一个是市场是不是存在，这是第一点。第二你还得看到它的规模。

找到痛点。这一点非常重要，你做一个产品，如果对用户来说只是锦上添花的东西，我相信是卖不掉的，你必须得找到他最痛的那一点，就是说对他来说是最强烈的需求。这种需求是可以培育的，A/B测试就是一个非常需要培育的市场。记住，去创业一定要去做止痛膏，以这个痛点为出发去做产品，但是在做产品之前，最好了解它的潜在的竞争对手是谁，要知道已有的存量市场里，是不是存在你要去抢他们饭碗的事情。这些人，你得搞清楚。

创业面临的风险

创业之初都会遇到市场从 0 到 1 的情况，肯定有一个很典型的信号。这个信号其实非常简单，如果是 2C 的产品，可能有一千个陌生的用户，开始使用你的产品并且能够留存下来。当发生这样的一件事情的时候，我们就找到了这个市场的突破点。这时就需要进行总结，现在的用户都是什么样的特点，他们到底是怎么样的需求，我们是怎么联络上他的，我的产品是怎么服务他的，有哪些功能我可以改进？

创业初期，一些用户对你的产品有需求，他们愿意接受新事物，创业者看到了希望后，并且期待爆发，但这时很大一部分公司会面临增长乏力，这就需要利用技术人优化迭代的方法优势来调整，在你的发展过程中，判断一下自己在什么阶段。如果你确定所在的阶段的话，一定要坚定意志，调整路线，但是不要改变目标。就是我们像刚才所说的，通过 A/B 测试的手段，不停地调整，改进产品的用户体验，不停地去推出更好的新功能，一点一点地获取增长。

接下来说说团队的问题。团队问题每家公司都会有，我的经验是：面临团队不合的情况，要积极调整，让专业的人做专业的事，迅速止损，产生高效的合作。遇到个人瓶颈要先增强战略意识，再弥补执行能力，改进公司结构，补充团队角色。如果被业务牵着鼻子走，很容易发生任务杂乱的情况。这个是我们技术管理者经常遇见的问题。我们技术人自己、我们技术团队就会提出很多想法，说我们可以做这样的改进，或者说难道这个客户不需要这样一个东西吗？或者说我觉得这个用户在这个地方会怎么样；产品的人也会说我们有一千个需求，每天还在增长两千个。这个时候该怎么办，此时最重要是一定要专注和聚焦。创始人要判断，对我们现在来说，什么事情是最重要的。

对于资金不足的问题，无外乎融资或挣钱。以前没有这种金融市场的时候，我们就挣钱。但是你会发现，你挣了几千万可比融几千万要难多了。所以待会我会说大家怎么从投资方那里获得投资，但是有一点是这样的，我们可以控制的是，开源这方面我们要做，但是节流也很重要。我觉得一开始就掐紧现金流还是蛮重要的。这也是我自己的一个教训，我一开始的时候，还比较硅谷风格，我觉得可以更大胆的花钱，更积极地去运作。后来发现这个钱用的很傻，原因很简单。现金流你掐的越紧，你的控制力就越强，当你要做投入的时候，你的灵活性会变大。由俭入奢易，由奢入俭难，就是这个道理。我觉得这一点是都该记住的，一开始就掐紧，先紧后松，或者一直紧，一定不要先松后紧。

有了投资，手里的钱你要花出去，但是怎么花？我觉得最重要的是保持一个良好的节奏，就是说你始终保持慎重地花钱。不能一开始做积极的投入，一开始疯狂的铺城市，铺地域或者怎么样，这个其实是不对的，我觉得最重要的是你要保持一个节奏。要根据现有的规划，不停地去重新 review 一下，你接下来花的钱最好的投入产出比是什么样的。

融资经验

技术人员很有必要的是**研究资本市场**这件事情。因为我们没有做过这样的事情，我们肯定对这件事情比较陌生。我们并不能知道，从资本方他们是怎么看待企业的。因为对资本方来说，他们想的问题跟我们是不一样的。我们想的是做一个事业，做一个伟大的公司，产出效益，这是我们想的，这是企业家的一种思维模式。但是资本方不是这样的，他并不在意你做不做好一个公司，他更在意的是他的投资回报率，以及是不是能够有人接盘。

计算资金的缺口也蛮重要的，虽然我很重视数据，但是我确实不是一个很好的会计，不太能够精确计算自己未来大概需要花多少钱，只能做一个估算。那么这个时候，最好能有比较专业的财务人员去帮你做出一个很详细的模型，你大概要花多少钱，才能够按设计的这个规划去前进。还有一点我发现，在融资的过程中，你会见很多很多的投资人、投资方。他们肯定也在评估各种各样的资产，那么你和他谈判的时候，我觉得这是一个多对多的市场。在这种情况下，我的建议是这样的。对于你特别积极，特别感兴趣的投资人，你就直接像销售这样不停地去骚扰他，给他汇报你的进展，积极地告诉他，我们应该投，我们值得投。简单来说就是把所有的精力，追你感兴趣的并且也对你感兴趣的投资人。同时对于那些其他的对你有一定兴趣的投资人，也要积极回答他的问题并响应他。

如果你要去融资的话，你可能需要一个**商业计划书**。商业计划书是有一个固定的模板的，其实它最重要的，也是投资人关心的问题就是需求痛点。也就是你的止痛膏这个痛到底是什么，解决这个痛能挣多少钱，你得去算一算。还有**市场问题**，你得判断这个市场是怎么样的，能切多少的蛋糕出来。要解决这个痛点，你会推出什么东西来解决。这一块主要是展示自己的一个洞察力。

第三点是**运营数据**，但是对于投资人来说，他在哪个阶段投你，和你的数据关系不是很大，他还是在乎这个市场的规模。我们去掉最后的这种 PE 阶段，或者是 IPO 阶段的，只说前面的所谓的创业阶段的投资。就是到 ABC 轮，那么这些轮次的投资人，其实对他们来说你现有的挣了多少钱或者什么，是很次要的问题，更重要的还是你的市场规模。商业模式这一点的话，可能也是蛮重要的一件事情。我相信在座的可能不是问题，但是对一些年轻的创业者，他们可能一开始没想明白，他只是想我要做一个很好的东西，很多人用。但是这个东西你做出来之后，能不能卖钱，这件事情还是要想一想。

最后是**团队资源**。最后一点对于早期的公司来说可能是最珍贵的也就是团队核心都是谁，你有什么样的资源。钱也拿到了，那就开始组建团队，有一些人喜欢招熟人，有一些人想着招新人，他会找一些自己并不是很熟悉、但是可能跟自己互补的人。但是无论你是走哪个渠道，最重要的还是确实你们之间在业务上面是比较熟悉，你们确实得互相信任，所以这只能靠缘分。我觉得合伙人之间的关系肯定是一个恋爱关系，很亲密，互相信任，并且给予大家一定的妥协和退让。有的时候，即使对方有些小脾气，但是我们需要让着他。当然作为恋爱关系，应该是比较自如，并不是说不可以分开。最后是角色问题，大家一定要明晰自己在合作中的角色，明确分工，紧密合作。除了合伙人以外，核心团队也很重要，你要找到愿意陪你一起打仗的人，招人最有效的渠道是内推和优秀的猎头。

内推的话，如果你的公司氛围比较好，比如你是一个技术主导的氛围，然后大家升值的空间很大，作战很亲密，友情很好，内部推荐往往很有效果。优秀的猎头真的太厉害了，他们能够精确的帮你去定位到你想要的人，并且能够很高效率地让你得到他。我们团队来说最优秀的人要么是内推，要么是猎头推荐过来的。

考察能力我觉得大家应该都知道。第一能力肯定是学习能力，因为他做的事情很可能和他以前做的事情不一样，在一个创业公司里面，很可能是他从来没有遇到过的问题，所以学习能力肯定是第一的。第二也很重要的是创业态度，创业态度在你面试的时候，很容易看出来。有几个点，一个是他会积极的提问。他很关心这件事情的社会价值，他会问你，别人不会做这个吗？这个问题难道不应该这样做吗？这是一种创业态度。

CEO 或创始人最重要的事情其实解决三个问题：找方向、找人、找钱。你的所有的细节、财务、人事、细节的产品和技术、行政、对外的品牌什么东西，其实都是围绕这三个事情。市场的模式有问题或者运营，人干活不利落，管理不行，团队不和谐都会造成崩盘的情况。股东出手，在找投资人还有合伙人的时候，我相信有一个品质很重要。就是大家一定要能够合作，就刚才提的。这个合作里面有一点，合作的意思其实叫妥协，也叫放弃。你不要指手划脚，对什么事情都要指指点点。有七八个人一起来指挥你下象棋，你这盘棋一定会输。你会发现其他的因素真的不是很重要。最重要的因素就是方向——人。

互动小课堂

问题：A/B 测试的用户的设计是在哪边测试，业务部门来做，还是基于以往的同类型的公司来测试？

王晔：我们 A/B 测试主要是软件。我们的客户可以直接集成我们的 SDK，用我们的软件来设计，来跑这个 A/B 测试。所以很多时候，主要都是我们客户他们自己的业务部门来主导，他的产品经理或运营经理来主导。然后我们可能会有一些建议，我们会有一些客户成功专家，他会介绍一些 Uber、Google 实践的经验。

问题：我之前是在百度工作，百度也有一套非常复杂的一个 A/B 测试的一个应用系统。但是有一点是和创业公司不一样的，无论是百度，还是谷歌，他们都有非常大的流量。我可以拿 2%，或者说 0.2%，足够做 A/B 测试了。那么如果在创业公司里面，有可能我们拿出 100%的流量，还没有他 0.2%的流量大。在这种情况下，我在做测试的时候，比如一半一半，这边 50%，那边 50%，这个流量还是很小，有什么办法再增加些流量。

王晔：A/B 测试对于已经比较成熟的公司更有用，因为他流量很大，所以他控制风险就会迭代。但是增长慢的话，我觉得是这样，如果你的流量特别小。比如说你的用户是几百这样的规模，甚至很小，几十个。那么这种情况下，你不要用 A/B 测试，也帮不到你。但是可以用其中的思想，你可以通过用户调研，然后做尝试、做试验，不一定 A/B 测试，你可以去测试。可以针对某一类型的陌生客户，去提供服务，去调研，提出反馈。

然后有一点，我并不特别认可，如果你做的真的是成功的创业项目，一般你会聚焦小而美的产品。就是你做的很广的东西，你可以做成生意，但是不一定产生这样一个曲线爆发。如果你是小而美的话，其实在你的应用场景中，用户需求往往是比较统一的。

【整理：齐琳】

技术创业
在旷野中奔跑

星瀚资本创始合伙人杨歌：技术创业和商业模式

杨歌，星瀚资本创始合伙人，英谊资本合伙人，博伟智鸿投资董事。杨歌毕业于清华大学工程力学系，从大学期间2004年起，先后创立青年精英商业联合汇（CAYE凯业）、北京东信康达数字科技有限公司等七家创业企业。2009年进入KPMG（中国）任咨询师；2011年任大江投资副总裁；2014年出任北国投投资总监。2015年初创立星瀚资本从事风险投资，先后出任科技部人才中心、清华大学、朝阳区凤凰计划、中关村创业大街、创投圈等百余家企事业单位与机构创业导师，投资了言几又、奢品汇·心上、德师傅、甲加由、V.Fine Music等数十家优秀企业。

纵观2016年，创业形式不容乐观，投资政策不断调整，一级市场投融资热度连续五个季度环比下滑约20%。O2O与互联网流量模式迅速下滑，资本流动性减慢，市场寻求新赛道发展，但行业发展空间与成熟度有限。其中，产业升级是重要方向，消费升级尚存机遇但热度趋缓，传统行业高效化、精细化、互联网化升级是大趋势。

资本寒冬加上创业泡沫，要想逃离这样的困境，唯有“创新”！

创业者需要什么

首先是拓宽视野，对世界要有全面认知。

第二是要打破常规，做到能时刻调整思路。

第三是坚持不懈，在一次次挫折中成长。

矛盾天天有，问题日日新。作为创业者，不能把事情看的太重，也不要把自己当回事。

如何完整地发展公司

客户

从客户角度出发，然后迭代技术。技术出身的人，一般来说商业的板块是比较弱的。在做一个产品之前，一定要知道客户是谁？如何去获得客户？如何去维护客户？这就是关于客户的部分。

什么叫客户？举个例子，最基本的是客户定位，需要知道你的客户分类是什么？比如说像百度、谷歌这些品牌，其客户分为散户和商户两类。我们每个人用百度搜索，我们是散户。那么商户是什么呢？就是在百度里做广告的这些广告主，这就叫商户。有一句话叫做羊毛出在猪身上。这是什么意思呢？所有的互联网行业都遵循这个原则，就是你基础的产品是免费的，无论是 360 杀毒，还是百度搜索或者微信、阿里巴巴的电商平台，其基础的框架是免费的，散户是免费的，费用是从商户身上收取。商户为什么要来？租户为什么要来呢？是因为这里有特别多的羊，是因为商户关注“羊”，所以才过来。流量导流有三种模式，一是广告，二是游戏，三是电商。游戏和电商都是联合运营，这几种模式是把“羊”绑到“猪”身上，所以“猪”愿意去支付。对于公司来讲，散户也是客户，商户也是客户，这是一个公司的客户定义。

如何获得客户？公司有不同的获得客户渠道，有的公司是从线下获得客户，有的公司是从线上获得客户。

客户黏性，就是如何维护一个公司的客户黏性。有的公司是送礼，有的公司是到生日的时候提醒一下，有的公司是大范围发广告。维护客户的手段有很多，但是最差的手段就是用钱去维护客户。

业务和共享

一个公司一定要有稳定的能力和共享的能力。以聚美优品为例，它的重要合作方，最开始是很多整体的经销商和大公司，后来陈欧发现，客户的线上转化率非常低。然后，陈欧就想了一个办法：有些地方很多人都在做微商，大家都通过这种渠道去买东西，根本就不登录网站，于是陈欧把这些小公司、小中介收购了，他把手上所有地方的 OEM 体系全给收了，然后慢慢地转化。他改变了客户合作的手段，就是产业上下游的合作手段。我认为这是他能够把聚美优品短期做上市的一个很重要的方面。每一个公司有不同的合作伙伴，要不断地去改变。

每天的日常工作，就是看下一代的产品，能不能迭代上一代的产品，主要是靠新的方式和模式。比如说举一个简单的猜想，现在可能每一个人都会编程序，如果未来的十年，程序的同质化水平变得更强了，鉴于硬程序的硬成本，很多公司就会维持不住。现在有很多公司在开发一些应用，让编程这件事情变得更简单，更直观，如果这件事情做起来的话，可能现有的这套程序体系就会被颠覆，这就说明，生产工具比现在更有效。

再举一个简单的例子，微信和 Skype。微信和 Skype 颠覆了什么呢？首先是短信，现在基本没有人在用了，都在用微信，因为它免费。为什么它能免费呢？因为它成本低，对于短信来说，要发的信息多，需要成本。但是对于微信来说，工作状态就像一个背景一样，这就是简单的程序和 IT 方式的区别。还有很多人已经很少打电话了，都在用微话或者 Skype，除非网络非常差。

供给

如果你是 CTO，在找合伙人的时候，一定要找跟你互补的，这是一种资源。

还有一种资源叫累计资源，就是要不断地打造自己的品牌，把自己的技术逐渐转到品牌上，让大家一看到这个品牌，就能意识到这是一个非常严谨、技术产品质量非常高的一个品牌。

何为一个好的公司

首先要有理想，其次要有差异化优势。就像华为的 P9，双摄像头就是它的一个差异化优势。

然后是客户，一定要从客户的角度出发，要圈住客户，知道客户的痛点是什么，一定要有刚性需求。以 O2O 为例，O2O 现在能够生存下来的，大部分都跟衣食住行相关，例如餐饮互联、车联网、互联网金融、电商等。低频的、客户量比较高的层级，基本上都被传统行业垄断，就像链家。但是对于其他的一些非刚性需求的平台，例如洗车、上门家装维修、宠物的保养，这些 O2O 都没有做起来，原因就是不够刚性。所以对于互联网和 O2O 来说，第一要求是刚性，痛点要是真的，不是猜出来的痛点，猜出来的痛点肯定做不起来。

2016年，如果还是用一个互联网流量的玩法来做，就站不住脚了，因为互联网技术发展的很快，谁都可以收集数据，所以现在收集数据已经不再是一个门槛了。

一个好的商业有三个要素：获得客户、转化和交付。获得客户的门槛在不断的降低，转化就是把客户转化成真正的衔接，转化成商业，这非常重要。最后是交付，交付就是在交互产品的时候提供舒心的服务，这样，你的交付才会做得好，才会有重复购买。转化和交付是现在商业的重中之重。

对未来行业的看法

下面以我们公司星瀚资本为例，讲述一下我对未来企业的看法。

过去的十年，大家认为互联网和大数据叫做一种赛道，或者是叫做一种行业，现在我们不认为它是一种行业了，而是一种工具，这个是每个公司都需要的，就像财务和法务一样。公司都会有IT部门，我们在去跟用户去谈的时候，会用市场的情况去分析这个公司做出来的销售业绩是不是真的，通过一个爬虫就看出来了，公司是否完全依靠一单一单的营销事件去做的。所以，通过这些数据都能分析出这个公司的情况，这就是公司的IT。

这种模式，也叫做1+1，即传统行业加新兴行业。新兴行业叫做工具。我们认为真正有生产价值的就是这个，就是产业，像医疗、文娱。每个阶段下，都是一个稳定的产业业态，只不过是生产工具不一样。

关于产业升级还包括几个方向，例如消费升级、企业升级、工业制造业升级等，还有仓储物流也是我们公司关注的点。

关于投资方向

在过去的5～10年里面，我们投的都是这些互联网相关的公司，我们今年最关心的问题是：在互联网之后应该去看什么样的公司。

首先今年关注的四个方向：医疗、VR、运动和IP。之所以关注这四个方向，是响应金融和资本的召集，赶紧想推出一个大赛道，在新的赛道里进行布局，然后再挣钱。

但是很不幸，除了医疗之外，剩下的3个赛道都比较窄，还不成熟，没有办法跟互联网的大赛道相比。例如VR，基础非常浅，底层的布局、硬件都没有完成就做软件，软件没有完成就做内容，这是不对的。

IP 也是，中国有价值的 IP 其实是非常少的，在这些无效的故事里去做炒作意义不大。运动也是，比较垂直。医疗是唯一的一个大赛道，但是大家对医疗的认识非常浅，对于生物技术的认识也非常浅，而且它的门槛很高，不仅是政策性的门槛，周期也比较长，所以不适用于一些资本的投资。所以今年关注的这些领域都不理想，很多人想投这些方向，但是投的并不好，我们也看了很多，但是并没有投任何方向。

什么是好的方向呢？我们公司现在关注两个方向，一是把互联网当做工具，叫做产业升级。互联网已经不再是一个赛道，它是一种工具，能够产业升级。另外一个要给互联网做升级，因为互联网给我们提供了非常多的数据，使我们现在可以研究大数据和人工智能，使得很多科技行业得到了发展，所以我们最关注的两个主要的赛道，一个是产业升级，一个是人工智能。

过去五年，我们投资的主要有三个方向，我们把它叫互联网的三大论，即传统的互联网、互联网+和智能化。传统互联网就是我们现在每个人都在用的、已经依赖的体系。互联网+分两种，一个叫重+，加的多，一个是轻+，加的少，就是把它作为工具，做产业升级。现在正处在一个重+向轻+过渡的阶段。

第三个阶段，就是把互联网作为一个基础，做深化改革，包括大数据，但是这些东西不够成熟，没有形成一个大的环境，不像互联网，已经有非常多的生产资料提供给我们，所以现在做的很多虚拟现实、机器人，或者大数据这些公司，实际上是属于一个人或者是几家公司来布局整个产业的情况，实际上是很危险的，是没有时机成熟的一个过程。

我们现在所处在的节点就是互联网+向智能化过渡的节点，所以我们关注产业升级和智能化这两个方向。

关于企业进化论

什么是一个好的创业？一个好的创业肯定不是从想法到 IPO 的过程。真正好的创业，实际上是这样一个过程：从基础经验逐渐发展，变成规模化，这才是一个好的环境、好的创业。

假如原来是一个传统行业，例如工业制造业，它不用 ERP 等工具，这个时候你能让他去用这些，进行客户的重新清洗和整合，然后挖掘这些客户，这就是一个传统升级到新兴的过程。

此外就是从感性逐渐到理性的过程。这一点可以结合技术来讲一下。市场上很多技术人员没有真正地和好的产业结合起来，很多大的产业老板，大多数都是做营销的公司，他们对于规范化、系统化管理缺乏足够多的了解。如果他们能和技术人员很好的沟通起来，去迭代他现有的管理系统，然后用一个比较高效的系统去工作，那么，这个公司至少能够从一个地域性公司，变成全国范围的公司。

有两个很好例子，一个是刘强东，另一个是马云，这两个人虽然都不是技术背景，但是他们对于系统化、规范化管理思路是非常清晰的。

对于互联网行业来说，大部分企业所谓的互联网升级都是非常生硬的，他们只是把互联网当作软件、当作网站，生硬地搭建了这个数据库系统和SAAS系统。有的公司搭建完了之后，根本就没有什么效果，没有提高效率，这就是没有意义的。真正有意义的应该是有机的，哪怕没有计算机，没有互联网体系，工作的思路是用TMT，就是技术、媒体不断地迭代自己的公司，这才叫互联网+的思路。

互联网之后，我们还能做什么？智能化！从工业到电子电气，到互联网，再到智能化的过程，我认为就是生产工具不断地更新迭代，不断地升级，逐渐变成智能的过程。

技术手段怎么用？就是私人定制。所以我提供的一个思路就是技术一定要有机地使用，才能变得更好。所有的方法论都是被生产工具推着走的。

我认为很多的产业，它是一个进化升级的过程，但是它使用的技术非常生硬，没有用到精髓。如果是处在一个很初级阶段的公司，用了一个很高级的技术，完全连接不上。

我发现我们今年投的最好的一个公司是农业。一家非常经验化的公司把所有的生产资料、农产品、农户的行为习惯，都总结成数据库了，让所有农户、中农小农，都可以在他的系统里选择成本最低的生产资料，选择他们想要的方法。之后，他派人去传授这些农户如何种植，如何最有效的把今年的任务完成，获得收益。久而久之，变成了一套数据化的系统，他知道自己能够提前卖多少东西，没有种植出来之前，他可以卖期货，但是期货是要建立在一套基础系统之上的，再次搭建这一套技术系统，这就是一个非常特殊的效果。和他本身互联网的技术没有什么关系，但是他思考的方法非常逻辑化，可以迅速地从经验化的过程直接迭代到了数据化的过程，这就是我今年的一个项目。三个月之内，他们的估值就翻了将近 10 倍。这就是数据结构化的过程，就是数据化之后变成结构化。

关于系统

手机有系统，计算机有系统，系统就是有很多函数和应用组合出来的一个比较有机的、解决一个很感性化事件的组合。当你有了很多的数据之后，并不是就拥有了大数据。大数据最重要的不是数据量大，而是数据要有效，然后逐渐梳理、归类，让每一类的数据都有自己的价值，在每一类数据下编写不同的特性，然后从结构逐渐走向系统，有了系统之后就走向了自动化。

当你的系统很智能的时候，就会走向自动化。自动化之后，就会是智能化的过程。如果你的自动化体系非常完善，那么我们就会嫁接很多算法，有些是编写出来的直观算法，有些是一些深层算法，我们根本不知道每一层逻辑是什么，但是用一种比较粗放的方法算出来了，所以就进入到了智能化。

对于所有公司来说，都要经历这样一个发展历程，从感性化的经验，逐渐嫁接技术，最终实现智能化的过程，这就是我们今年关注到的一点。

我眼中的互联网

互联网效应

我认为互联网有两个基础效应，一个叫涟漪效应，另一个叫迭代效应。

每个人在互联网中都是一个节点，每个人都在互联网中进行交流，每一次交流都是一次信息的互通，这个过程，实际上就是一个把点变成面的过程。如果你是一个 KOL（关键意见领袖），那么你影响周围人的能力就强，你发一个东西，看得人会很多，可以影响特别多的人。

就像地震波一样，从一个地方开始传，然后整个震动起来。信息在以极快的速度向外传递，这叫涟漪效应。所以任何一个信息，能够在一天之内，迭代到整个全网，这是第一个效应。

第二个效应叫做迭代效应。作为程序员、工程师，可能大家都非常清楚，除了普通算法之外，还有增强算法，其实是一个非常简单的算法，大家可能都用；就是迭代一圈之后，加一些小料，下次在这里面就会变大，这个就叫做迭代。

我们在互联网里做什么？第一，选择读取信息。第二，进行交流。第三，个性评价。在算法里叫做选择交叉和变异，跟遗传算法是完全一致的。

互联网天然地具备这两个特点，它完成高速迭代的基础，选择交叉变异，所以互联网本身就是进化了的模型。这个速度非常快，超过了原来的商业迭代速度。

数据让迭代效应更快

数据，就是能有更好的算法和方法，让公司的迭代效应更快。在未来的5～10 年，程序员、互联网工程师、算法工程师，将成为公司不可替代的角色，就和财务专员一样。

现在，算法工程师仍然是稀缺的职位，仍然是门槛很高的职位，在互联网基础上，大家还没有意识到他的重要性。在未来的五年或者十年里，公司是不是能够把自己的数据结构划分得更好，然后把这个垄断法嫁接到公司里面，去做一些智能化的决策，这也是非常重要的。

对大数据的理解

我认为大数据分为入口端、数据端、算法端和商业化端。

入口化的数据对于大数据来说很重要，入口找的好不好，找来的数据是不是大多数能用，这个非常重要。你要建立一个非常好的平台，这个平台一定要数据稳定，可以长期输送标准化的数据，这才是一个好的入口端数据。这可以是一种平台、一种商业模式、一个公司，也可以是一个硬件。数据化之后，要把它实体化，这是建立入口端。

大数据在市场里的应用，不是说比拼收集数据的多少，也不是算法、深度的比拼，最重要的是数据入口端。

现在，在美国的加州和欧洲这两个地方，越来越多的公司现在在做数据清洗，而不是比数据算法谁做得好，因为算法很标准，大家一学就会，这比起工程简单很多。现在最重要的就是比谁的数据精，而不是比谁的数据大。

【整理：赵立京】

星瀚资本创始合伙人杨歌：CTO 的股权课

CTO 应该拿到多少股份才算合理

要回答这个问题，首先要理解中国经济的价值体系。中国的经济正在向消费驱动型市场转型，也就是产品和市场将变为定价的主要因素。在这样的大环境下，技术人员的价值会略显被动，甚至会有“技术人员的劳动果实被剥夺了，受到了不公平的待遇”的感觉。

那 CTO 在公司里应该占多少股份比较合适？如果这个 CTO 是单纯的服务于技术，通常 10%～20%是一个合理区间，如果他同时服务于技术和运营，所占股份甚至可以高达 50%。

以上都是理论，现实又有不同。决定 CTO 或者普通员工股份占比的通常是公司的运营者或者资本方，我们站在他们的角度来考虑下，在一位不懂技术的 CEO 或者投资人眼中，再牛的技术可能也就是一位工程师的角色，所做的事情就是开发产品，也有可能是搬砖，他不会对市场产生太大的影响。这就是大多数 CEO 或者投资人的思维方式，对他们来说，一个公司里，技术和物流、供应链、商业、资本、财务等都是属于不同重要性的模块，在他最开始建立一个公司的时候，技术跟其他的模块未必有本质的区别，他会非常公平的权衡每一个模块的价值比例。**所以现实是，大多数企业家在早期愿意给 CTO 释放的股份在 10%左右**。

除此之外，如果这个 CTO 拿到了公司绝对化的、差异化的专利或优势，他可能会释放到 20%～25%的股份，这在技术驱动型企业中，是一个比较常见的比例。这里所谓的技术驱动，指的是使用常见的软件开发等同质化技术以外的技术。举两个例子说明。

某公司的产品是一个类似生物基因的软件产品，如果 CTO 在生物基因方面有非常深的造诣，而且能独立构建多种生物模型，那么他的股份可能会占到 50%左右，这是典型的特异性技术驱动。但是如果该 CTO 是一位较为常见的技术领域的专家，比如算法应用，对公司的技术实现也有很大推进价值，但并非不可替代，那么一般来讲他的股份就只会占到 15%左右。

Equity
or
Options

正确理解企业中股权分配的公平原则

用一个亲身经历的故事来说明股权分配的公平原则应该如何公平。

我是一位从大学开始就在折腾创业的连续创业者，拥有 7 次技术创业的经历。在我的创业生涯中，几乎经历了连续创业者会犯的各种错误。在我的第三次创业项目里，我身兼 CTO 的 CEO。为了追求项目的快速扩张，我犯了一个典型的错误：多人平衡股份。十个股东，几乎平均持股，我作为第一股东，只占 14%。看似满足了公平需求，但也埋下了一个巨大的隐患：股权太分散，没有人可以说了算。身兼 CTO 的 CEO，我运营技术两手抓，出力最多却是均股，很快出现了多个和尚没水吃的情况。

进入创投圈以后，徐小平等老师给了我很多关于创业的建议。在主流的创投圈里，投资人并不会因为给你钱而成为大股东，资本方是小股东，企业运营者是大股东，负责组建团队，确定这个公司里做商务的人员、做财务的人员、做市场的人员各应该占多少股份。所以，所谓公平并非和注入的资本量、自我评估的价值有关，一定要到主流环境或者市场环境中来评估所拿的股权到底公平不公平。

经历了七次创业经历，我对股权有两点认识：第一，创业者要憨厚一些，不要老想着占大股，才可能公平。第二，公司的每一分股权，一定要给到合适的人。

反过来这也是评判 CEO 是否值得追随的标准。

正确认识股权和期权

一个公司有股权和期权这两种形式。这两者的适用场景一般是这样的：如果你是一个创业团队的合伙人，或者你带来了一个团队，这个时候你就可以直接要股权，可能会获得 10%～20%的股权。如果你作为技术人员，是后来加入者，情况就不一样了，这个时候获得的一般是期权。在你进入这个公司之前，它已经是一个成功运转的企业，可能对你不够信任，需要对你就有观察期，就像实习期一样，去判断你是否有获得股权的资格。

那期权是什么意思呢？比如说现在给你 20%的期权，需要有一定的条件才可能转化成股权，例如未来的三年内达到某种指标，比如完成了公司的某个产品，或者把某个专利申请了下来。有的公司期权比较简单，比如工作满三年就可以拿到20%股权。

在金融上，这叫做一种权证，也就是说，期权在你手里还不是钱，是一张纸，但是代表了你行权的权利，在三年之后或者达到了某种要求，就有可能变成你的权利。所以，期权还叫认股权证，认就是认购的意思，股就是股票的意思，权证就是这张纸的价值。

对于期权来说，除了行权条件和行权时间，还有一点也是最重要的，就是行权的价格。一般来说，如果进入一个公司，给你的行权价格跟当时估值一样，就说明没有诚意。行权价格应该远低于公司当前的估值，这才是一个对技术人员比较合适的行权价值。

所谓的员工持股计划（ESOP）

ESOP，全称 Employee Stock Ownership Plans，即公司员工持股计划。

道理上，员工持股计划应该是每一个公司应尽的义务。通常来说，对于一个创业型技术企业，这里所谓的创业型企业不是指从 0 到 1 的团队，而是估值 10 亿元以下的企业，董事会内部都会有一个条款：ESOP 条款。

我见到ESOP最少的是5%，最多的是30%，通常比较常见的数字是10%～15%。ESOP 的价值就是让公司的团队更加稳定，让员工能够获得股权，像主人翁一样，这是关乎一个企业能否持续运转的一个非常重要的条件。

所以，除了对 CTO 以及创始团队的技术人员会有股权分配，很多公司对后来的技术人员，也会通过 ESOP 的形式发放股权，比如腾讯等。通常，将股权池子分成很多股票，比如说一千万份，给不同的员工不同的份数，越重要的员工给的越多，这就是 ESOP 的过程。

ESOP 的分配形式也不一样。一种是直接签署授权协议，直接授予股权，这是非常直截了当的 ESOP。还有一种是行权，即期权的形式，达成特定的条件后才可以行权。

第三种形式叫股权成熟，股权成熟的坑会比较多。先来讲一下什么叫股权成熟，比方说公司授予你 5%的股权，但是有一个股权成熟的过程。在以后的五年里面，每一年成熟 20%，相当于第一年年底工作完之后给你 1%，第二年年底工作完给你 2%，第三年给你 3%，直到五年之后给你 5%。如果在这个过程中，你离开企业，不好意思，一分钱没有。这是股权成熟里最大的一个坑，很多人都是在这里栽得坑。所以，对于员工而言，遇到股权成熟要慎重。

但是，对于创业者来讲要求股权成熟。比如说三个人的合伙人一个团队，CEO 占股 60%，两个合伙人分别占 20%。这个时候融了一笔钱，满足融资 20%，这样的话，需要每个人稀释 20%，CEO 变成 48%，两个合伙人变成 16%，股权结构就会相应地重新调整。

股权代持：你可能遇到的另一个坑

股权代持是除了股权成熟外的另外一种坑。通常，股权代持是指应持股人由于种种原因不能/不愿意在企业中实名持股。

举个例子来说明，在最开始创业的时候，CEO 承诺会分配股权给核心的创始团队成员，但是，考虑到工商变更的复杂性，希望以代签持股的形式推进股权分配。在全员都签署代持协议之后，公司的发展迅猛，获得了新一轮的融资，大家的心态就会发生变化：有人觉得拿的股份少了，有人觉得不公平。CEO 也有点不想把代持的股份最后交给大家，合同都收起来，迟迟不变更股权。

所以，股权代持是比股权成熟更不稳定的一种行权方式，因为股权代持往往考验的是人性，股权成熟考验的是大家遵守契约的能力。

通常来说，股权代持这件事情不太受法律保护。如果没有特别明确的提出，在对方违约的情况下如何去处理代持股份权益，这里面的纠纷非常大。最多能拿回来一部分的分红权。但是公司的控股权、在公司里面的工作权、董事会的权利，可能都是无法得到的。

通常，出现股权代持有以下几种情况：

公司快速发展，重新分配股权效率变低。公司已经有非常多的资本方注入，股东累计达四五十个，这个时候如果重新分配股权，需要整个股东会层面上所有人逐一签字授权，然后做工商变更，会导致整个过程的效率极低。

排他的竞争性不允许在相似企业同时持股。一个非常重要的技术人员，在 A 公司已经持股了，并且限定不得在其他相同领域的公司内持股，即关联交易的排他竞争性要求；通常这个情况下，会采取代持股的方式，即指定亲人在现在的公司代持。这具有非常大的安全隐患，特别是企业发展形势良好的时候，也是矛盾爆发的高峰期。

还有一种情况，你过去所在的公司被吊销过执照，工商层面要求你不能出任某一些公司的股东，这个时候，你不得不选择代持的方式。

为什么说代持股权是最大的坑，关于代持股权的弊端和矛盾爆发的场景主要如下：应持股人作为乙方，委托甲方帮助乙方持有公司股权、行权，确保不违法，所有事情应该按照乙方的意愿来做。但是真实的情况往往是，甲方不会 100%按照乙方的意愿来行权。一旦公司内部出现了问题，乙方如果选择诬陷甲方或者把甲方浮出水面，作为乙方都必须要承担责任，这就是代持的坑，具有非常大的法律风险和隐患。

拿到了股权，如何评估它的价值

股权的估值就是你的股票值多少钱。当一个公司给你股票的时候，一定要搞清楚几个问题。

首先就是一共发了多少股票，这些股票占多少股。假如一共有 10%用来做 ESOP，分了一千万份，给了你一万份，这就是非常不诚恳的股权划分。

其次，你所在的公司是不是利润主体。有非常多的公司有很多的利润主体。如果你拿到的是其中一个子公司的 10%的股份，但是过一段时间发现怎么拿不到钱。很有可能这个公司并不是整个体系中的利润主体，大家在另一个主体里分钱，而把所有的费用、长期的摊销、借债都放到你所在的子公司，所以对你来说，这是无效的股权。运气不好的话，如果是有限合伙制企业，不仅不能共享利润，还可能要承担负债。

关于股权的估值，在比较正规的公司，即使有很大的泡沫，但是至少是一个公允价格，这个公允价格在市场上能查得到，这就是一个数值。如果公司把股票的价格直接变更为价格，也很可能是很高的虚高的估值，没有实际价值，不要相信。

健康的股权划分方式

我们先以 CXO 为例，包括 CEO、CTO、COO、CMO、CFO、CSO 等。一般来说，运营比较好的公司，都是 CEO 占最多的股份，然后是 CTO 和 COO 占到 10%到 15%，这是一种比较健康并且比较常见的股权，尤其是在早期创业的时候。

对于后来加入的工程师等，会以 ESOP 实现股权分配。

不健康的股权分配方式

下面我举两个在股权分配上非常不健康的情况。

教授式模型，这通常发生在技术类公司。教授式模型就是一个教授带领一大堆研究生做公司，通常是教授占 99%，其他所有人占 1%。这是属于极端的公司，也有教授占 90%，其他人员占 10%，或者是领头的那一个技术人员占 90%，其他人占 10%，这也是非常常见的。这种公司通常出现在院校里，我们叫教授式模型。

出现这种情况的原因是，他认为这个公司的主要两项资源：钱和技术，都是属于带头人的，这是非常常见的一种错误的股权类型。因为一个公司需要运营，需要去做市场，做商务，做管理等，这些都是很重要的部门。对于教授式类型的公司，通常没有办法长期发展下去，因为这个人非常独裁。

平摊式股权。一个公司如果超过五个重要人员平摊股权的话，这是绝对不可能发展起来的。如果有三五个人持比较平摊的股权，也不太好发展起来，这是在创业的过程中一个定律。因为平摊的越多，越难做决策，最后就是多个和尚没水吃。

小股东如何保护自己的权益

还有一个问题值得注意。通常来说，CTO 在公司不是控股股东，那么作为小股东，一定要注意一点，就是被不断地融资稀释，当你跟公司的主体股权闹翻了，或者是关系不是很好的时候，大家要想把你踢出去，不可能让你今天必须要把股权交出来，因为股权是个人的权力，就像我买的股票一样。所以只能是稀释你。你现在有 5%，大家不喜欢你，那么找了一个投资人，一下稀释了 50%，你就变成了 2.5%，剩下的所有人跟投资人说好了，再把这个被稀的部分买回来，这样相当于投资人帮他们做了一个稀释的过程。这个投资人不是为了给这个公司带来钱，而是用来稀释这个公司的股权的。最后，通过资本的方式洗掉小股东的股权，这个是要注意的。在这种情况下，需要用法律权利去保护自己。

股权划分的依据是什么

对于很多人员来讲，往往会有这样一种想法，我希望能够拿到更多的股权，因为我为公司做了很多工作，很多的专利都是我发明的，团队是我搭建起来的，架构是我设计的，所以我应该拿到公司更多的股权。这种想法是完全错误的，因为在股权的划分原则中，资历的影响是最弱的。

资源是影响股权最重要的一个点，通俗地说，谁拿来了多少钱，拿来了多少重要的合作，这是非常直接的资源。在股权的分配里，绝对是资源为王。

在美国，很多时候是靠技术水平，就是说你的技术非常特殊，具备绝对差异化，这个时候你就具有一定的议价能力。另外再补充一点，如果你的技术团队特别忠诚，你在技术团队里面是一个领袖级人物，这个时候你就可能具备极强的议价权。

此外就是历史贡献。历史贡献业绩绝对不是资历，而是你的历史业绩可以在未来产生更大的业绩，大家认可你，那么你也就具备了议价权。

离职期权的决定

如果你在股权成熟的过程中，与公司发生了不愉快，不得不在这个月就离职的时候，就要看看你跟公司签的期权协议，看看你离职之后还有多少有效性，有的时候，离职之后你将失去所有的权利。

个人权益的保障

其实是一个很虚的概念，你要用各种方法去争取。要仔细看法律条款，看公司是否有明显的、比较规范的、成熟的股权方案。有的公司没有ESOP，有的公司做到B轮、C轮的时候，都不跟技术团队谈要不要股权激励，这个时候就要自己去谈。

如果你是一个CTO或者技术总监，那么一定要带团队一起去谈。

技术团队的利益

通常来说，一个特别大的公司，股权是不会直接做股权分配策略的，会让这个团队技术总监去划分。这实际上是一个公司转移矛盾的过程，就是把技术人员和公司的主要矛盾转移到技术总监和工程师的次要矛盾上，这是很常用的一个办法。

在这个过程中，就是争取能够给出一个比较公平的划分方法，并且向公司申请。比如说我们技术团队在公司里面更重要，能不能给更多的股权和激励。如果你的技术团队给不了足够多的股权，我认为还是应该以奖金的形式来兑现奖励。

互动小课堂

提问：我们是一个在新三板上市的集团公司，IT 行业的。老板希望让几个核心员工重新注册一个新的公司，共同持有这个科技类的公司股票，作为合伙人存在。我想问一下，这种方式是否合理。

在这个新的注册公司中，我们需要从集团公司中引入什么样特质的人？特别是商务和运营层面，是需要把我们认为应该加入的人员都拉进来，还是只是一些核心的人，如何通过 ESOP 来实现呢？

杨歌：如果是总裁想要这么做的话，他可能是想拆分公司的构架，如果是董事长直属的，就不会这么做，这是第一个问题。

关于股权和财务，有一句俗话叫实质证明形势，你一定要通过这个事情看清这些人是什么意图，这是最重要的。

单做的这个技术公司，一定要避免充当费用主体的角色，就是承担费用或充当研发主体。在中国，所有的研发都是费用主体，是不产生利润。

如果有一个约定，说明这个新公司是用来做一个单独业务，母体公司这方面的业务都会转交给新公司，有明确的业务划分，母公司对这部分业务很可能是一个观望，对于你们来说则是一种激励。

【整理：赵立京】

元航资本创始合伙人张志勇：投资人眼中的 CTO

张志勇，元航资本创始管理合伙人，拥有 12 年的天使及 VC 投资经验。曾先后担任过 Frost & Sullivan 中国区战略投资副总裁、海银资本合伙人、五岳天下合伙人等职。其天使投资的案子包括盒子支付、极客学院、万娱引力、互动作业等。

张志勇先生是中国本土最大的青年天使投资组织——中国青年天使会创始成员和两任监事，中关村元和天使投资产业研究会副会长，同时亦担任创投界公益组织——中关村天使成长营副院长，连续两年获选投中集团“2014 和 2015 年度中国最佳天使投资人 TOP 30”榜单，也是央视财经频道“创业英雄汇”资深投资人嘉宾中国人社部“创翼大赛”评委。

一、国内外创业趋势对比

无论是投资人还是创业者，我们不仅要关注国内的创业趋势，也应关注全球创业趋势的变化，只有准确地把握趋势，才能更好地获得成功。

众所周知，硅谷和以色列的特拉维夫是目前全球创业的两个技术制高点，这两年，我每年都会在硅谷、在特拉维夫待上近四十多天，目的就是想看看近距离观察全球创业趋势到底发生什么样的变化，这给我带来的感触和影响还是挺深刻的。在近两年中国的风险投资领域，每年都会有一些投资主题。从 2016 年的投资浪潮看，大致可归纳为三个投资主题，一是 AR 和 VR，二是 IP，内容产业、文化娱乐，三是网红。但是我们再看一下硅谷，看一下特拉维夫，会发现几个非常不一样的地方。

第一，创业起点和创业能力的差异。我觉得特拉维夫和硅谷也是倡导创业。但是他们的起点或者他们的水准和国内的创业者有一个巨大的差异。比如说硅谷，基本上的创业者，都是出自于名校。所以他们整个的创业起点，或者说他们自身的基础和积累，还是非常强的。然后，在特拉维夫的创业者，清一色全是军人出身。我在特拉维夫的时候，见过很多家创业企业，我一开始还很好奇的问 CEO 的背景，后来我都不用问了，因为我很清楚知道，他们基本上不是来自于空军，就是来自于陆军，尤其是空军特别多。军人出身的他们在军营里面接受创业训练，也是他们非常重要的一环。

第二，创业企业估值水平的差异。给我印象很深的，是在硅谷看到创业企业，他们的估值明显要比国内的创业企业估值要低，大约能够低到差不多是国内创业的三分之二左右。假设同样是一个典型的 A 轮，比如说 300 万美元，可能在硅谷，大概 200 万美元左右就 OK，所以估值水平也不一样。

第三，目标市场的差异。给我印象更深的一个，就是中国的创业者和美国的创业者，还有硅谷创业者有一个巨大的差异。硅谷创业者在创业之初，他的视野是全球化的视野，把全球化市场当成自己的市场，当然中国因为有一个庞大的市场，所以他们不需要考虑全球化的问题，只需要把我们自己国内的业务做好，就已经是一个庞大的消费市场。但是我相信这一点上，逐渐会打破。

所以我们会看到，创业者的起点、创业者的素质，然后包括创业的门槛、他们创新的程度，国内和国外是有些差异，但是可喜的是，我们看到世界越来越平。以前我说信息的交互越来越频繁，这个世界变平了。现在其实是技术的交互、经济的交互，甚至说文化的交融会越来越全球化、越来越一体化。国内现在越来越多的有识之士，尤其是一些优秀的企业现在都在纷纷出海，往国际上拓展，因为他们发现国内市场已经不足以满足他们的扩张需求。

二、中国经济的趋势变化

当我们去观察中国经济的发展趋势时会发现，前 20 年，在中国经济浪潮里面有两股代表驱动力，一股就是我们消费互联网所带来的虚拟经济，另一股就是房地产经济。而这两波，都创造了无数的财富，创造了无数的财富拥有者，大家都觉得，创业或者说创富的过程，或者说财富积累的过程，是非常迅速的。但从去年开始，我们可以明显地看到中国经济的两个变化，一个是 GDP 增速在快速的下降，还有一个就是国家对房地产经济的调控变强。

原因为什么？因为我们可以看到，从整个的 GDP 占比里面，房地产行业及相关产业链的比例约占 20%，这对一个国家是非常可怕的事情。如果我们的资金大量地沉淀在房地产行业，将导致实体经济空心化问题越来越严重。我们知道，实体经济发展的资金来源主要有两种：一种资金来源是靠自身的技术创新或市场驱动带来的自身盈利，并以此实现滚动发展；另一种资金来源是社会融资。社会融资最直接的方式是银行贷款，但是对于民营企业其实要从银行融资难度是非常巨大的，因为要抵押等，尤其是对于这些技术创新的企业来讲，其核心资源在于无形资产和人，企业没有那么多的固定资产，所以他更难从银行融资。社会融资的第二种方式就是通过私募市场进行股权融资，就像我们现在风险投资行业。第三种方式是向民间借高利贷。但是你没有发现哪个行业的利润率，还完高利贷之后还有能够大量的盈余，这种行业是非常少见的。我们所谓的实体经济在空心化，不是说创业者他没有这样的意识，而是整体的经济环境和社会环境造成的，所以我们会看到现在房地产行业，国家在做大量的调控。调控，自然而然一定会影响到 GDP 增速，但是带来了直接的好处，就在于有更多的资金不能再找到以前那种超级暴富的领域，像房地产。今天可能买个房子，过了三个月，过一年也许翻 30%、50%，现在已经不会这样增长了。

那这个时候要求什么呢？要求更多的资金，进入到实体经济里面，进入到经济结构的调整当中，进入到这些创新企业里面，而这时候带来最大的机会，第一是实体经济，第二是实体经济里面的技术从业者。这是下一波的红利，属于技术驱动的产业互联网时代的红利。中国经济整个的增长正从原来的人口红利、出口红利、房地产红利和基础建设红利为核心的传统发展模式，向以红利为核心的产业互联网时代下的技术驱动发展模式转变。技术红利，这是对于整个国家，对于整个经济，对于每一位技术从业者来讲，将会带来更多的机会。

三、CTO 面临的发展环境及职业趋势

今天主要分享三个方面的个人观点：一是现在 CTO 和技术从业者整个职业环境的变化是怎么样的；二是作为一个投资者，我在观察过往投资企业时，看到的技术从业者有一些短板和一些共性问题，从我自己的视角做一个分享；三是未来的职业趋势、发展是什么样的。

1. 技术从业者职业环境的变化

第一，从宏观的角度来看，整个国内现在的产业发展，尤其是在 TMT 行业，变化是非常大的。这一波互联网经济，消费互联网已经到了极致，再往下一定是技术驱动的产业互联网的时代。技术驱动的产业互联网时代，将对每一位技术从业者提出不一样的要求和挑战。以前在 IT 领域里面，尤其是传统的生产制造领域，很多时候并不需要原创的技术，可能很多企业的 CTO，更多时候是采购一些大量的硬件设备等，这对他们自己技术能力的要求也未必是非常高的，或者说在一些制造企业里面，对机械工程师、电子工程师、电子电路工程师等的需求也没那么高。产业在互联网时代，更多的工作是网络架构，或者说程序开发。

过去，CTO 在整个企业的发展过程当中，很多时候并不是一个非常重要的主导位置，因为市场和利润的双重驱动之下，企业的产品总监或销售总监可能比 CTO、技术总监会更重要，因为最后是靠市场来养活企业。而技术研发更多时候是一个成本中心，而不是利润中心，它的位置相对来说有些尴尬。但是现在不一样，从消费互联网向产业互联网转变的同时，会出现大量新的基础技术的应用需求，这不是以前的技术从业人员能够完全解决的，也不是以前的产品或市场人员能够解决的，技术人员将在企业中发挥越来越重要的作用。但这也会对技术人员提出更高的要求和挑战。如：一是技术人员要快速理解和适应现在的技术发展趋势变化（云、大数据、物联网、人工智能等诸多领域技术的理解和研发）；二是技术人员的知识折旧率非常高，现在的技术变化非常快，需要技术人员快速跟上发展趋势，才能在下一波竞争中，处于一个相对重要的主导位置。

第二，我们会看到现在的传统产业，大家都面临着非常大的互联网焦虑症。过去整整一年大家都在提互联网+，好像不提到互联网+或者不提到互联网，这个企业就没法生存下去了。作为企业的掌舵人来说，他们很焦虑，他们觉得不拥抱互联网，会被互联网淘汰掉，但是他们觉得拥抱互联网，可能死得还更快。所以说焦虑症是非常严重的。其实在这里面，我们会看到无论是互联网，还是互联网+，其实有一个本质的问题，就是产业互联网，他们的内核到底是什么，简单讲一下消费互联网和产业互联网一个最基本的本质上的差异。

消费互联网，它的核心是用户。消费互联网带给用户的是什么？带给用户的是体验，带给用户的是便捷。但是产业互联网不一样，现在国家在讲供给侧改革，其实跟产业互联网的精髓是一样的，产业互联网的核心是什么？是价值创造者。价值创造者是谁？是这些提供服务的企业和提供产品的企业。那对于价值创造者来讲，产业互联网给他们带来什么样的变革？我们从经济学的角度知道，在服务和制造环节当中，有几个很重要的要素，第一是人的要素，第二是资本要素，第三是技术的要素，第四是土地要素。这些核心的生产要素，会让服务或者产品的提供方，提供他们赖以生存或者赖以去提供服务的基础。

但是，有了新的技术，无论是云也好、大数据也好、物联网也好，人工智能也好，它会让企业整个的生产效率更高、生产成本更低、制造过程更智能，进而影响价值创造的过程。其实这和政府现在所提的供给侧改革的要求是一致的，主要达到三个目的：一是降低了成本，二是提升了效率，三是反向 C2B，更多的时候是从需求出发，然后去生产。无论是柔性生产也好，还是把供应链的效率提升也好，还是减少库存也好，还是说最小化的资本，去创造最大化的价值也好，这都是在产业互联网里面所带来的一些重要的趋势变化。

所以这些传统企业，他们想不被市场淘汰，市场需求摆在这儿，但是要求企业升级，要求更新换代，尤其是传统的制造业，包括金融、医疗、教育、服务业和制造业中，这都需要大量的新的技术人才。那这些新的技术人才，来自于哪里？就是技术从业者，未来的十年，将迎来一个巨大的红利，就是技术创新的红利。但是技术创新的红利，就是能够去适应新的技术趋势变迁和变化，去掌握一些新的技术应用，这是是否能够成功的一个非常重要的要素。

第三，从投资趋势上来讲，技术驱动创业企业将成为投资重点。从个人来讲，我以前电商投的比较多，游戏也投的比较多，也投金融服务等其它领域。但是从去年开始，投资重心已完完全全转到技术驱动的创业项目上。智能领域、物联网、产业互联网等领域项目看得比较多。

目前国内投资机构基本上把所有的投资重点放在了北京和深圳两个核心区域，原因非常简单。从深圳的角度我们会看到，全球的创新中心在硅谷，精密制造在德国，但是智能硬件的制造或者说智能制造的中心，慢慢地在往中国迁移，往深圳迁移，所以未来在这个区域里面，是会有很大机会出现独角兽企业的。

另外从全国来看，北京的创业者是最多的，创业企业也是最多的，信息的交互是最发达的，人才优势也是最大的，当然创业的泡沫也是最大的。虽然创业者良莠不齐、泡沫很多，但是泡沫挤压完了以后，生存下来的企业，还是非常有优势的。

从北京、深圳这些地方，还是能看到大量的、非常好的投资机会涌现出来。所以现在我们的同行们，包括我们自己，越来越多地开始关注到高校的创业，开始关注到科研院所的创业。为什么？因为原来消费互联网的时代，对技术要求没有那么高，更多的时候是市场驱动的，虽然也要求技术研发人才需要受到一些良好的教育，但是更多的人才不是来自于技术领域。但是现在产业互联网不一样，你要做人工智能也好，你要做大数据也好，如果这些创业者、这些技术研发者，没有受过非常良好的工科训练，没有受到很好的科研训练，其实他很难在这里面有创新，或者很难在这里面有技术提升，所以这就对创业者的要求提到了一个很高的门槛。以前，大家叫草根创业，但是现在草根创业的内涵发生变化了，而这些是受过良好的工科训练、工科教育的这一帮创业者才是未来。

这些人来自于哪里？一定是来自于最优秀的理工科的院校、最优秀的科研院所，所以每一位技术人员、技术研发者和技术领导者的春天真正到来了，虽然创业的门槛都叫草根创业，但是创业的内涵和质量是完全不一样的。原来是生产要素的竞争，现在变成了对高端人才的竞争。

所以从这点角度来看，无论是互联网产业的再转型也好，还是传统产业的转型升级也好，我们都能看到对技术人员的需求，对技术人员的要求，已经提升到了一个前所未有的高度。

我觉得现在有几个大的领域，一定是有巨大的机会的。一个就是云计算，还有物联网、大数据，然后还有 AR、VR，还有医疗健康和人工智能。这几个领域，不仅仅是投资的热点，还是技术发展趋势。这是很多传统产业进行产业升级需要的基础应用技术。而这些领域中，无论是人才的要求的，对 CTO 要求的，对整个技术研发人员的要求都是非常大的。以前大家都集中在互联网里面，都是集中在 BAT 里面。这些技术合伙人全部在 BAT 里面，全部在中芯，全部在华为，但是现在不一样；中芯、华为里面，有大量原来从事技术研发的人出来创业，BAT 也从消费互联网出来，更多地往更高端的人工智能、大数据等这些领域去创新。所以这个机会非常大，是一波非常大的红利。

2. 技术从业人员的短板

首先，第一个短板，技术从业者相对来说在整个企业当中有一点点特立独行，无论技术思维也好，还是人际沟通也好，还是交流方式也好，他和企业里面的其他部门和团队有些差异。很多时候，技术研发人员愿意钻到自己的技术领域里面，不愿意考虑更多的市场的东西或行业趋势。

这对一个技术从业者来讲是有所局限的。因为技术从业者对未来的职业规划和职业发展，无非就是走两条路：一条路走专业技术路线，即对管理丝毫没有兴趣，但是愿意沉浸在自己的技术领域里面。还有另外一条路线是从技术转向管理，最后可能成为一个优秀的项目管理者，从自己做技术研发，最后变成了自己来带人，甚至说会承担更多的产品工作，或者承担更多的市场工作。完全是要看对自己的职业生涯，或者对自己的职业路径的选择，包括对自身能力的判断和了解以后，分析完来看看自己更适合走什么样的一条道路。

第二个短板，就是在管理上的短板。很多的技术开发者，或者说在企业里面的一些技术研发人员，他们的自我管理能力非常强，相对来说个人英雄主义强一些，但是团队协作能力会弱一些，这是一些技术从业者会出现的短板。经常会看到这样的技术人员在做一些独立任务的时候，他会很好的完成，但是需要跨部门、协作的时候，有时候无论是从沟通上也好，还是从协作上也好，相对来说会不是那么的顺畅。

第三个短板，在一个行业当中，对技术有一定了解的人会有很多，或者说对商业逻辑有所了解的人也很多，但是能把技术和商业逻辑二者完美结合的技术从业者却很少。技术人员可以了解自己的本行业基础之上，去做一些在市场方面、产品方面，甚至包括在金融方面的提升，我觉得多做一些了解，对技术人整个的职业生涯发展，会有好处。

现在会看到越多的产业发展不是一个单一学科的发展，而是一个学科融合的发展，会出现很多跨行业、跨领域，甚至说跨专业的融合，并在此基础上产生一些新的商业创新，或者新的一些技术创新，从而催生一些新的创业机会。所以我们一定要把自己的思维，从原来的理工科的强逻辑思维的东西，逐步扩展到跨学科、跨领域的一些多元化思维，最后无论是回到自己的研发也好，回到自己的技术领域的创业也好，都会带来更多的思维开阔。因为人在发展过程中，容易有惯性思维，或者说路径依赖，就是自己越擅长的东西就会做的越好，就会越不愿意尝试在路径之外的新东西。但现在需要的人才，无论是管理上，技术上，市场上，在产品上，需要都是跨学科的，或者说多元化融合的复合能力，这对技术人来讲，是有一定挑战的。

第四个短板，技术从业者自己在做研发的时候，一定要理解为什么要做这个事情，这个需求在哪儿？这个东西将来该怎么赚钱？虽然在一个公司，在一个团队里面，有产品部门，有技术部门，有市场部门，但作为一个技术研发者来讲，并不是为了单纯的研发而研发，你在研发的过程当中，一定要理解我为什么要做这样的一件事情？这个需求是什么？打算怎么样交付给用户，怎么样去卖，怎么样去定价，我觉得这个东西你要多理解一些，可能会返回来对于做研发非常有帮助。

3. CTO 未来的职业发展趋势

从人才需求来讲，过去 CTO 需求量做大的是互联网行业，但现在无论是互联网企业也好，还是传统的实体产业和服务业，如金融、教育、医疗等都需要大量的技术研发人才，CTO 的需求量会越来越大。目前我们可以看到很多做技术招聘的网站，现在非常的火爆。为什么？就是因为现在这一波技术红利来了，技术人才缺口是非常大的。但是如果说知识是陈旧性的，还是来自于以前的，将来的职业路径就会比较窄。但是如果技术人员能够很快去跟上最新的技术趋势的话，比如说 AR、VR、人工智能、自动化控制、无人机等，那还是可以领先一段时间的。

CTO的职业发展趋势

从素质能力上来讲，越来越多的技术研发者一定要转变思维，从单纯研发思维向产品和市场的思维转变如果做技术人，对市场没有感悟，没有感觉，单纯做研发的话，除非你是一个技术大牛，可能你在某一个领域里面，在全国都能数得上，那可能没问题。如果不是这样的话，其实你在做好技术研发本职工作同时，要多了解一下市场，要多理解一下管理，越有越位思考的能力，对未来的职业发展，会有很大的好处和帮助。

从创新方向来讲，中国 TMT 行业前 15 年甚至 20 年的创业是市场驱动的消费互联网创业，它的核心是什么？核心是商业模式。因为创新就三种：商业模式的创新、技术的创新和组织管理的创新。中国消费互联网的商业模式创新已经走到极致，甚至中国在全球都走到极致，现在很多东南亚也好、欧美也好，在消费互联网里面更多是在学中国，但是技术创新里面，我觉得中国的技术从业者应该更多的去学习硅谷，更多的学习特拉维夫，更多地学习都柏林，学习慕尼黑。

从创业趋势来讲，也发生了很大变化。在消费互联网领域，**CEO 的核心能力主要是找人、找钱、找方向。**但在产业互联网领域，如果 CEO 对技术没有理解，或者说对技术没有把控的话，实际上他很难在技术驱动创业中，对创业的方向有最深刻的理解或者最好的把握。所以在技术驱动创业里面，我觉得懂技术的 CEO，他的优势显然会比只懂市场 CEO 的优势明显很多。

总结一下，首先从宏观经济上来讲，中国的传统行业在升级，在结构调整当中，下一波浪潮一定是技术驱动加实体经济的结合的产业互联网时代到来，这是一个巨大的趋势。第二从人才的需求上来讲，我觉得在未来十年，对技术人才的需求，是前 20 年的总和还要大，因为现在各行各业都面临着巨大的挑战。

互动小课堂

提问：您说之前见过很多企业倒下了，那从您的角度看，这些活下来的创业者的有哪些素质？倒下去的创业者往往犯了哪些错误，能不能给指点一下。

张志勇：好，可以。我特别喜欢谈这个问题，其实投资人最喜欢的创业者，我觉得从软的素质上，有几点是非常重要的。

第一，是极度乐观的心态。优秀创业者的心态是非常积极、非常正向的，你在跟他的沟通中，能感觉到他自己做的事情是一种热爱，发自内心的热爱，因为是源于他自己的兴趣。我觉得这个是非常重要的。

第二，一定要有野心。优秀创业者不是把创业当成一个创富的过程，其实创富是在创业过程里面的一个副产品，只要你创业成功，一定能创富成功，这是一个副产品。但是反过来讲，你自己没有野心，你只是自己想，我看着别人做这件事，这件事挺好的，好像能赚钱，我也做这样一件事情，这种创业者，我觉得基本上第一不会被投资人喜欢，第二他不可能做大。就如同杭州的电商产业很发达，但是投资人很难在杭州再投到大的目标，原因非常简单，所有企业在创业的过程当中，他从来没想过他自己能做出一个和阿里巴巴一样的，都是怎么样说我怎么样和阿里巴巴的业务结合起来。当然这没有错，创业过程当中未必是每个人都能做到和阿里巴巴一样错，他的思维没有错，但是他在创业的时候就有了局限，因为他不是一个有野心的，他不是在做真正的创新，他更多的时候是跟随和模仿。

第三，就是创业者的坚持和执着。因为创业里面99%是血泪，1%是喜悦。我自己投了一个项目，企业上市后，有次我和CEO在一块儿聊天，开玩笑说，你觉得在敲钟那一刻，或者说在资本市场庆祝那一刻，你感觉是什么样的？他说那就是两秒钟的喜悦，然后头脑里面就回忆起来，当年我没有钱了，工资发不出来，员工造反，然后说别人用高薪挖角，把我的技术大牛搞走，要不就是兄弟反目，本来一块儿创业，最后分崩离析了，甚至家庭出现了很多重大的变故等等。大家身上的血泪是很多的，所以对创业者来讲，他的坚持、他的执着、他的钢铁般的意志，我觉得是一个创业者在企业发展过程当中，特别需要的素质。如果说这个人不懂得坚持，很多时候，很多创业失败，不是因为他的方向不对，而是因为他没有坚持下来。

以前在我们自己的行业里面，我们经常会开玩笑，有两句话，一句话叫剩者为王，就是你的方向是对的，你坚持下来就会成功。第二个，在创业发展过程当中，想办法把你的竞争对手熬死，你就成功了，其实是一样的道理。这都说到了坚持，我觉得坚持和执着非常重要。

第四，还有一个很重要的能力，就是解决问题的能力。什么叫解决问题能力？其实一个企业发展过程当中，本身就是不断出现问题的过程。这些问题，一个优秀的创业者，一个优秀的 CEO 或者一个优秀的创业团队，他们懂得并知道面临问题的常态。那在面临问题的常态情况下，怎么样能够快速去把这些问题想到，并有最优的方法、最高的效率、最低的成本解决掉，我觉得这些都是创业者基础的素质。

第五，领导力。这个领导力怎么判断？你来创业，你来找我拿融资，我就看看你的团队怎么样。你是 CEO，如果 CEO 没有组织能力，不能够用你的人格魅力去打动创业伙伴和兄弟们，跟你一块儿来创业，我觉得这个 CEO 基本上是很难成功的。因为我们早期企业要人没人，要钱没钱，你要做一件颠覆当下的事情，哪儿有那么容易，这个时候就要靠你的三寸不烂之舌，就要靠你的人格魅力，就要靠对未来事情的想象力，能够把一群志同道合的人，不是因为利益，而是因为共同的理想、共同的追求而聚合起来。有这样能力的 CEO，我相信，他不管是做小事，还是做大事，他都能成功。作为投资人来讲，这是我比较看中的内在的品质，或者说一些软的能力。那反过来，除了这些软的能力之外，其他东西需不需要，当然需要。我自己做天使投资，我自己总是在讲，要找到一个完美的团队是不可能的，那我就要投长板。什么叫投长板？就是你这个团队，要做的是一件什么样的事情？这件事情和你整个团队的 DNA 是不是符合？比如说你是做时尚的，每天穿的很邋遢，连个时尚品牌都说不出来，你告诉我要用时尚颠覆全人类的生活，我不可能相信。这是举一个极端的例子。整个团队的 DNA 和你做的事情能不能符合，这是第一。第二，你这个团队最核心的竞争力和创业方向是不是有必然的联系？这个最长的板，是不是能够帮助你把这件事情做成功的概率最大化？任何一个创业团队，必须要有自己的差异化的东西，有他自己的核心竞争力的东西，我觉得这才可以。

其他的趋势，在初创企业，尤其是在早期企业，你很难说商业模式成熟吗？然后盈利模式有吗？他们连经营数据都没有，这时候对一个投资人来讲，就要从四个维度去看问题：

第一个维度是市场想象空间。你做的是一件什么样的事情，这个事情有没有想象空间，是不是符合未来的发展趋势，我觉得从大的角度来讲，基本上大家的判断不会有太大的误差。

第二个维度是团队的互补性。就是对团队的理解，或者对团队的判断和分析，我觉得这个是很重要的。一个好的团队，基本上是一个稳定的三角形，就是有一个 CEO，然后有一个 CTO，然后第三个就是有一个产品或者市场。当然更完美一点，有一个人市场感觉非常好，有一个人产品非常好，有一个人技术感觉非常好，再加上一个 CEO，这个更完美。但是很多初创团队很难把人找全，最起码应该是一个稳定的三角形，就是 CEO、CTO，加一个产品或者市场。在组建团队的时候有这样一个结构。

第三个维度是商业模式和盈利模式。在满足前两个维度判断的基础上，大家再一起来探讨，可能的商业模式和盈利模式有什么。这个阶段，实际上是要想象一下，想象企业未来的商业模式和变现模式逻辑上是否可行。

第四个维度是企业整体的执行计划。就是我要做这件事情大概的行动路径是什么样的，这是一个可操作的规划和方案，不需要三年、五年，但是最起码一年到一年半，CEO 得有一个清晰的路径思考和一个比较切实可行的执行规划，我觉得这很重要。

提问 2：我有两个问题，第一个问题是作为创业企业的 CTO 所能拿到的股权在企业当中是个什么样的结构？第二个问题作为一个女性的技术人员，在创业团队当中，能起到的作用大概是什么样的？有什么需要去注意的问题？

张志勇：首先第一个问题，作为一个初创企业，他的合理的股权结构设置，应该大概有几种模式：

第一种标准是 CEO 占到 60%左右，CTO 是 10%～20%。或者说 CMO、CPO、CTO 等加在一起的股权比例，大概跟 CEO 的股权比例差不多相等，这是一种标准。

第二种标准，假如说三个创始人，721 是比较好的股权结构；四个创始人，6211 是比较好的股权结构。

总之一点，国内的创业团队和国外的创业团队不太一样，股权结构也有所差异。比如说硅谷很多创业团队经常是股权很平均的，这也没有问题。原因很简单，因为在硅谷，创业规则比较清晰，大家都会遵从一定商业规则，但是在国内，因为创业的过程当中，遇到的坎坷非常多，如果平均分配的话，最后就会导致决策很拖沓，甚至涉及因为没有一个人说话绝对算数，没有人最后决策、拍板，反倒把公司拖死了。所以在国内，作为投资人来讲，更希望 CEO 趋于主导的位置。哪怕说领导者，最后把某一项决策做错，那他也要承担做错的责任，但是不能说最后大家在决策过程当中是互相推诿的，都在管或者说都不管，都是不行的。

再回过头来，我试图理解你的问题，假设在成熟的企业当中，作为负责技术的老大，要看他对整个公司的贡献，或者他在技术方面的领先性。如果说 CTO 的技术领先性非常强的话，甚至说他对公司业务有非常重要的影响的话，他拿 20%、30%都不为过。

但是我们看消费互联网企业，CTO 通常下来 5%～20%之间较多。原因非常简单。我刚才说了市场驱动创业企业当中，技术重不重要？重要，但是技术是不是最核心的？不是。很多企业其实技术很烂的，但是因为有庞大的消费需求，所以他们依然能够赚很多钱，然后赚钱之后愿意的话，再招更多的人去搭建技术平台，都是这样的模式。但是反过来，我刚才讲到技术驱动的产业互联网是不一样的，技术人员在这里面会处于非常重要的主导优势，我觉得这个时候可能对我们技术从业者的要求会变得非常高。那么可能从持有比例上来讲，CTO 持股比例高是合理的。

但还有一种情况，即便你是技术人员，但如果整个企业的发展，都赖以生存在你的基础上，那你就是拿 60%都有可能，但是这种情况，基本上 CEO 肯定是公司技术的灵魂。我相信我们未来看到的很多技术驱动创业理念，CEO 本身是技术背景，但一定要对商业模式、对市场、对管理都要懂，都要是一个全才，在中国尤其是这样。

对于第二个问题，坦率的讲，如果女性 CEO 主导的创业，做的非常的成功现在还是比较少。原因非常简单，不是因为女性不优秀，而是中国的创业环境相对来说是非常复杂和比较困难的。无论是从性别也好，还是从承受的社会压力也好，包括女性 CEO 面临的很多不足为外人道的苦难也好，我觉得女性作为一个 CEO 来主导一个公司，最后把这个公司做的非常大，我觉得难度还是很高的。

但是反过来说，在一个创业团队当中有一个女性合伙人，我觉得是一件非常好的事情。因为女性合伙人，她有几个好处：第一，她往往会在一个团队里面起到一个非常好的润滑作用，因为女孩子，天生就有她自己的女性优势，所以往往在团队里面，大家都会愿意让她在中间做一些磨合协调作。第二，女性思维有自己很人性化和很细致的一面，往往在这里面尤其是细节方面起到一个非常好的价值的贡献。第三，女性在一个创业团队中，承担市场和后台运营工作的相对比较多一些。当然也有少数去做非常好的产品经理、产品总监，就是负责产品的角色，也还比较多一点。

提问 3：您刚才提到剩者为王，我们公司非常有感触，我们公司已经是将近二十年的公司了。公司一直秉承的是节俭过日子的思路。但是，互联网时代，就是一个快鱼吃慢鱼的阶段。有时候低成本，必然会面临很难引入优秀人才的尴尬。我作为 CTO 在公司要实现一些战略想法，但是资源严重不足。那么我在想，您对剩者为王与赢者通吃，这两者之间怎么找到一个好的平衡？

张志勇：OK，我可能会从两个视角去看。就是从投资人的视角去看，有两个非常有意思的现象。首先，投资人希望一个创业企业有打不死的小强精神，就是屡败屡战，受尽再多的挫折，他最后能挺起来，这是投资人希望的。

但是投资人也怕仙人掌企业，什么叫仙人掌企业？你说他死吧，你还活着。你要说他活着，其实过的一日不日一日，有点被僵化了。僵化有两种原因，一种原因慢慢的就跟一种思维定势一样。有些创业人失败了以后，我们愿意投，但是有些创业者失败了以后，我们不敢投，就是他失败一次没问题，他失败两次、失败三次，失败四次、五次还在创业，这个时候其实投资人就害怕了，因为在他后面的创业过程当中，并没有吸取以前失败的经验。

回过头来，企业也是一样的，企业五年、六年、七年能挺起来，十年能挺起来，这绝对是一个好的企业。但是我们同样要看，企业的核心管理团队，这个企业的 CEO 是不是有它的局限性？CEO 的文化就是企业的文化，CEO 的高度就是企业的高度。我们肯定要具体来分析，但是至少有一点可以肯定的就是，能够坚持下来的企业，他在成功的道路上，肯定是比那些不能坚持的企业要强，但是如果说熬十年、二十年，还依然没有太大变化的话，那到底是行业的问题？还是整个团队的自身的问题？我觉得这个是我们要认真去考量的。这是我自己谈的第一个观点。

其次，快鱼吃慢鱼和垄断的事情，在消费互联网方面是没有问题的，因为消费互联网，本质是我刚才讲的是流量经济，所以垄断是它的要素之一。但是在产业互联网不一样，在产业互联网里面，你大量提供的是服务，大量提供的是商品，这些东西其实是需要有一个积累周期的，就是我们通常讲的，需要工匠精神，这个时候不是大吃小的问题，或者说是垄断的问题，它无法去垄断。那么这个时候，团队第一要本着精益求精的态度，然后把你产品、把你的服务，把你的体验要做到极致。这是第一。

第三，就是投资人也好，或者企业家也好，要尊重行业的基本发展的规律，比如说医疗行业，举个简单例子，我做了一个器械的东西。那么这个器械本身除了研发之外，还要做临床，这些东西不是你砸五百万、一千万、一个亿就能够比别人缩短时间，因为这个临床的过程，是有严格要求的，因为他有安全性的要求。所以这个花再多钱都没有用，那这个时候你如何快，快不了，你要符合产业的周期规律。但是，在符合产业周期规律的基础上，如果你产品迭代的比别人快，你最小化地试错，你不断地产品升级和优化，这个是可以快的。所以在产业互联网里，我觉得垄断的难度是非常大的，但在流量经济里面，其实垄断是个必然。

【整理：刘晓旭】

九枝兰创始人熊长青：商业模式画布

熊长青，九枝兰网络营销云平台创始人；春播生鲜电商合伙人；亦合资本创始合伙人；毕业于武汉大学及中欧国际工商管理学院 EMBA，先后担任易网通集团首席运营官、游易旅行网创始人、卓越网 CTO、当当网 CTO，对互联网的发展演进，尤其是电商、旅游、技术产品等方面有深入的了解。

今天主要以我的创业经历以及从中收获的一些感悟来给大家分享，我参加的创业公司现在是第三个了，第一个是卓越网，到独立运作游易旅行网。在前两段的创业历程中，我觉得就是在黑暗中摸索，现在学习借鉴了发达国家的精益的概念和做法，在现在快速发展变化的技术环境下，与商业实践结合起来。

现代社会技术发展越来越快，物质条件也越来越丰富，所以从技术上来讲，做什么应该都不是太大的问题，关键在于你做的事情有没有意义。那要怎么知道做的事情是否有意义呢？做的这个东西是不是最终能够让这个用户真正地接受和解决他遇到的问题呢？这就涉及商业模式了。

商业模式

这里主要给大家分享一下商业模式核心的几个方面，包括为谁解决什么样的问题和痛点？解决方案是怎么样的？价值主张是什么？如何构建竞争的壁垒、收入模式和定价的原则，最后看一下你的业务，关键的 KPI 应该是什么。

所谓的商业模式归根到底一句话，就是你怎么挣钱，首先你肯定是要创造价值，为谁创造价值呢？一定是为你的用户创造价值。接下来你要兑现，或者说实现你的这个价值，你要把你创造的价值，让你的用户得以兑现。

所谓的商业模式
就是如何挣钱

拿零售来打比方，对 B2C 来讲，它的实现价值是什么呢？

用户到你的网站下单，我把货在用户需要的时间点送给他，中间这个结算需要清清楚楚，这个过程是你兑现零售的这一块价值，最后你实现了这个价值，你要从实现的价值中间拿回来一部分，也就是收获这个价值。你怎么样从为客户创造价值中间来收获你的价值，其实整个商业模式基本上核心的问题就是这个。

好的商业模式为什么重要呢？因为它关系到你的思路、你的项目、你的产品和服务走向市场的时间。商业模式不一样，整个打磨产品和服务这些东西需要的时间就不一样，市场接纳的程度也跟你的商业模式高度相关。

比如我看过的一个不错的商业模式 Zipcar，最早做汽车共享服务的，比 Uber 早好多年，它的一个理念就是说，交通越来越拥挤，城市里面有这么多的车，我为什么非得要自己买一辆车呢？为什么我不可以共享一辆车呢？那你就成为它的会员，你就可以到它附近的那个点去拿车预约使用，就是把车的概念变成由所有者变成了共同所有者和使用者的这个概念。Zipcar 在刚刚出现的时候，用户上量特别慢。问题在哪？做了很多的探索研究之后找到的问题是：用户去拿车和换车的地方在一个城市中的密度分布够不够。

这个决定了它的用户接纳程度，如果取车需要特别远的距离，那用户就不愿意加入到这个体系里头来。所以商业模式与个人市场的接纳程度非常关联。

接下来商业模式还会影响到你的可持续成长。你找到一个好的模式，可能更好地体现出你创造的价值，实现你的价值，当然也可以收获你的价值，就是直接关系到你从中能不能挣到足够的钱，来支撑你的业务继续扩张，来支持你去投资一些未来必须的或者说是更有价值的一些项目，所以也要可持续增长。

完美的创业或者说是项目，有颠覆性的商业模式，有颠覆性的技术，然后是一个新的市场。只有其中的一个或者是两个也不错，假如说你以上三者都拥有会怎么样？那就是完美了。

如何判断你的商业模式

所以大家在考虑判断一个商业模式的时候，或者是你想创业的话，要寻找商业模式的时候，把所有这些都总结下来，再跳脱出来看一看，你的商业模式可以去突破的领域或者说是维度有哪一些呢？第一别跟人家玩同一个游戏，你找一个新的游戏，制定新的规则。

玩新的游戏的话，一般来说就是基于对未来的判断，确定一定会发生这个事情，那你就去做那个事情。比方说手机的智能化是一个趋势的话，那大的机会有什么呢？UC浏览器是移动端的浏览器，你还可以做移动端统一的一个开源的操作系统等，所以假如说你确定了这个事情，你去做的这个事情就是新的游戏。

你也可以选择进军一个新的领域，比如特斯拉一脚就跳进了纯电动汽车领域，像很多大厂子还在讨论什么汽油，这个油电或者气电混合车的时候，它毅然决然地干百分之百的纯电动，它就是选择了一个新的领域。

所以假如要创业，找项目，那你能不能够选择一个新的领域？能够和已经在这些市场上的那些巨头和大公司有差异，而且你做着做着就成为主流并且颠覆他们？

商业模式九宫格

说了这么多商业模式的概念，那我们把一个商业模式核心的几个方面放在一个图上，来看看商业模式的九宫格。

商业模式精益版

<table>
<tr>
<td rowspan="2">问题
最需解决的三个问题</td>
<td>解决方案
产品最重要的三个功能</td>
<td rowspan="2" colspan="2">价值主张
我们为顾客提供何种价值？
我们帮助顾客解决什么问题？
为每个细分客群提供什么产品与服务？
哪些客户需求得到满足?</td>
<td>门槛优势
无法被对手轻易复制或者买去的竞争优势</td>
<td rowspan="2">客户细分
我们在为谁创造价值？
谁是我们最重要的顾客？
大众市场？细分市场？
多细分市场？多边市场？</td>
</tr>
<tr>
<td>关键指标
应该考核哪些东西</td>
<td>渠道
我们的细分客群要通过何种渠道接触？
我们目前是如何接触他们的？我们整体渠道状况如何？哪些渠道最起作用？哪些成本效益最好？这些渠道是如何与顾客日常活动路径关联?</td>
</tr>
<tr>
<td colspan="3">成本结构
业务模式要求的最重要的成本是什么？
哪些关键资源最昂贵？
哪些关键活动成本最高？
我们的业务是成本驱动还是价值驱动？
固定成本？可变成本？规模经济？范围经济？</td>
<td colspan="3">收入来源
我们的客户愿意为哪些价值付费？
他们目前是在为什么付费？是怎样在付费？
他他更愿意怎样付费？
每种收入占总体收入比例如何？</td>
</tr>
</table>

我简单介绍一下这个九宫格，从右到左第一个格子客户细分，你究竟选择为谁服务？为谁解决什么问题，看最左侧，你想把问题解决这一块最重要的三个问题是什么？至少要列出三个出来，然后你准备怎么样来解决这些人的这些问题，就是你最核心的三个功能是什么，这是你的解决方法。

跟已有的解决方案或者说客户可选的解决方案相比，你的独特行在哪？你的竞争壁垒在什么地方？其他的方案很难超越你的在什么地方？最后把这四个点概括起来就是你的价值主张。在你跟人家介绍的时候，一句话说清楚你是干嘛的。把这个核心的要素全部包含在内，这是价值主张。

营销和销售，或者说是渠道，即你通过什么样的方式来扩大市场？回到商业的本质，成本、收入两边一减就是你商业的底限，也就是九宫格最后一行，即你的盈利。

我们再来考虑商业模式的时候，大家可以问一下几个问题：你究竟是提供的流程还是产品？你是卖软件还是服务？你的核心是内容还是数据？你是开放还是封闭，你是免费还是收费，卖许可证还是按使用收费？我觉得这些就是你的商业模式背后核心的问题。

接下来再看九宫格，我们要为客户解决什么问题，怎么从商业角度去判断哪些问题值得解决？

首先是判断这个问题值不值得去解决。

第二不可避免，就是说你的用户都不可避免会碰到这种问题，那这个问题你必须得解决。

第三是问题紧不紧急。

第四个是在这个领域里，它有没有替代的解决办法。

接下来就要看你能否抓得住这个机会，每一个人都有自己的能力圈，借用巴菲特的话来说：我从来只投资我能力圈范围内的事。所谓的能力圈，就是对这一块的事我琢磨的透，我懂的比人家深刻得多。

最后你能守得住，只要你这个模式稍微一露头，稍微看到钱的机会了，竞争就会随之而来，现在都是这样，虽然我现在没竞争，但是很快好多家都蹦出来了。你怎么守得住这个领域？这是考虑值不值得跳进去的很重要的原因。

判断商业模式的指标

我们用一些稍微量化一点的指标来看这个值得解决的问题。任何生意本质上都是要挣钱，挣钱里头核心两个的问题，或者说一个公司关注的两个终极的指标，一个是 CLV，即 Customer Lifetime Value，叫客户终生价值。客户终生价值是说，你做了这个解决方案和产品，拉来一个客户，他总共能够给你维持多久的生意关系？在你这一块会给你产生多少销售？

然后把它推算出来，为此花的成本和服务他的成本扣除，最后你从他身上挣多少钱？这叫客户终生价值。比方说对电商来讲，可能平均一个客户的生命周期就三四年，然后每年在这买几百块钱或者一千块钱，四年下来可能就从你这消费四千块钱，你的平均点上的毛利率，零售的毛利率有多少呢？15%～20%，四千块乘以 15%～20%，你挣的钱是多少呢？六百到八百，这还没扣掉你的整个的运营物流成本。假如我看一个商业模式，这是一个很关键的指标，看你拉来的客户从他身上能挣多少钱。

另外一个客户的获取和维系成本，叫 Customer Acquisition and Reengagement Costs，缩写为 CARC，就是客户获取成本、维系成本。你拉来一个客户、维系一个客户，这两部分的钱平均下来是多少？然后为此扣掉所有的这些相应的成本是多少？核心的这两个指标抓住了，你就可以据此来评估一个生意。

我们在这个基础上可以来讨论估值，讨论我怎么样获取更大的价值。这是这个商业模式终极的两个指标，一个 CLV，一个 CARC。假如说你做一个生意， CLV 是不是三倍于 CARC，也就是产生的价值是三倍于获取成本？假如说你从客户身上挣的钱没有达到三倍于你获得和维系它的成本（维系的成本还不包括运营、服务的成本），我觉得这个生意从经济上就可能就很难成立。这是问题值不值得解决的几个方面，先是以宏观的或者说是感性的角度分析，然后用具体的数据可以测算。

怎么样来发掘、发现这些值得解决的问题呢？我自己的一点感悟，给大家分享一下。

第一是政治方面的变化，第二个是经济方面的变化，第三个是科学方面的变化，最后一个是技术方面的变化。

比方说我建议大家现在要特别关注消费者的转型升级。因为有一些东西是确定的，比方说经济上面的这个确定的一些东西是什么？人口的变化趋势，这都是可以预测的很准的。以前只能生一个娃，人口多少？每年的出生率多少？那些数字全部摆在那里，后面几年每年的变化会是什么？放开二胎以后，这些变化又会是什么？中国现在50岁的人多少，六七十岁的人多少？过五年以后那个人口是怎么样的？很容易就算清楚了，那对那个人群他们的特征，他们的机会是什么？

最终都是人有需求，人去买单的啊？所以切到最根本的人口的这些变化，当你看到技术、其他方面变化结合的时候，也就看到好多的机会，比如医疗、孩子的教育、养老等等。现在的医疗是什么状况？将来这些人需要什么呢？所以我觉得这个真正的沉下心去，可以发现很多好的商业模式。

第二，这个世界变化快。唯有变化永恒，或者说是唯有变化是不变的，但是这个世界还是有好多可以确定的变化，比如刚刚说的人口问题，还有很多变化是凭借感觉和直觉可以发现的。我们再从中找到机会，也就是洞察先机。

信息技术

然后在信息技术层面的话，我觉得核心的是这三个引擎：第一CPU，或者说计算能力这一块，那么第二是存储的能力，第三是网络的带宽，我觉得这是整个行业的三个引擎。这三个引擎马力越来越强劲，成本越来越低。那之后这种情况会变化么？我觉得不会。

我自己感觉整个互联网第一个时代是搜索，第二个时代是社交，最近是沉浸式的，还是交互界面的变革，像AR、VR等，整个改变了人和社会的事务与互联网之间的相互关系。接下来的这个阶段，我认为是个人助理。

判断解决方案的好坏

怎么判断你的解决方案好不好呢？没有你的方案之前是剧痛，使用你的解决方案之后变得很“愉快”，简单来说就是看效果。

在我们看这个解决方案的时候，首先站在客户的角度，我们来评估一下客户的收获和他的付出之间的比例，这是评估解决方案两个很重要的纬度。

一个是收获，一个是付出。

客户的收获有什么呢？你帮他增加了多少收入，或者说是节省了多少成本、时间、人员，产生竞争优势等，这是客户跟你合作之后所能获得的。那客户的付出呢？包括去市场上寻找这个解决方案，他搜寻的成本、评估、研究、试用、购买、实施、部署、维护等，这是他的付出。

还有一个隐含的成本，任何公司和人都有趋利避害的惯性，也就是风险意识，在这里是怎么体现的呢？假如他不和你合作替换掉他当前的方案，而是维持现状的话，你该怎么办？你用什么样的外部力量能够推动他进行改变？你要怎么样说服他使用你的解决方案，对于客户而言，他考虑的是，如果使用了你的方案，你却搞砸了，我怎么办？我怎么跟老板和公司交代？这是客户需要承担的风险。所以这些问题也是你需要考虑的。

那综上所述，你要评估整个客户的收获和付出的比例，以及客户顾虑的这些惯性和风险，那你评估方案时要把这些都琢磨得很透，对于这些问题要有很具体、很深入的了解。

设计让你的商业模式成功的产品

商业模式确定之后，就要开始设计产品了。产品是一个核心的重点领域，用户体验怎么样，支持能力怎么样？

接下来就是迭代升级，还包括我要增加价值、创造价值、兑现价值、实现价值，然后收获价值，怎么做到收获价值呢？交叉销售和升级优势，这是两个必不可少的、极大的增加估值，甚至是盈利能力的一个途径。这些是产品方面需要考虑的。

产品要做“顺滑的产品”，为什么叫顺滑呢？就是用起来特别流畅，客户不小心的时候就进来了，在他没意识到的时候，他已经就上瘾了，我觉得这个是顺滑的产品。

怎么才能做到顺滑呢？

简单，也就是容易使用。

启动成本低，面向企业的时候，安装部署要简单，容易启动使用。

证明价值，客户一用一试，很快就知道你这个东西能够带来的价值，或者能够解决痛点，所以能够证明价值。

合群，无论是系统方面的对接，还是其他流程上面的对接都要合群。

投入产出比显著。使用你的产品之前是什么样子，使用之后变成什么样子，要让客户看到最直观的变化和成果。

产品一定从最小化的可行产品开始，然后来逐步迭代，这样的话就是面市的时间很快，然后每一个迭代循环都很快，能够让你来验证和改进，尽快地达到这个产品和市场的匹配。

商业模式的核心竞争力

我们再来说说商业模式中的核心竞争力或者说竞争壁垒。竞争壁垒和核心能力，我觉得是一个硬币的两面，竞争壁垒一定是基于你的核心能力，什么叫核心能力？Capabilities of really exceptional，即真正杰出的、突出的能力。你的能力，核心价值源于何处呢？要么来自于你的技术、你的软件、你的产品，要么来自于你的数据、你的内容或者是你积攒的用户网络。

核心价值如何体现呢？第一个可以充分利用你的竞争优势，第二，反过来想哪里是你的对手或者说替代解决方案里头最薄弱的。从这两个方面去下手，结合起来可能容易找到成功的突围办法。

商业模式的总结

第一，商业模式就是怎么挣钱，就是你怎么样来创造价值，从客户的角度帮他来实现，体现出你的价值，最后你怎么从中收获价值。这就是商业模式。

第二，颠覆性的商业模式，就跟颠覆性的技术一样重要，在IT行业里头，无论是软件、硬件各种方式上面，已经一再印证模式的重要性。所以商业模式值得在初期的时候，多花一点时间去琢磨，而且是用创造性的去思考。

第三，聚焦你和你的团队的核心能力。挖掘出你的核心能力，就开始铸造壁垒，也就是你来发现这个机会，还能守住这个机会，这依托于你的核心能力。

第四，任何一个项目或业务，琢磨一下客户的收获回报，考虑客户终身价值和获得客户的成本，然后怎样在这个基础上，在你的核心能力上找到让你增收和节支的一些关键性的、创新性的办法。这是发挥倍乘效应和杠杆作用。

第五，打造顺滑的产品是其中的一个很关键的、必不可少的环节，然后合作共建，寻找战略合作伙伴，打包产品，在各种渠道都有不同的版本、不同的收费模式来支撑。

第六，应用 CLV 和 CARC 来获取整个实现价值的一部分。这个你清楚了以后，你就可以谈估值、谈投资。以上是我对商业模式的一个小的总结。

营销推广

说完商业模式，就要想想如何走向市场使之变现了，也就是营销推广的问题。对于创业项目来讲，找到商业模式是第一步，实现是第二步，最后你还是要把它推出去变现，带来收入。

我们有一个营销推广的全景图，怎么叫营销推广呢？本质上获得、保留并增强顾客关系。

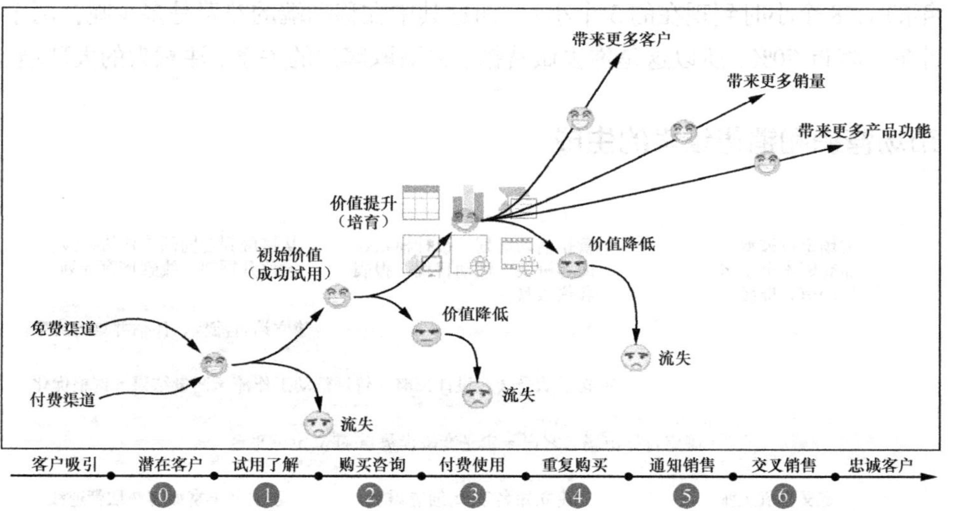

最左侧，你在免费的渠道和付费的渠道上面、媒体上面，去获得他们的

注意，让他们知道你、了解你。把客户引进来。

无论是到传统的线下店，还是到官方卖场，比如 App、Web、H5，甚至是微信的服务号，或者公众号也好，在这里把客户引过来，然后鼓励客户尝试，注册使用你的产品等，留下 E-mail、地址、给他激励，让他尝试你的服务，给他优惠券和赠品等。

然后就是价值提升部分，促使你的客户订购得越来越多，可以帮你带来口碑效应，带来更多的客户。然后交叉销售，让他买得更多，买得更便宜，增加他的每一次的订单和金额，让他买更多的、更高级的功能和产品，这是升级销售。

所以营销推广，要把整个的客户跟你的关系旅程全部装在你的脑海里，装在你的系统里，然后针对每一个阶段的顾客，采取不同的营销措施，整体来提高客户的 CLV。

那为了增进客户关系，加强客户关系就要去做宣传推广，现在的推广渠道很多，你要如何做选择呢？街上发传单？做电视广告？

看一组数据， 2011 年到 2015 年，中国人使用各种媒体时间的变化，手机和电脑的比例从 2011 年的 35%到 2015 年的 50%，平均使用时间也从 2011 年的 1.78 个小时到现在的 3 个小时。而这其中在移动端的花费是多少呢？两个小时，将近 70%，所以这是你去做营销、去赢取客户的关系、注意力的大环境。

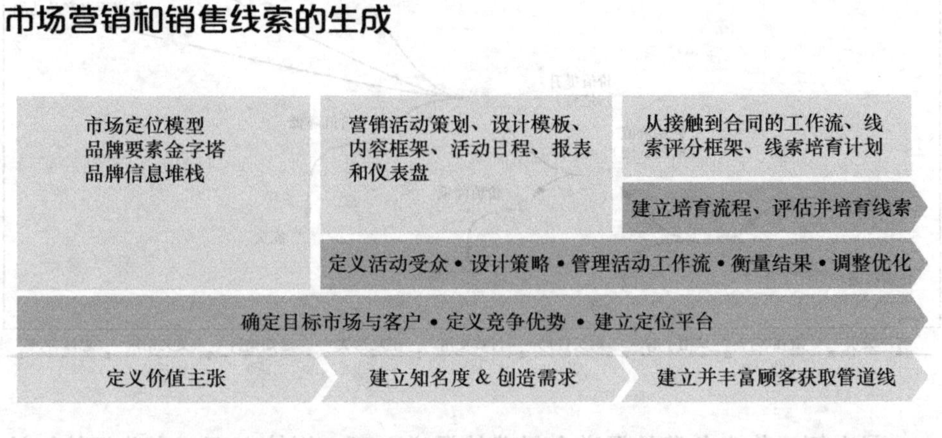

市场营销和销售线索的生成

市场定位模型
品牌要素金字塔
品牌信息堆栈

营销活动策划、设计模板、内容框架、活动日程、报表和仪表盘

从接触到合同的工作流、线索评分框架、线索培育计划

建立培育流程、评估并培育线索

定义活动受众 • 设计策略 • 管理活动工作流 • 衡量结果 • 调整优化

确定目标市场与客户 • 定义竞争优势 • 建立定位平台

定义价值主张 | 建立知名度 & 创造需求 | 建立并丰富顾客获取管道线

销售线索一旦生成，就要规划出营销方案。销售线索可以是定义价值主

张→建立知名度和创造需求→建立并丰富顾客获取管道线。与定义价值主张相对应的市场营销，应该考虑其市场定位模型、品牌要素金字塔和品牌信息堆栈等等。

拥有了这些东西之后，相当于整个品牌的基础的灵魂性的东西都已经有了，你就可以基于当下的目标来决定：我今年营销的目标任务挑战是什么？想达成的目标是什么？今年的战略是什么？营销的战略是什么？具体到营销活动的策划，我要做几个策划活动，设计出活动的模块，搭建内容的框架，什么时候活动，几个关键的里程碑是什么？然后怎么样来衡量和分析这个效果。

最后从跟客户的接触，无论是线上线下的接触，到整个拿下合同，整个中间的工作流，你是怎么样让客户在这个过程中间很顺利地配合，有效的从开始走到最后的合同。

网络营销规划

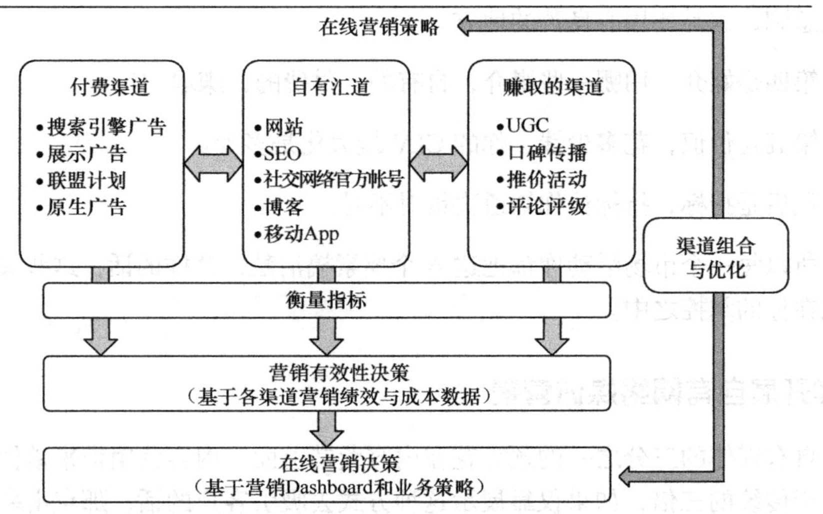

自有渠道。你的网站、SEO、你的社交的官方账号、博客、你的 APP 等等当中这都是你自有的，完全可以掌控的，这都是自有渠道。

付费渠道。搜索引擎广告，展示的广告、联盟、原生广告等等现在很多，甚至现在冒出来的直播，也可以去参与广告。这是需要你付费的渠道。

赚取渠道。就是上面所说 customer journey 里，让你的用户发挥出口碑和社交传播，让他通过推荐、评价等方式去帮你获得更多的客户。

做市场营销活动的时候，你要很清楚你的目标用户群都在哪里，他们在媒体上面的足迹在哪儿，甚至他的一天 24 小时是怎么过的。这样你才能选择相应的渠道，然后投放你的活动。

在做网络营销的时候，无论是自有媒体，还是付费媒体，要抓大放小。至少抓住核心的六个要素，第一个是任务，你的营销战略的目标是什么。第二个是市场，你的销售者画像是怎样的，消费者的应用场景是什么，他们对什么样的内容感兴趣，当然也包括你竞争对手的，谁在跟你竞争，他们在每一个纬度上做得怎么样，这个你都要心中有数。

第三是你要传达什么样的信息，让消费者知道你什么，了解你什么，感觉到你是什么，而你的信息里面有没有有助于进行市场传播的因素。在如此嘈杂汹涌的环境下，让你的信息能够站出来，跳脱出来，被捕捉到，让消费者注意到，这是要用心良苦的地方。

第四是媒介，用哪一些媒介，自有的，付费的，赚取的？

第五是价值，花多少钱，你的 CLV 最大化是多少。

最后是指标，指标让你知道决策对不对。

所以每一个市场活动你都把这 6 个要素搞清楚，这样的话，这些关键环节就在你的掌控之中。

怎样开展自有网络媒体营销

自有媒体的三分之一的预算花在内容营销上面。内容营销带来销售线索接近于传统的三倍，如果仅靠展示这种方式去吸引客户的话，那点击率只能越来越差。这个时候，你要给客户的是真正有价值的内容、好的内容，无论是带给客户一点小快乐、小感动、搞笑，还是给他一点真正有帮助的、有价值的内容。在消费者行为显著变化的情况下，这是一个值得好好努力的领域。

现在自有媒体的渠道很多，无论是 PC、移动网站、APP、社交账号、甚至是视频等等，都可以称为自有媒体。这一块我的建议是内外有别，自己的平台，把它当成培育、转化、价值提升的主战场。外部的其他的平台，把它当成什么呢？吸引并建立感情连接，向你的潜在客户展示你的魅力，提供客户在购买周期中感兴趣的内容，吸引、培育客户，并激励客户购买和分享，跟他互动，增加你这个品牌在消费者的感情账户里面的储值。这些都是自由网络媒体营销的核心。营销内容的主题要追随客户，不要过于强调品牌，而是要让客户成为其中的英雄，创造客户需要的内容。

若想成功运用自有网络媒体营销，还要了解到潜在客户在哪儿，客户在哪儿你就要去哪儿，把潜在客户变成真实客户。当与客户进行沟通的时候，要把公司拟人化，在互动期间要建立感情链接或者提供知识和帮助；保持品牌的一致性；对互动或者时间的反应要快速。

找出一个商业的模式，无论有风没风，你都要向雄鹰一样，你都能展翅翱翔，给有创业梦想的人和想法的人。

互动小课堂

提问：作为曾经的技术人或者是技术的领导者，现在去创业，可能更多的考虑商业模式，我想问的是，现在所做的这个事业里面，有哪一些是由于技术因素而体现出来的优势？

因为我感觉，就是我不太懂具体业务，但是目前可能没有太多的壁垒，这个模式其实是可以去模仿的，但是在这里头，有没有一些技术的因素导致其他人模仿起来会很吃力，或者是做不了？

熊长青：我觉得这是个很贴切的问题，其实我觉得在这里头，我自己投资项目也好，还是做事情也好，我也会考虑后面的问题。

比方说回到九枝兰做网络营销这一块，它的技术洞见是什么？还是背后是大数据嘛，你那么多的数据，一个客户一天 100 亿个价格，虽然可能占的存储空间不是特别大，但是也不小。在这一块，但是你又把这个数据怎么样创新性地来用好，所以在这块，背后的技术，是我决定来做这个事情很重要的一个方面。在技术实现上，有哪一些算法，可以来帮助我做到这个事情。假如我不懂技术，我可能就做不到。

所以不管你是哪一块的技术，当然技术也有特别专业的，但是在互联网这一个应用技术方面，至少在我们那一个团队里面，技术的帮助还是非常大的。

另外再顺着这个话题说两句，就技术人员的职业发展，我觉得大概是三个阶段，第一个你可能是一个有一技之长的程序员，这是刚入行的头几年的阶段。

第二个阶段，你成为一个管理者，就是一个中层。第三个阶段你可能到CXO 这个层，或者是创业。基本上这三个阶段，对人的能力的要求是不一样的。第一个阶段的时候，我就写程序写得牛，我就搞网络设计很牛，这是一技之长。当你到管理层这个阶段的话，那你必不可少的是要加强你的人际技能。

所以第一个阶段是技术性的技能，第二个阶段是叫人际技能，同时你要为你后面做更高层的铺垫做准备，那就是你的知识面、技能面、还有商业方面的知识。

【整理：祁宏宇】

特别优惠

购买本书的读者专享异步社区购书优惠券。

使用方法：注册成为社区用户，在下单购书时输入 S4XC5 使用优惠码，然后点击“使用优惠码”，即可在原折扣基础上享受全单9折优惠。（订单满39元即可使用，本优惠券只可使用一次）

纸电图书组合购买

社区独家提供纸质图书和电子书组合购买方式，价格优惠，一次购买，多种阅读选择。

社区里还可以做什么？

提交勘误

您可以在图书页面下方提交勘误，每条勘误被确认后可以获得100积分。热心勘误的读者还有机会参与书稿的审校和翻译工作。

写作

社区提供基于 Markdown 的写作环境，喜欢写作的您可以在此一试身手，在社区里分享您的技术心得和读书体会，更可以体验自出版的乐趣，轻松实现出版的梦想。

如果成为社区认证作译者，还可以享受异步社区提供的作者专享特色服务。

会议活动早知道

您可以掌握 IT 圈的技术会议资讯，更有机会免费获赠大会门票。

加入异步

扫描任意二维码都能找到我们：

异步社区	微信服务号	微信订阅号	官方微博	QQ 群：368449889

社区网址：www.epubit.com.cn

投稿 & 咨询：contact@epubit.com.cn

欢迎来到异步社区！

异步社区的来历

异步社区（www.epubit.com.cn）是人民邮电出版社旗下 IT 专业图书旗舰社区，于 2015 年 8 月上线运营。

异步社区依托于人民邮电出版社 20 余年的 IT 专业优质出版资源和编辑策划团队，打造传统出版与电子出版和自出版结合、纸质书与电子书结合、传统印刷与 POD 按需印刷结合的出版平台，提供最新技术资讯，为作者和读者打造交流互动的平台。

社区里都有什么？

购买图书

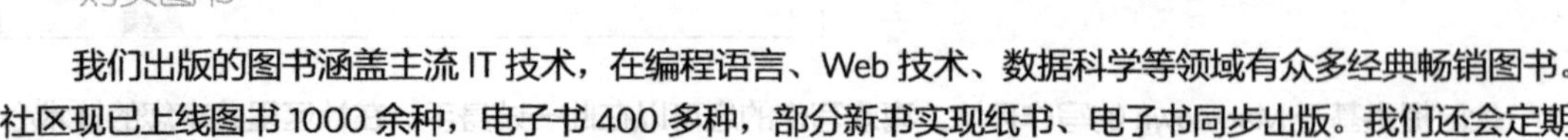

我们出版的图书涵盖主流 IT 技术，在编程语言、Web 技术、数据科学等领域有众多经典畅销图书。社区现已上线图书 1000 余种，电子书 400 多种，部分新书实现纸书、电子书同步出版。我们还会定期发布新书书讯。

下载资源

社区内提供随书附赠的资源，如书中的案例或程序源代码。

另外，社区还提供了大量的免费电子书，只要注册成为社区用户就可以免费下载。

与作译者互动

很多图书的作译者已经入驻社区，您可以关注他们，咨询技术问题；可以阅读不断更新的技术文章，听作译者和编辑畅聊好书背后有趣的故事；还可以参与社区的作者访谈栏目，向您关注的作者提出采访题目。

灵活优惠的购书

您可以方便地下单购买纸质图书或电子图书，纸质图书直接从人民邮电出版社书库发货，电子书提供多种阅读格式。

对于重磅新书，社区提供预售和新书首发服务，用户可以第一时间买到心仪的新书。

用户帐户中的积分可以用于购书优惠。100 积分 =1 元，购买图书时，在 [使用积分] 里填入可使用的积分数值，即可扣减相应金额。